LOTHAR BERGMANN

Der Begehungsort im internationalen Strafrecht Deutschlands, Englands und der Vereinigten Staaten von Amerika

NEUE KÖLNER RECHTSWISSENSCHAFTLICHE ABHANDLUNGEN

HERAUSGEGEBEN VON

DER RECHTSWISSENSCHAFTLICHEN FAKULTÄT

DER UNIVERSITÄT ZU KÖLN

HEFT 48

Berlin 1966

WALTER DE GRUYTER & CO.

vormals G. J. Göschen'sche Verlagshandlung · J. Guttentag, Verlagsbuchhandlung
Georg Reimer · Karl J. Trübner · Veit & Comp.

Der Begehungsort im internationalen Strafrecht Deutschlands, Englands und der Vereinigten Staaten von Amerika

Von

Dr. Lothar Bergmann

Berlin 1966

WALTER DE GRUYTER & CO.

vormals G. J. Göschen'sche Verlagshandlung · J. Guttentag, Verlagsbuchhandlung
Georg Reimer · Karl J. Trübner · Veit & Comp.

Gedruckt mit Unterstützung der Stiftung Volkswagenwerk

Archiv-Nr. 27 08 66 9
Satz und Druck: Max Schönherr, 1 Berlin 65

INHALTSVERZEICHNIS

HAUPTTEIL III. *Der Begehungsort im englischen Strafrecht*

LITERATURVERZEICHNIS

Abraham, Hans-Jürgen,	Seeschiffahrtsrecht (Seerecht): Strupp-Schlochauer, Wörterbuch, Bd. 3, S, 240.
Adkins,	Florida Criminal Law and Procedure Annotated. Atlanta 1954.
Allfeld, Philipp,	Lehrbuch des Deutschen Strafrechts. 9. Aufl. (Allgem. Teil) Leipzig 1934.
American Jurisprudence,	American Jurisprudence, 58 vols. San Franzisko 1936 bis 1948, mit 1959 Cumulative Supplement.
Archbold,	Pleading, Evidence and Practice in Criminal Cases. 35th Edition by T. R. Fitzwalter Butler and Marston Garsia. London 1962. Supplement 1963.
von Bar, Ludwig,	Gesetz und Schuld im Strafrecht. Band 1: Das Strafgesetz. Berlin 1906.
—	Lehrbuch des Internationalen Privat- und Strafrechts. Stuttgart 1892.
Barton,	Foreign Armed Forces: Qualified Jurisdictional Immunity, British Yearbook of International Law, Vol. XXXI (1954), p. 341.
Beale, Joseph H.,	A Treatise on the Conflict of Laws. In three Volumes. New York 1935.
—	The Jurisdiction of a Sovereign State, Harvard Law Review, Vol. 36 (1922—23), p. 241.
Beckett, W. E.,	Criminal Jurisdiction over Foreigners, British Yearbook of International Law, Vol. VIII (1927), p. 108.
—	The Exercise of Criminal Jurisdiction over Foreigners, British Yearbook of International Law, Vol. VI (1925), p. 44.
Beling, Ernst,	Grundzüge des Strafrechts. 11. Aufl. Tübingen 1930.
—	Die Lehre vom Verbrechen. Tübingen 1906.
—	Deutsches Reichsstrafprozessrecht. Berlin, Leipzig 1928.
—	Die strafrechtliche Bedeutung der Exterritorialität. Beiträge zum Völkerrecht und zum Strafrecht. Breslau 1896.
—	Das internationale Strafrecht im Vorentwurf zu einem schweizerischen Strafgesetzbuch, ZStW. 17 (1897), S. 303.

Bentham, Jeremy,	The works of Jeremy Bentham, published under the superintendence of his executor, John Bowring. Edinburgh, London 1843.
Berge, Wendell,	Criminal Jurisdiction and the Territorial Principle, Michigan Law Review, Vol. 30 (1931—32), p. 238.
—	The Case of the S. S. Lotus, Michigan Law Review, Vol. 26 (1928), p. 361.
Binding, Karl,	Handbuch des Strafrechts, Erster Band. Leipzig 1885.
Bishop,	Bishop on Criminal Law. By Joel Prentiss Bishop. 9th Ed. by John M. Zane and Carl Zollmann. 2 Vol., Indianapolis 1923.
Blackstone, Sir William,	Commentaries on the Laws of England: In Four Books. Adapted to the Present State of the Law, By Robert Malcom Kerr. Third Edition. London 1862.
Brierly, J. L.,	Grundlagen des Völkerrechts. Eine Einführung in das internationale Friedensrecht. Nach dem Text der 3. Aufl. (1942) ins Deutsche übersetzt von F. Fiedler. Berlin 1948.
Bruns, Viktor,	Völkerrecht als Rechtsordnung, Zeitschrift für ausländisches öffentliches Recht und Völkerrecht, Band I Teil 1 (1929) S. 1.
Burdick, William L.,	The Law of Crime. Vol. 1—3. Albany, New York 1946.
Clark-Marshall,	Clark & Marshall, A Treatise on the Law of Crimes. 6th Edition by Melvin F. Wingersky. Chikago 1958.
Coke, Edward,	Institutes of the Laws of England. Part 1—4. London 1809—1832.
C. J. S.,	Corpus Juris Secundum, 101 Vols., Brooklyn 1936 bis 1962 (mit 1963 Cumulative Annual Pocket Part).
Craies,	Craies on Statute Law. Sixth Edition by S. G. G. Edgar. London 1963.
Dahm, Georg,	Völkerrecht. Band 1—3. Stuttgart 1958—1961.
Dangel, Edward Miron,	Criminal Law. Boston 1951.
Donnedieu de Vabres, H.,	Les Principes Modernes du Droit Pénal International. Paris 1928.
Drost, H.,	Völkerrechtliche Grenzen für den Geltungsbereich staatlicher Strafrechtsnormen, Niemeyers Zeitschrift für Internationales Recht, Bd. 43, S. 111.
East, Edward Hyde,	A Treatise of the Pleas of the Crown. 2 Vols. London 1803.
Fenwick, Charles G.,	International Law. 3rd Edition, New York and London 1948.
Finger, August,	Lehrbuch des deutschen Strafrechts. Band 1. Berlin 1904.

Fitzgerald, P. J., Criminal Law and Punishment. Oxford 1962.

Frank, Reinhard, Das Strafgesetzbuch für das Deutsche Reich. 18. Auflage 1931.

Fry, Thomas Penberthy, The International and National Competence of Australian Parliaments to Legislate in Respect of Extra-Territorial Crime (Including War Crimes). University of Queensland Papers, Faculty of Law, Vol. I, 1947.

Gamboa, José M., L'Affaire Cutting. Revue de Droit International et de Législation Comparée, Tome XXII (1890), p. 234.

Gerland, Heinrich B., Deutsches Reichsstrafrecht. Berlin und Leipzig 1922.

Gillespie, Glenn, Michigan Criminal Law and Procedure. 2nd Ed., 4 Vols. Chicago 1953 (mit 1962 Cumulative Supplement).

Glaser, Stefan, Introduction à l'Etude du Droit International Pénal. Bruxelles et Paris 1954.

Grant, J. A. C., The Nature and Scope of Concurrent Power: Selected Essays on Constitutional Law, Vol. III, Chicago 1938.

de la Grotte, Michel, Les Affaires traitées par la Cour Permanente de Justice Internationale pendant la Période 1926—1928, Revue de Droit International et de Législation Comparée, 3ième série, Tome X (1929), pp. 225—276, 387—430.

Grünhut, Max, Das englische Strafrecht, in: Das ausländische Strafrecht der Gegenwart. Herausgegeben von Edmund Mezger, Adolf Schönke, Hans-Heinrich Jescheck. Dritter Band, Berlin 1959.

Grützner, Heinrich, Auslieferung: Strupp-Schlochauer, Wörterbuch, Bd. 1, S. 115.

Guggenheim, Paul, Lehrbuch des Völkerrechts. Unter Berücksichtigung der internationalen und schweizerischen Praxis. Band 1, 2. Basel 1948—1951.

Häberlin, Über den Gerichtsstand der begangenen That, Goltdammers Archiv, 25. Band (1877), S. 432.

Hälschner, Hugo, Das gemeine deutsche Strafrecht. 1. Band. Die allgemeinen strafrechtlichen Lehren. Bonn 1881.

Hafter, Ernst, Lehrbuch des schweizerischen Strafrechts. Allgemeiner Teil. Berlin 1926.

Hahn, Die gesamten Materialien zur StrPO. I. 2. Auflage (1884).

Hale, Matthew, The History of the Pleas of the Crown. A new Edition. 2 Vols. London 1803.

Halsbury, The Laws of England, by the late Earl of Halsbury. 3rd Edition under the General Editorship of Viscount Simonds. Vol. 1—40. London 1952—1963.

Harno, Albert, Cases and Materials on Criminal Law and Procedure. 4th Edition. Chicago 1957.

Harris, Harris's Criminal Law. 20th Edition by H. A. Palmer and Harry Palmer. London 1960.

Hawkins, William, A Treatise of the Pleas of the Crown. 7th Edition by Thomas Leach. 4 Vols., London 1795.
8th Edition. 2 Vols. London 1824.

Heffter, August, Wilhelm, Das Europäische Völkerrecht der Gegenwart. Berlin 1844.

Hegler, August, Prinzipien des Internationalen Strafrechts. Breslau 1906.

Herndl, Kurt, Lotus-Fall: Strupp-Schlochauer, Wörterbuch, Band 2, S. 431.

Hershey, Amos D., The Essentials of International Public Law and Organization. Revised Edition, New York 1929.

von Hippel, Robert, Deutsches Strafrecht. II. Band: Das Verbrechen. Allgemeine Lehren. Berlin 1930.

— Zeit und Ort der Tat, ZStW. 37 (1916), S. 1.

Hönighaus, Das neue Strafgesetzbuch für den Norddeutschen Bund in der durch Vereinbarung mit dem Reichstage endgültig festgestellten Fassung, mit den vollständigen amtlichen Motiven, den Motiven zu den erfolgten Abänderungen und dem Wichtigsten aus den Verhandlungen des Reichstags. Herausgegeben von R. Hönighaus. Berlin 1870.

Hoffmann, Gerhard, Strafrechtliche Verantwortung im Völkerrecht. Zum gegenwärtigen Stand des völkerrechtlichen Strafrechts. Frankfurt, Berlin 1962.

Holdsworth, W. S., A History of English Law. Vol. I. 7th Ed., Rev., under the General Editorship of A. L. Goodhart and H. G. Hanbury. London. 1956. Vol. II, III. London 1909.

Holland, D. C., Diplomatic Immunity in English Law, Current Legal Problems 1951, Vol. 4, p. 81.

Hoog, Günter, Die Genfer Seerechtskonferenzen von 1958 und 1960. Vorgeschichte — Verhandlungen — Dokumente. Frankfurt 1961.

Hudson, Manley, The Factor Case and Double Criminality in Extradition, The American Journal of International Law, Vol. 28 (1934), p. 274.

Hurst, Sir Cecil, International Law. The Collected Papers of Sir Cecil Hurst. London 1950.

— Diplomatic Immunities — Modern Developments. British Yearbook of International Law, Vol. X (1929), p. 1.

Jescheck, Hans-Heinrich, Zur Reform der Vorschriften des StGB über das internationale Strafrecht. Internationales Recht und Diplomatie, 1956, S. 75.

— Völkerstrafrecht: Strupp-Schlochauer, Wörterbuch, Bd. 3, S. 781.

— Das Strafrecht nach dem Truppenvertrag. ZStW. 65 (1953), S. II 51.

Jiménez de Asúa, Luis, Tratado de Derecho Penal. Tomo I—V. 2a Edición, Buenos Aires 1956—1958.

John, Richard Ed., Kommentar zur StPO für das Deutsche Reich I, II, III Abt. I 1884, 1889.

Kenny, Kenny's Outlines of Criminal Law. Eighteenth Edition by J. W. Cecil Turner. Cambridge 1962.

Kern, Eduard, Die Äußerungsdelikte. Tübingen 1919.

Kitzinger, Friedrich Ort und Zeit der Handlung: Vergleichende Darstellung des Deutschen und Ausländischen Strafrechts (VDA.), Allgem. Teil, I. Band. Berlin 1908.

Kohler, Josef, Internationales Strafrecht. Stuttgart 1917.

Kohlrausch-Lange Strafgesetzbuch mit Erläuterungen und Nebengesetzen von Eduard Kohlrausch und Richard Lange. 43. Aufl. 1961.

von Kries, August, Lehrbuch des Deutschen Strafprozeßrechts. Freiburg 1892.

Lange, Richard, Die notwendige Teilnahme. Berlin 1940.

— Die grundsätzliche Bedeutung der neuen Bestimmungen über den Geltungsbereich des Strafrechts. Deutsches Strafrecht, N. F. 8. Band (1941), S. 6.

Lawrence, T. J., The Principles of International Law. 7th Edition. Boston, New York, Chicago 1923.

Levi, Nino, Diritto Penale Internazionale. Milano 1949.

Levitt, Albert, Jurisdiction over Crimes, Journal of the American Institute of Criminal Law and Criminology, Vol. XVI (1925/26), pp. 316, 495.

von Liszt, Franz, Das Völkerrecht. 6. Auflage, Berlin 1910.

— Lehrbuch des Deutschen Strafrechts. 20. Auflage, Berlin 1914.

— Sind gleiche Grundsätze des internationalen Strafrechts für die europäischen Staaten anzustreben und eventuell welche? ZStW. 2 (1882), S. 50.

von Liszt-Schmidt, Lehrbuch des Deutschen Strafrechts. 1. Band: Einleitung und Allgemeiner Teil. 26. völlig neubearb. Aufl. von Eberhard Schmidt. Berlin und Leipzig 1932.

L. K. Strafgesetzbuch (Leipziger Kommentar). 8. Aufl., 1. Band, 1957, herausgegeben von Jagusch, Mezger, Schaefer und Werner. 5. Aufl. 1934, erläutert von Ebermayer, Lobe, Rosenberg.

Löwe-Rosenberg, Die Strafprozeßordnung und das Gerichtsverfassungsgesetz mit Nebengesetzen. Kommentar. 20. Aufl. 1956. Herausgegeben u. a. von Niethammer.

von Martitz, F., Internationale Rechtshilfe in Strafsachen. Erste und Zweite Abteilung, Leipzig 1888, 1897.

Maurach, Reinhart, Deutsches Strafrecht. Allgemeiner Teil, 2. Auflage, Karlsruhe 1958.

Mayer, Hellmuth, Strafrecht. Allgemeiner Teil. Stuttgart und Köln 1953.

Mayer, Max Ernst, Der allgemeine Teil des deutschen Strafrechts. Heidelberg 1915.

Meili, F., Lehrbuch des Internationalen Strafrechts und Strafprozeßrechts. Zürich 1910.

Mendelssohn-Bartholdy, Das räumliche Herrschaftsgebiet des Strafgesetzes: Vergleichende Darstellung des Deutschen und Ausländischen Strafrechts. Allgemeiner Teil. VI. Band, S. 85.

Merkel, Adolf, Die Lehre von Verbrechen und Strafe. Herausgegeben von M. Liepmann. Stuttgart 1912.

Mettgenberg, Wolfgang, Deutsches Auslieferungsgesetz. 2. Auflage von Karl Doerner, Berlin, Frankfurt 1953.

Mezger, Edmund, Strafrecht. Ein Lehrbuch. 3. Auflage Berlin, München 1949.

— Die grundsätzliche Bedeutung der neuen Bestimmungen über den Geltungsbereich des Strafrechts, Deutsches Strafrecht, N. F. 8. Bd. (1941), S. 18.

Moore, John B., A Digest of International Law. 8 Vols., Washington D. C. 1906.

v. Münch, Ingo, Cutting-Fall: Strupp-Schlochauer, Wörterbuch, Bd. 1, S. 305.

Neumeyer, Karl, Historische und dogmatische Darstellung des strafbaren Bankerotts unter besonders eingehender Untersuchung der Schuldfrage. München 1891.

— Die verbotene Handlung im internationalen Strafrecht. ZStW. 23 (1903), S. 436.

Nuvolone, Pietro, Kollisionsnormen auf dem Gebiet des Strafrechts in Europa, ZStW. 66 (1954), S. 545.

Oehler, Dietrich, Die Grenzen des aktiven Personalitätsprinzips im internationalen Strafrecht: Festschrift für Edmund Mezger zum 70. Geburtstag. München, Berlin 1954.

Olshausen, J. v. Olshausen's Kommentar zum Strafgesetzbuch. 11. Auflage 1927 (Freiesleben-Kirchner-Niethammer).

Oppenheim, L., International Law. A Treatise. Vol. I. Peace. Fourth Edition. London 1928.

Oppenheim-Lauterpacht, International Law. A Treatise. By L. Oppenheim. Vol. I. Peace. Eight Edition Edited by H. Lauterpacht. London 1955.

Oppenhoff- Delius, Das Strafgesetzbuch für das Deutsche Reich. 14. Aufl., Berlin 1901.

Perkins, Rollin M., Criminal Law. Brooklyn 1957.

Plucknett, Theodore F. T., — A Concise History of the Common Law. 5th Edition. London 1956.

Pollock and Maitland, — History of English Law, by Sir F. Pollock and F. W. Maitland. 2 Vols. Second Ed. Cambridge 1898 (repr. 1952).

Potter, — Potter's Historical Introduction to English Law and its Institutions. Fourth Ed. by A. K. R. Kiralfy. London 1958.

Preuss, Lawrence, — Der Umfang der Strafgewalt nach amerikanischer Rechtsauffassung, Zeitschrift für ausländisches öffentliches Recht und Völkerrecht, Band V (1935), S. 239.

Raape, Leo, — Internationales Privatrecht. 4. Auflage. Berlin, Frankfurt 1955.

Rafuse, Robert W., — The Extradition of Nationals. Urbana (Illinois) 1939.

Ripolles, Antonio Quintano, — Tratado de Derecho Penal Internacional e Internacional Penal. Tomo I, II. Madrid 1955—1957.

Rolin, Albéric, — L'Affaire Cutting, Revue de Droit International et de Législation Comparée, Tome XX (1888), p. 559.

Russel, — Russel on Crime, 11th Ed. by J. W. Cecil Turner. 2 Vols. London 1958.

Ruzé, Robert, — L'Affaire du Lotus, Revue de Droit International et de Législation Comparée, 3ième série, Tome IX (1928), p. 124.

Schlosser, Frank, — Criminal Laws of New Jersey. 3 Vols. New York 1953, mit 1962 Cumulat. Supplement.

Schmidt, Eberhard, — Lehrkommentar zur Strafprozeßordnung und zum Gerichtsverfassungsgesetz. Teil II. Erläuterungen. Göttingen 1957.

Schnitzer, Adolf F., — Handbuch des Internationalen Privatrechts. 3. Auflage. Basel 1950.

Schönke, Adolf, — Gegenwartsfragen des internationalen Strafrechts: Festschrift für Edmund Mezger zum 70. Geburtstag. München, Berlin 1954.

Schönke-Schröder, — Strafgesetzbuch, Kommentar. Begründet von Adolf Schönke, 10. Aufl. herausgegeben von Horst Schröder. München, Berlin 1960.

Schröder, Horst, — Die Teilnahme im internationalen Strafrecht, ZStW. 61 (1942), S. 57.

von Schuschnigg, Kurt, — International Law: An Introduction to the Law of Peace. Milwaukee 1959.

Schwarzenberger, Georg, — The Problems of an International Criminal Law, Current Legal Problems, Vol. 3 (1950).

Stephen, Sir James Fitzjames, — A History of the Criminal Law of England. Vols. I, II. London 1883.

— De l'impuissance de la législation anglaise à punir les nationaux pour crimes où délits commis à l'étranger, Journal du Droit International Privé et de la Jurisprudence Comparé (Clunet), Tome 14 (1887), p. 129.

Straub, Gernot, Täterschaft und Teilnahme im englischen Strafrecht. Bonn 1952.

Strupp-Schlochauer, Wörterbuch des Völkerrechts. Begründet von Karl Strupp, in zweiter Auflage herausgegeben von Hans-Jürgen Schlochauer. Band 1—3. Berlin 1960—1962.

Travers, Maurice, Le Droit Pénal International et sa mise en Oeuvre en Temps de Paix et en Temps de Guerre. Tome I—V. Paris 1920—1921.

Verzijl, J. H. W., L'Affaire du „Lotus" devant la Cour Permanente de Justice Internationale, Revue de Droit International et de Législation Comparée, 3ième série, Tome IX (1928), p. 1.

Vogel, Gian Paolo, Das Schwurgericht im englischen Strafprozeß. Züricher Dissertation. Winterthur 1954.

Wach, Adolf, Handbuch des deutschen Civilprozessrechts. Band I. Leipzig 1885.

von Weber, Hellmuth, Das Passive Personalitätsprinzip. Deutsche Landesreferate zum III. Internationalen Kongreß für Rechtsvergleichung in London 1950.

— Der Schutz fremdländischer staatlicher Interessen im Strafrecht. Festgabe für Reinhard Frank. Bd. II. Tübingen 1930.

Welzel, Hans, Das Deutsche Strafrecht in seinen Grundzügen. 7. Auflage. Berlin 1960.

Wengler, Wilhelm, Das englische Recht in der amerikanischen Judikatur. Festschrift für Ernst Rabel, Band I, Tübingen 1954.

Wharton, Francis, A Treatise on the Conflict of Laws in Private International Law. Third Edition by George H. Parmele. Vol. II. Rochester 1905.

Wharton-Anderson, Wharton's Criminal Law and Procedure, by Ronald A. Anderson. 5 Vols. New York 1957.

Williams, Glanville, Criminal Law. The General Part. Second Edition. London 1961.

Willoughby, Westel Woodbury, The Constitutional Law of the United States. 2nd Edition. New York 1910.

Wilshere, Wilshere's Criminal Procedure. Fourth Edition by H. A. Palmer and Henry Palmer. London 1961.

Wingo, Earle L., Mississippi Criminal Law and Procedure. Atlanta 1951.

Wolff, Martin, Das Internationale Privatrecht Deutschlands. 3. Auflage, Berlin—Göttingen—Heidelberg 1954.

Actes de la Conférence Internationale pour l'Unification du Droit Pénal. IIère Conférence Varsovie 1927.

Annuaire de l'Institut de Droit International (Bruxelles). 1880, 1883—1885, 1931.

Constitutions of the United States. National and State. 2 Vols. New York 1962.

Draft Convention on Extradition. Research in International Law under the Auspices of the Faculty of the Harvard Law School. Part I. American Journal of International Law, Vol. 29 (1935). Supplement.

Draft Convention on Jurisdiction with Respect to Crime. Research in International Law under the Auspices of the Faculty of the Harvard Law School. Part II. American Journal of International Law, Vol. 29 (1935). Supplement.

Entscheidungen des Ständigen Internationalen Gerichtshofs in deutscher Übersetzung. Herausgegeben von dem Institut für Internationales Recht in Kiel. Fünfter Band. Leiden 1927.

Entwurf eines Strafgesetzbuches (StGB) E 1962. Deutscher Bundestag. 4. Wahlperiode. Drucksache IV/650.

Foreign Relations of the United States. Printed by order of Congress. 1887.

Halsbury's Statutes of England, 2nd Edition, 43 Vols., London 1948—1963 (Cumulative Supplement 1964).

Model Penal Code. The American Law Institute. Model Penal Code. Tentative Draft No. 5. Philadelphia 1956.

Niederschriften der Sitzungen der Großen Strafrechtskommission. Band 4.

Resolution on International Penal Law. Adopted by the Fourth Section of the International Congress of Comparative Law, The Hague, 1932: American Journal of International Law, Vol. 29 (1935). Supplement.

United Nations Conference on the Laws of the Sea. Convention on the High Seas A/Conf. 13/38.

ABKÜRZUNGSVERZEICHNIS

A.	Atlantic Reporter. 2d: Second Series.
A. C.	Law Reports, House of Lords, Judicial Committee of the Privy Council and Peerage Cases (Appeal Cases). London.
A. L. R.	American Law Reports Annotated. 2d: Second series.
All E. R.	The All England Law Reports. London.
Am. Dec.	American Decisions.
Am. and Engl. Cases	American and English Annotated Cases.
Am. Rep.	American Reports.
Am. State Rep.	American State Reports.
Cox C. C.	Cox's Reports of Cases in Criminal Law (Cox's Criminal Law Cases) Reprint. London. 31 Vols., 1843—1940.
Cr. App. R.	The Criminal Appeal Reports. London.
Crim. L. R.	The Criminal Law Review. London.
Dig.	The English and Empire Digest.
E. R.	The English Reports. Full Reprint. 175 Vols. Edinburgh.
F.	Federal Reporter. 2d: Second series.
F. C. A.	Federal Code Annotated.
F. R. D.	Federal Rules Decisions.
F. Supp.	Federal Supplement.
J. Cr. L.	The Journal of Criminal Law. London.
K. B.	Law Reports, King's Bench Division. London. (Year, Vol., page).
L. R. A.	Lawyer's Reports Annotated.
N. E.	North Eastern Reporter. 2d: Second series.

N. W.	North Western Reporter. 2d: Second series.
N. Y. S.	New York Supplement. 2d: Second series.
P.	Pacific Reporter. 2d: Second series.
Q. B.	Law Reports, Queen's Bench Division. London. (Year, vol., page).
S.	Southern Reporter. 2d: Second series.
S. E.	South Eastern Reporter. 2d: Second series.
S. Ct.	Supreme Court Reporter (U. S.).
S. W.	South Western Reporter. 2d: Second series.
W. L. R.	Weekly Law Reports.

EINLEITUNG

Die Frage nach dem Handlungsort zielt auf die Lösung eines Problems, dem eine eigentlich selbständige Bedeutung fehlt[1]. Ihre Entscheidung bildet nur in ganz bestimmten rechtlichen Zusammenhängen die Voraussetzung für den Eintritt von Rechtsfolgen völlig verschiedener Natur. Abgesehen von einigen hier nicht näher zu untersuchenden Tatbeständen des Besonderen Teils des Strafgesetzbuches, in denen ein besonders beschriebener Handlungsort[2] entweder strafbegründendes (z. B. §§ 106a, 141, 167 StGB) oder straferhöhendes Merkmal ist (z. B. §§ 243 Abs. 1 Nr. 4, 250 Abs. 1 Nr. 3), wird eine genaue Bestimmung des Ortes, an dem ein Delikt begangen worden ist, vor allem im Strafprozeßrecht bei der Frage nach der örtlichen Zuständigkeit eines Gerichts (§ 7 StPO) und im Rahmen der §§ 3–7 StGB wichtig[3].

Die §§ 3 ff. StGB bestimmen, unter welchen Voraussetzungen das deutsche Strafrecht auf einen bestimmten, strafrechtlich erheblichen Lebensvorgang zur Anwendung kommt. Sie sind deshalb erforderlich, weil es nach den Tatbeständen des Besonderen Teils des Strafgesetzbuchs im allgemeinen gleichgültig zu sein scheint, ob eine Straftat im Inland oder Ausland, ob sie von einem Deutschen oder einem Ausländer begangen worden ist. Das deutsche Strafrecht erscheint, würde man die §§ 3–7 StGB ausklammern, als ein Weltstrafrecht[4]. Entsprechende Regelungen befinden sich in den Strafgesetzbüchern oder Strafprozeßordnungen[5] fast aller Länder[6]. In Rechtsordnungen ohne

---

[1] Kitzinger in VDA., S. 137.

[2] Vgl. zu § 285 StGB die Entsch. RGSt. 47/363, zu § 292 StGB die Entsch. RGSt. 6/375.

[3] Das Verhältnis der strafprozessualen Bestimmungen über die örtliche Zuständigkeit nationaler Gerichte zu den Vorschriften über den räumlichen Herrschaftsbereich der Strafgesetze, insbesondere die Frage, ob die Bestimmung des Begehungsortes nach gleichen Grundsätzen zu erfolgen hat, kann für das deutsche und das angloamerikanische Recht nicht einheitlich entschieden werden. Die Untersuchung muß deshalb den folgenden Darstellungen von den Besonderheiten der genannten Rechtskreise vorbehalten bleiben.

[4] Vgl. Binding, Hdb. I, S. 370 ff.

[5] Insoweit als Vorschriften über die Jurisdiktion des Strafgerichts, s. dazu Teil II, 1. Kapitel.

[6] Z. B. Italien: Codice Penale, Art. 3 ff.; Schweiz: Art. 3 ff. Schweiz.

einheitlich kodifiziertes Strafrecht sind entsprechende Grundsätze im Wege richterlicher Rechtsbildung entwickelt worden[7].

Diese Rechtsvorschriften unterscheiden sich zwar weitgehend im Wortlaut und in der Formulierung, lassen sich aber auf einige ganz bestimmte Grundsätze zurückführen, die von den einzelnen nationalen Gesetzgebern in unterschiedlicher Verbindung und Konsequenz im geltenden Recht zum Ausdruck gebracht worden sind. Einer der wichtigsten dieser Grundsätze ist das Territorialitätsprinzip, der dem Wesen staatlicher Souveränität immanente Anspruch, dem nationalen Strafrecht alle Straftaten zu unterwerfen, die auf dem eigenen Hoheitsgebiet begangen sind ohne Rücksicht darauf, ob der Täter Inländer oder Ausländer ist. Die Verwirklichung dieses Grundsatzes hängt von der Entscheidung ab, wo eine Straftat begangen worden ist, wie insbesondere Distanzverbrechen, bei denen die tatbestandsmäßige Handlung und der durch sie herbeigeführte strafrechtlich erhebliche Erfolg räumlich auseinanderfallen und sich über zwei oder mehr Staatsgebiete erstrecken, lokalisierbar sind. In diesem rechtlichen Zusammenhang gewinnt mithin die Beantwortung der Frage nach dem Begehungsort insofern eine wesentliche Bedeutung, als sie den allgemeinen Gedanken des Territorialitätsprinzips präzisiert und abgegrenzt und ihn so für die Rechtsanwendung verwertbar werden läßt.

Die Bestimmungen der §§ 3—7 StGB. werden nach einem von Bentham[8] geprägten Ausdruck allgemein[9] als das internationale Strafrecht Deutschlands bezeichnet[10]. Gegen diesen mehrdeutigen Begriff wird vielfach eingewendet, daß er irreführend und in sich widersprüchlich sei[11], weil die von ihm umfaßten Vorschriften auf einem Rechts-

---

StGB.; Frankreich: Art. 689 ff. Code de Procédure Pénale; Belgien: Chapitre II, Code d'Instruction Criminelle; Spanien: Art. 333 ff. Ley provisional sobre organización del Poder judicial.

[7] Vgl. dazu die Ausführungen zum englischen und amerikanischen Recht.

[8] Vgl. Bentham, Works ed. Bowring: An introduction to the principles of morals and legislation, Pref. p. III, ch. XIX, § 2.

[9] v. Martitz, 1. Abt., S. 403 ff.; v. Bar, Lehrbuch, S. 207; v. Liszt in ZStW. 2, S. 52 ff.; Frank, § 3 Anm. I; Hafter, Lehrb., Allgem. Teil, S. 47; für das neuere deutsche Schrifttum vgl. Kohlrausch-Lange, Bem. I vor § 3; Oehler in Festschrift f. Mezger, S. 83 ff.; Schönke-Schröder, Bem. 1 vor § 3; Welzel, S. 23. Für das ausländische Schrifttum: Donnedieu de Vabres, Principes Modernes, p. 3 ff.; Travers, Droit Pénal Intern., p. 7 ff.; Levi, Diritto Penale Intern., p. 1; Jiménez de Asúa, Tratado, T. II, p. 725.

[10] Hier mag dahingestellt bleiben, ob z. B. zum intern. Strafrecht Deutschlands außer den §§ 3—7 StGB. auch die Vorschriften über die Auslieferung gehören. Dazu v. Martitz a. a. O.

[11] v. Liszt in ZStW. 2/52; v. Liszt-Schmidt, Lehrb., S. 121 ff.; Gerland, S. 77—78; Hafter, Lehrb. a. a. O.; Maurach, Lehrb. S. 91.

setzungsakt des nationalen Gesetzgebers beruhen und mithin Bestandteil des nationalen, also internen Rechts sind[12]. Wenn es sich aber nicht um internationales, also durch völkerrechtliche Übung oder Vertragssysteme zustandegekommenes und seinem Rang als zwischenstaatliche Norm behauptendes Recht handle[13], so wird behauptet, sei die Bezeichnung „internationales Strafrecht" nicht zulässig. Die dieser Kritik zugrundeliegenden Überlegungen sind zwar richtig, allein dem aus ihnen gezogenen Schluß kann nicht gefolgt werden, weil der Zusatz „international" nicht auf den Ursprung und das Wesen der Rechtsnormen bezogen sein will. Er ist vielmehr zu verstehen als Hinweis auf den Gegenstand, mit dem sich die Vorschriften über den Anwendungsbereich des materiellen Strafrechts befassen, nämlich auf Tatbestände mit einem internationalen Element[14]. Diese Vorschriften können und müssen nur angewandt werden bei Straftaten mit „Auslandsberührung", die also entweder von einem Ausländer ganz oder teilweise im Inland begangen oder von einem Inländer oder Ausländer ganz oder zum Teil im Ausland verwirklicht worden sind. Für das Gebiet des internationalen Privatrechts ist entsprechend anerkannt, daß dieses sich vom internen, nationalen Privatrecht nicht durch die Verschiedenheit der Rechtsquellen, sondern durch die besondere Eigenart der zu behandelnden Tatbestände unterscheidet[15]. Aus diesen Gründen rechtfertigt sich die Bezeichnung „internationales Strafrecht" für die Gesamtheit der Vorschriften, die den Herrschaftsberich des materiellen Strafrechts zu anderen bestehenden Rechtsordnungen abzugrenzen bestimmt sind.

Unter internationalem Strafrecht wird allerdings auch vielfach eine Rechtsdisziplin verstanden, deren Tatbestände überwiegend aus dem Kriegsvölkerrecht stammen. Vor allem seit dem ersten Weltkrieg ist das Bestreben deutlich geworden, völkerrechtswidriges Verhalten von Staaten und deren Organen mit einer Strafe als Unrechtsfolge zu vergelten. So hat sich ein neues Rechtsgebiet entwickelt, das die Rechtsnormen umfaßt, welche die Beachtung der völkerrechtlichen Ordnung durch Androhung von Strafen in Form von politischen, wirtschaftlichen, militärischen oder moralischen Sanktionen erzwingen

---

[12] v. Liszt a. a. O.; Maurach a. a. O.; Mezger in Dt. Strafrecht 1941, S. 18 ff. Das gilt selbst für die Vorschriften, die mit Rücksicht auf den Abschluß von internationalen Verträgen durch einen Akt des nationalen Gesetzgebers geschaffen und so ganz eindeutig innerstaatliches Recht geworden sind.

[13] Maurach a. a. O.

[14] Hegler, Prinzipien, S. 27; Allfeld, S. 71; v. Martitz, I 425; Mezger a. a. O., S. 27; Levi, p. 1; Glaser, Introduction à l'étude du Droit International Pénal, p. 5.

[15] Raape, Intern. Privatrecht, S. 7; Schnitzer, Hdb. d. intern. Privatrechts, Bd. I, S. 25; Wolff, Das intern. Privatrecht Deutschlands, S. 1.

wollen[16]. Dieses Strafrecht unterscheidet sich allerdings vom „internationalen Strafrecht" in dem hier verstandenen Sinne ganz grundsätzlich und wird im Rahmen dieser Arbeit nicht berücksichtigt. Um den Unterschied zwischen den beiden verschiedenen Rechtsdisziplinen klar herauszustellen, wird das aus völkerrechtlichen Normen hergeleitete Strafrecht neuerdings im Gegensatz zum „internationalen Strafrecht" oder „droit pénal international" als „Völkerstrafrecht"[17] oder „droit international pénal"[18] bezeichnet.

[16] SCHWARZENBERGER in „Current Legal Problems", Vol. 3, p. 264; SCHUSCHNIGG, Intern. Law, 1959, p. 323.

[17] DAHM, Völkerrecht, Bd. 3, S. 288; HOFFMANN, Strafrechtliche Verantwortung im Völkerrecht, S. 29 ff.; JESCHECK, Völkerstrafrecht, in: STRUPP-SCHLOCHAUER, Wörterbuch des Völkerrechts, Bd. 3.

[18] GLASER, a. a. O., p. 5; vgl. auch ANTONIO QUINTANO RIPOLLES, Tratado de Derecho Penal Internacional e Internacional Penal, Tomo I, Cap. I.

HAUPTTEIL I

Der Begehungsort im System des Völkerrechts

1. KAPITEL

Die Bedeutung der Normen des Völkerrechts für die Bestimmung des Ortes der Handlung

Die Aufgabe des internationalen Strafrechts besteht darin, durch innerstaatliche Rechtsvorschriften den Geltungsbereich staatlichen Strafrechts oder die Jurisdiktion der Gerichte in Strafsachen eines bestimmten Staates[19] gegenüber anderen Staaten abzugrenzen. Sofern dies ausschließlich oder doch zum Teil auf der Grundlage des Territorialitätsprinzips geschieht, hängt von der Möglichkeit, eine Straftat mit Auslandsberührung im Inland zu lokalisieren, die Anwendung des nationalen Rechts durch die eigenen Gerichte ab. Hat demnach ein Täter durch aus dem Ausland geschickte erpresserische Briefe einen anderen Ausländer, der sich vorübergehend im Inland aufhält, in der in § 253 StGB tatbestandlich bestimmten Weise in seinem Vermögen geschädigt, so muß das inländische nationale Recht die Frage beantworten, ob die Tat als im Inland begangen angesehen werden kann.

Allein ein in diesem engen Rahmen des innerstaatlichen Rechts gewonnenes Ergebnis kann noch nicht die Gewähr für eine endgültige Lösung des Problems bieten, sofern es sich um Distanztaten handelt, die in den Herrschaftsbereich von mindestens zwei nationalen Rechtsordnungen hineinreichen. Wird die als Beispiel angeführte Straftat als Inlandstat behandelt, so liegt in diesem für die Anwendung des Territorialitätsprinzips maßgeblichen Urteil offensichtlich ein extraterritoriales Element[20]. Entsprechend verhält es sich, wenn umgekehrt ein

---

[19] Über den Unterschied zwischen räumlichem Geltungsbereich des Strafrechts einerseits und Umfang der Jurisdiktionsgewalt staatlicher Gerichte in Strafsachen andererseits im deutschen und angloamerikanischen Strafrecht vgl. Teil II, 1. Kapitel und Teil III, 1. Kapitel.

[20] Meili, Lehrb., S. 119, spricht insoweit von einer „Ausweitung der territorialen Herrschaft der Gesetze". Im gleichen Sinne Preuss in 5 ZAÖRVR (1935), S. 253 und S. 256.

Vgl. auch Thomas Penberthy Fry in „University of Queensland Papers", Faculty of Law, Vol. I (1947), p. 15: „The extension of territorial

im Inland verweilender Ausländer erpresserische Briefe ins Ausland schickt und wenn wegen dieser persönlichen Tätigkeit die gesamte Tat begrifflich in das Inland verlagert wird. Bei einer so gewonnenen Begründung der Strafgewalt der eigenen Gerichte ist ein Konflikt mit den anderen Rechtsordnungen, in deren Bereich entweder gehandelt worden oder der Erfolg eingetreten ist, unter Umständen auch mit dem Heimatstaat des Täters[21] nicht ausgeschlossen. Der Gedanke an eine Lösung solcher Konflikte durch das Völkerrecht als ein dem innerstaatlichen Recht übergeordnetes Rechtssystem liegt daher nahe.

Entgegen einer vornehmlich von älteren deutschen Autoren vertretenen Auffassung[22], der nationale Gesetzgeber verfüge über die alleinige und ausschließliche Zuständigkeit, den Geltungsbereich seines Strafrechts zu bestimmen, ist inzwischen allgemein anerkannt, daß dies nur innerhalb des von den Normen des Völkerrechts umgrenzten Rahmens geschehen kann[23], daß dem Völkerrecht also insoweit auf Grund seiner Kompetenz-Kompetenz eine Begrenzungsfunktion zukommt[24]. Das bedeutet, daß einer Bestimmung des Handlungsortes nach dem geltenden internationalen Strafrecht bestimmter Einzelstaaten die Untersuchung vorangehen muß, ob allgemeine Regeln des Völkerrechts bestehen, die sich auf diesen Sachbereich beziehen. Ein positives Ergebnis dieser Vorfrage würde von nicht zu unterschätzender Bedeutung für das Recht innerstaatlichen Ursprungs sein[25]. Für das deutsche Recht erklärt Art. 25 GG. die allgemeinen Regeln des Völkerrechts für Bestandteile des Bundesrechts, die widersprechenden innerstaatlichen Gesetzen vorgehen und diese insoweit derogieren können. Auch im angloamerikanischen Recht wird das völkerrecht-

---

offences to offences committed only in part within the territory, is therefore pregnant with very extensive power over extraterritorial matters."

[21] Oppenheim, 4th ed., Vol. I, p. 147: „The question is, therefore, ... whether the home State of such an alien has a duty to acquiesce in the latter's punishment in case he comes into the power of these States".

[22] Binding, Hdb. I, S. 372; Hälschner, Dt. Strafrecht I, S. 133, Anm. 1; Mendelssohn-Bartholdy in Vergl. Darst., Allgem. Teil, VI. Band, S. 85 ff., insbesondere S. 165/166 u. S. 311; nicht ganz so eindeutig, aber wohl auch zu dieser Auffassung neigend: v. Liszt, Völkerrecht, S. 66.

[23] v. Bar, Lehrb. S. 207; v. Bar, Gesetz und Schuld, Bd. I, S. 142; Frank, Strafgesetzbuch, § 3 Anm. IV, 3; Meili, Lehrb. S. 131; Wegner in „Festgabe für Reinhard Frank", S. 98 ff., insbes. S. 101; Bruns in 1 ZAÖRVR (1930), S. 54; Drost in Niemeyers Zeitschr., Bd. 43, S. 111 ff.; Moore, Digest, § 200; Oppenheim-Lauterpacht, 8. Aufl., Vol. I, § 143.

[24] Dahm, Völkerrecht, Bd. I, S. 255.

[25] Beckett in VI „British Yearbook of International Law" (1925), p. 44: „... the existence of a municipal code authorizing the prosecution in no way serves as an excuse for a state which has exceeded its rights by the law of nations and has to meet the indignation of a neighbour ...".

liche Gewohnheitsrecht als ein Teil des common law aufgefaßt[26], allerdings im englischen Recht nur insoweit, als es englischer Rechtsüberzeugung entspricht und nicht im Widerspruch zu vom Parlament erlassenen acts steht[27], in den USA, sofern es mit der Verfassung des Bundes vereinbar ist[28].

2. KAPITEL

Die ältere Lehre im Völkerrecht und der Fall Cutting

Besonders im englischen und amerikanischen Schrifttum[29] finden sich zahlreiche Stellungnahmen zur Frage der völkerrechtlichen Abgrenzung staatlicher Strafgewalt (criminal jurisdiction), wobei nicht immer klar unterschieden wird zwischen den vom innerstaatlichen Recht entwickelten Grenzen der Jurisdiktion und den diesem vom Völkerrecht auferlegten Beschränkungen[30]. Allgemein anerkannt ist neben dem mit der „territorial supremacy" begründeten Territorialitätsprinzip die Befugnis der staatlichen Gerichte, eigene Statsangehörige auch wegen der von ihnen außerhalb des Heimatstaates begangenen Straftaten zur Verantwortung zu ziehen (aktives Presonalitätsprinzip), sofern dafür nach einer Rückkehr des Täters oder nach seiner Auslieferung die tatsächlichen Voraussetzungen erfüllt sind[31]. Dagegen wird die Erstreckung des eigenen Strafrechts durch inländische Gerichte auf Auslandstaten von Ausländern als mit dem Völkerrecht

---

[26] West Rand Central Gold Mining Co. Ltd. v. The King, (1905) 2 K. B. D. 391.

Vgl. auch Beale in 36 Harvard Law Review (1926), 242: „It cannot be doubted that all countries governed by the common law have in fact accepted international law as part of the common law; and that the principles of that law which give or withhold jurisdiction are therefore principles of our common law."

[27] Entscheidung des Privy Council in Chung Chi Cheung v. The King (1939) A. C. 160.

[28] Vgl. die Entscheidungen des Supreme Court Valentine v. U. S. ex rel. Neidecker (1936) 299 U. S. 5; Bacardi v. Domenech (1940) 311 U. S. 150; Missouri v. Holland (1920) 252 U. S. 416.

[29] Oppenheim, Int. Law, 4th ed., Vol. I, §§ 143, 147; Wheaton, Elements, 8th ed., § 113; Fenwick, Int. Law. 3rd ed., p. 271/272; Hershey, Essentials, § 149; Brierly, Grundlagen, 3. Aufl., S. 153; Lawrence, Principles, 7th ed. § 93; Bishop, Crim. Law, §§ 109 seq.

[30] Deutlich herausgestellt von Preuss, a. a. O., S. 242, der dies mit der Tendenz amerikanischer Staatsmänner erklärt, die eigentümlichen Einrichtungen ihres eigenen Rechtssystems zu Normen des internationalen Rechts stempeln zu wollen.

[31] Vgl. die in F. N. 29 zitierten Autoren.

unvereinbar scharf abgelehnt[32]. Sehr deutlich kommt das zum Ausdruck, wenn Hershey[33] behauptet, der Anspruch vieler Staaten auf Jurisdiktion auch für Auslandstaten von Ausländern könne nicht heftig genug verurteilt werden, weil in ihm ein gefährlicher Machtmißbrauch gesehen werden müsse und ihm die theoretische Grundlage fehle. Er stehe im Widerspruch zu den Grundsätzen der "territorial sovereignty" und der "personal supremacy".

Diese auf den Glauben an eine strikte, vom Völkerrecht gebotene Territorialität der Strafgesetze gestützte Auffassung hat erhebliche Schwierigkeiten, die internationalen Distanztaten in das so begrenzte System staatlicher Jurisdiktion einzuordnen. Der diesen Sachverhalten gleichermaßen eigene territoriale und extraterritoriale Charakter läßt sie weder der erlaubten noch der vermeintlich unzulässigen extraterritorialen Strafgewalt eines Staates eindeutig zuordnen. Eine Lösung des Problems allein aus dem Souveränitätsbegriff[34] und der Tatsache des Bestehens einer Mehrheit unabhängiger territorialer Jurisdiktionsbereiche erscheint ausgeschlossen. Während im älteren angelsächsischen Völkerrecht die Tendenz unverkennbar ist, auch solche Taten, bei denen nur der Erfolg sich innerhalb des eigenen Staatsgebietes verwirklicht, durch entsprechende Lokalisierung der Tat voll der eigenen Strafgewalt zu unterwerfen[35], wird diese Möglichkeit von einigen kontinentalen Autoren[36] aus völkerrechtlichen Bedenken verworfen.

Sowohl die Gegner als auch die Befürworter einer Ausdehnung der Jurisdiktion auf solche jedenfalls zum Teil extraterritorialen Tatbestände berufen sich in diesem Zusammenhang regelmäßig auf den Fall Cutting. Ihm liegt das hier zu erörternde Problem zugrunde, allerdings in so unglücklicher Weise verstrickt mit anderen Fragen, daß

---

[32] Oppenheim a. a. O.; Wheaton a. a. O.; Lawrence a. a. O., § 104; Heffter, Europ. Völkerrecht d. Gegenwart, § 36; zweifelnd Brierly a. a. O.

[33] Hershey a. a. O.

Vgl. auch Chief Justice Cockburn in: Reg. v. Keyn, 13 Cox C. C. 403 (485), „No proposition of law can be more incontestable or more universally admitted than that according to the general law of nations a foreigner, though criminally responsible to the law a nation not his own for acts done by him while within the limits of its territory, cannot be made responsible to its law for acts done beyond such limits."

[34] Die Zweifel an der Möglichkeit, die völkerrechtlichen Grenzen staatlicher Jurisdiktion überhaupt aus dem Wesen der Souveränität und der Personalhoheit des Staates über seine Bürger ableiten zu können, sollen bei diesem Überblick über die Entwicklung des Problems unerörtert bleiben.

[35] Brierly, S. 153; Lawrence, § 104; Moore, 2 Digest §§ 200—202; wohl auch Fenwick, p. 271/272, aber anscheinend zweifelnd; ohne eigene Stellungnahme Oppenheim, 4th ed., § 147 F. N. 2; bejahend aber Oppenheim-Lauterpacht, 8th ed., p. 147.

[36] v. Bar, Gesetz und Schuld, Bd. I, S. 142. Frank, Strafgesetzbuch, § 3 Anm. IV 3. Meili, Lehrb. S. 131.

die Bedeutung des Falles bisweilen überschätzt und sogar auch noch in neuester Zeit mißverstanden wird[37].

Die Vorgänge, die dem Fall Cutting zugrundeliegen, haben sich im Jahre 1886 abgespielt[38]. Cutting, ein Staatsbürger der Vereinigten Staaten, hatte in einer von ihm in der mexikanischen Grenzstadt Paso del Norte verlegten Zeitung über den Mexikaner Medina beleidigende Berichte veröffentlicht. Eine auf Betreiben von Medina deshalb eingeleitete Strafverfolgung fand ihr vorläufiges Ende dadurch, daß Cutting vor dem Polizeigericht in Paso del Norte ein Sühneprotokoll (reconciliación) unterzeichnete, in dem er sich verpflichtete, in seiner Zeitung die beleidigenden Äußerungen zu widerrufen. Dieser Verpflichtung kam er nur in sehr unzureichendem Maß nach. Bald darauf begab sich Cutting in die benachbarte amerikanische Grenzstadt El Paso (Texas) und wiederholte dort in einem Inserat in der Lokalzeitung seine Beleidigungen und diffamierenden Äußerungen über Medina in wesentlich verschärfter Form. Bei seiner Rückkehr nach Mexiko wurde er verhaftet und vor dem örtlichen mexikanischen Gericht angeklagt. In der Anklageschrift wurde die mexikanische Jurisdiktion unter Hinweis auf Art. 164 des Strafgesetzbuchs begründet[39]. Die Vereinigten Staaten verlangten auf diplomatischem Wege zwar sofort die Freilassung Cuttings und vertraten den Standpunkt, die Haft sei wegen der fehlenden mexikanischen Jurisdiktion

---

[37] Deutlich z. B. bei v. Münch, Cutting Fall, in Strupp-Schlochauer: Wörterbuch des Völkerrechts, Bd. I, S. 305, der das hier erörterte Problem bei der Darstellung des Falles übergangen hat.

[38] Die hier gegebene gedrängte Darstellung beruht auf den amtlichen Veröffentlichungen des diplomatischen Schriftwechsels zwischen Mexiko und den USA in: The Foreign Relations of the United States, 1887, p. 751 seq.

[39] Deutsche Übersetzung dieser Bestimmung bei Mendelssohn-Bartholdy, Vergl. Darstellung, Allgem. T., VI. Band, S. 137:

„Strafbare Handlungen, die im Ausland von einem Mexikaner gegen Mexikaner oder Fremde, oder von einem Fremden gegen Mexikaner begangen werden, können in Mexiko bestraft werden, nach dem mexikanischen Gesetz, unter folgenden Voraussetzungen:

a) daß der Angeklagte in Mexiko ist wobei gleichgültig ist, ob er freiwillig gekommen oder ausgeliefert worden ist;
b) daß, wenn der Verletzte ein Ausländer ist, er gehörig gesetzliche Klage gestellt hat;
c) daß der Angeklagte in dem Land, in welchem das Delikt begangen ist, nicht endgültig abgeurteilt worden ist, oder, wenn es abgeurteilt worden ist, daß er nicht freigesprochen, amnestiert oder begnadigt worden ist;
d) daß der Bruch des Rechts, dessen er angeklagt ist, den Charakter einer strafbaren Handlung sowohl im Land des Begehungsortes als in Mexiko hat;
e) daß nach dem mexikanischen Strafgesetz das Delikt mit einer höheren Strafe als Gefängnis von einem bis elf Monaten bedroht ist."

ungesetzlich, aber ihrem Verlangen war kein Erfolg beschieden. Das mexikanische Außenministerium berief sich auf die Unabhängigkeit der einzelnen Bundesstaaten in Justizangelegenheiten und die ihm deshalb fehlende Eingriffsmöglichkeit.

Cutting wurde von dem Richter in Paso del Norte verurteilt[40], nachdem die Anklage dahin erweitert worden war, daß die texanische Zeitung mit den Beleidigungen auch in Paso del Norte von Cutting verbreitet worden sei. Tatsächlich begründete Richter Zubia seine Entscheidung nicht nur mit dem sich aus Art. 164 ergebenden passiven Personalitätsprinzip, sondern daneben mit der Feststellung, daß die Straftat als in Mexiko vollendet angesehen werden müsse[41]:

„Considering, 10. That even supposing, without conceding it, that the penal offence was committed in the territory of Texas, the circumstance that the newspaper El Paso Herald was circulated in this town, of which circumstance complained Medina, and which might be found, in the office of Cutting, in this same town, properly constituted the consummation of the crime, conformably to Art. 644 of the penal code."

Auf die Berufung des Angeklagten hat der Oberste Gerichtshof von Chihuahua zwar die Richtigkeit des erstinstanzlichen Urteils bestätigt[42], ohne allerdings auf die Frage der Vollendung der Straftat in Mexiko einzugehen, gleichzeitig aber die Freilassung Cuttings verfügt, weil inzwischen die Strafklage von Medina mit Rücksicht auf ihre politischen Folgen zurückgenommen worden war.

Eine klare Entscheidung eines nationalen oberen Gerichts zu den beiden für die völkerrechtliche Abgrenzung des Umfangs staatlicher Jurisdiktion so erheblichen Fragen ist mithin nicht ergangen. Schon dadurch wird die Bedeutung des in diesem Zusammenhang immer wieder angeführten Falles gemindert. Aber auch dem nach der Erledigung des Rechtsstreits durch die mexikanische Justiz weitergeführten diplomatischen Notenwechsel zwischen den Vereinigten Staaten und Mexiko[43] können keine wesentlich neuen Argumente entnommen werden. Beide Regierungen beharrten auf ihren einmal eingenommenen Standpunkten über die völkerrechtliche Vereinbarkeit oder Unvereinbarkeit des Art. 164 mit dem geltenden Völkerrecht[44].

---

[40] Englische Übersetzung der Entscheidung in Foreign Relations, a. a. O., p. 761.

[41] Diese zweite Erwägung findet sich auch nicht in der sonst sehr ausführlichen Darstellung des Falles bei Mendelssohn-Bartholdy, a. a. O.

[42] Foreign Relations, a. a. O., p. 766/767.

[43] Die Vereinigten Staaten verlangten ohne Erfolg die Zahlung einer Entschädigung und die Streichung des umstrittenen Art. 164 aus dem Strafgesetzbuch.

[44] Vgl. insbesondere den „Report on Extraterritorial Crime" von Moore in Foreign Relations, a. a. O., p. 769.

Im Gegensatz zu den dieser ersten Frage gewidmeten ausführlichen Erörterungen ist der Gedanke von Richter Zubia, die Jurisdiktion mit der auch in Mexiko eingetretenen Vollendung der Straftat zu begründen, nicht weiter verfolgt worden[45]. Trotzdem wurde das Problem jedenfalls auf amerikanischer Seite erkannt. Moore sagt dazu[46]: "The Government of the U.S. has never intimated, that, if Cutting had been arrested and tried on the charge of circulating, which in law would have been publishing a libel in Paso del Norte, the Mexican courts would not have had a right to punish him for having done so, merely because the printing was done in Texas. In law the circulation of a libel is a publication of it; ... and whenever and wherever a man actually circulates a criminal libel he commits a substantive criminal offence, whether he is corporally present or no. ..."

Die Anwendung dieser Grundsätze auf den Fall Cutting ist allerdings von Moore abgelehnt worden, weil eine auf zwei verschiedene Anklagegründe (counts) gestützte Verurteilung zwar grundsätzlich auch dann aufrecht erhalten werden könne, wenn die Voraussetzungen eines dieser Gründe nicht erfüllt seien (hier die auf Art. 164 gestützte Jurisdiktion). Aus der Entscheidung des Obersten Gerichtshofes von Chihuahua lasse sich aber erkennen, daß dieser die Strafgewalt über Cutting allein aus dieser völkerrechtswidrigen Bestimmung ableiten wollte[47].

Ist dieses Ergebnis auch wenig befriedigend, so läßt sich dem ausführlichen Gutachten von Moore doch jedenfalls deutlich entnehmen, daß die Regierung der Vereinigten Staaten, obwohl sie von einer strikten Territorialität der Strafgesetze ausgeht, auch die Bestrafung solcher Taten mit dem Völkerrecht für vereinbar hält, deren bloßer Erfolg innerhalb eines Staatsgebietes eintritt[48], obwohl der Täter selbst außerhalb des räumlichen Jurisdiktionsbereiches bleibt[49].

---

[45] Auch Rolin, der sich in „Revue de Droit Intern. et de Législ. Comp.", 1888, p. 559, voll dem Standpunkt der U. S.-Regierung anschließt, bemerkt dazu lediglich, diese Erwägung sei zwar an sich sehr bedeutsam, die ihr zugrundeliegenden Tatsachen seien aber sehr verspätet und sehr vage vorgetragen. Sie sollten offensichtlich nur von dem mangelnden Vertrauen des Richters auf sein erstes Argument ablenken. — Vgl. auch die Erwiderung von Gamboa, a. a. O., 1890, p. 230.

[46] Foreign Relations, a. a. O., p. 804/805.

[47] Foreign Relations, a. a. O., p. 769.

[48] Vgl. auch die Jahresbotschaft v. Präsident Cleveland vom Dezember 1886 (bei Moore, Digest II, § 201, p. 231/232): „A sovereign has jurisdiction of offences which take effect within its territory although concocted or commenced outside of it; ...

[49] Beckett in British Yearbook of Intern. Law, Vol. VI (1925) p. 55: „The importance of the recognition of the objective theory by the defenders of the strict territorial doctrine can from the point of view of international

3. KAPITEL

Der Lotus-Fall und seine Bedeutung für den Ort der Handlung vom Standpunkt des Völkerrechts

Auch die Gerichtshöfe europäischer Staaten haben wiederholt Fälle entschieden, in denen Straftaten abzuurteilen waren, die nicht eindeutig im räumlichen Herrschaftsbereich einer einzigen Rechtsordnung als verwirklicht angesehen werden konnten. Für die Feststellung der vom Völkerrecht gesetzten Grenzen staatlicher Jurisdiktionsbereiche ist die Bedeutung dieser Entscheidungen allerdings nicht sehr erheblich, da sie die Frage nach der Lokalisierung der Straftaten und damit nach dem wirklichen Umfang des Territorialitätsprinzips ausschließlich vom Standpunkt des innerstaatlichen Rechts beantworten ohne Rücksicht auf vielleicht bestehende Beschränkungen vom Völkerrecht[50]. Jene Fälle sollen deshalb in diesem Zusammenhang nicht näher erörtert werden.

Eine grundsätzliche Klärung vom Standpunkt des Völkerrechts brachte indessen die Entscheidung des Ständigen Internationalen Gerichtshofes vom 7. September 1927 in der Affaire „Lotus“[51].

Dem Urteil liegt folgender Tatbestand zugrunde: Im August 1926 stießen der französische Postdampfer „Lotus“ und der türkische Kohlenfrachter „Boz-Kourt“ im östlichen Mittelmeer außerhalb einer Dreimeilenzone zusammen. Dabei sank die „Boz-Kourt“ und acht ihrer türkischen Besatzungsmitglieder ertranken. Wachhabender Offizier an Bord der „Lotus“ zur Zeit des Zusammenstoßes war Leutnant Demons, ein französischer Staatsangehöriger. Alsbald nach der Ankunft der „Lotus“ in Istanbul begannen die türkischen Strafverfolgungsbehörden, die Ursachen des Zusammenstoßes zu untersuchen. Leutnant Demons wurde verhört und schließlich ebenso wie der

---

law hardly be over-estimated. It may serve to reconcile many cases of conflict between the views taken by these powers and those adopted by continental countries.“

[50] Vgl. insbesondere den Fall Ekbatana — West Hinder (Clunet 1914, p. 1327). Ein deutscher Schlepper hatte außerhalb der Dreimeilenzone das belgische Feuerschiff „West-Hinder“ gerammt. Dabei waren mehrere belgische Seeleute ertrunken. Das Tribunal correctionnel in Brügge sah die fahrlässige Tötung als auch auf dem belgischen Schiff begangen an und bejahte deshalb auf Grund des Territorialitätsprinzips eine konkurrierende belgische und deutsche Jurisdiktion.

Im gleichen Sinne die italienischen Gerichte im Fall „Ortigia—Oncle Joseph“ (Clunet 1885, p. 286). Dagegen für eine ausschließliche Strafgewalt des Staates, dem das den Zusammenstoß verursachende Schiff untersteht: Cour d'Aix in Clunet 1885, p. 286; Mehrheit der Richter in Reg. v. Keyn, 13 Cox C. C. 403.

[51] Entscheidungen StIGH in deutscher Übersetzung, Bd. 5, S. 73 ff.

Kapitän der gesunkenen „Boz-Kourt", Hassan-Bey, in Untersuchungshaft (arrestation préventive) genommen. Gegen beide Offiziere wurde ein Strafverfahren wegen fahrlässiger Tötung der bei dem Zusammenstoß ertrunkenen türkischen Seeleute eingeleitet. Bei der Verhandlung vor dem Strafgerichtshof von Istanbul berief sich Leutnant Demons ohne Erfolg auf die Unzuständigkeit der türkischen Gerichte. Er wurde aber alsbald gegen Sicherheitsleistung aus der Haft entlassen und in Abwesenheit wegen fahrlässiger Tötung zu einer Gefängnisstrafe verurteilt. Das Gericht begründete seine Jurisdiktion mit Artikel 6 des türkischen Strafgesetzbuches, der eine Anwendung türkischen Strafrechts auch auf Ausländer gestattet, wenn diese im Ausland zum Nachteil der Türkei oder eines Türken strafbare Handlungen begehen[52].

Dieses Vorgehen der türkischen Justiz hat mehrere Proteste und andere diplomatische Aktionen der französischen Regierung ausgelöst, die den Standpunkt vertrat, daß nur die französischen Gerichte berechtigt seien, über die Strafbarkeit von Demons zu befinden. Im September 1926 schlossen die türkische und die französische Regierung einen Schiedsvertrag, durch den der so entstandene Kompetenzkonflikt dem Ständigen Internationalen Gerichtshof im Haag zur Entscheidung vorgelegt wurde[53].

---

[52] Art. 6 hat folgenden Wortlaut (Abs. 1 und 2): „Der Ausländer, der außer den in Art. 4 vorgesehenen Fällen im Ausland zum Nachteile der Türkei oder eines Türken eine strafbare Handlung begeht, für die das türkische Gesetz eine Freiheitsstrafe nicht unter einem Jahr vorsieht, wird nach dem türkischen Strafgesetzbuch bestraft, sofern er in der Türkei festgenommen wird. Die Strafe wird jedoch um ein Drittel vermindert, und an Stelle der Todestrafe sind 20 Jahre Zuchthaus zu verhängen.

Die Strafverfolgung findet indessen in diesem Fall nur auf Antrag des Justizministers oder auf Klage des verletzten Teiles statt."

[53] Nach dem Kompromiß soll der Gerichtshof über die folgenden Fragen entscheiden:

1. Hat die Türkei entgegen Art. 15 der Lausanner Konvention vom 24. Juli 1923 über die Niederlassung und gerichtliche Zuständigkeit im Widerspruch mit den Grundsätzen des internationalen Rechts — bejahendenfalls mit welchen Grundsätzen — gehandelt, indem sie nach dem am 2. August 1926 auf hoher See zwischen dem französischen Dampfer „Lotus" und dem türkischen Dampfer „Boz-Kourt" erfolgten Zusammenstoß bei der Ankunft des französischen Schiffes in Stambul gleichzeitig mit der strafgerichtlichen Verfolgung gegen den Kapitän des türkischen Dampfers gegen den Hern Demons, Wachoffizier an Bord der „Lotus" im Augenblick des Zusammenstoßes, wegen des Verlustes des „Boz-Kourt", der den Tod von acht türkischen Seeleuten und Passagieren zur Folge hatte, ein zusammenhängendes Strafverfahren auf Grund der türkischen Gesetzgebung einleitete?

2. Im Falle der Bejahung: Welche Geldentschädigung würde, wenn eine solche nach den Grundsätzen des internationalen Rechts in Fällen dieser Art zu leisten ist, zugunsten des Herrn Demons zu zahlen sein?

Bestimmend für die Urteilsbildung des Gerichtshofs[54] war die klare Erkenntnis, daß zwar alle nationalen Gesetzgebungen von dem Grundsatz der Territorialität der Strafgesetze ausgehen, daß sie aber daneben in einem enger oder weiter gefaßten Rahmen ihren Geltungsbereich auch auf außerhalb ihres Staatsgebietes begangene strafbare Handlungen ausdehnen, die strikte Territorialität des Strafrechts also kein unbedingter Grundsatz des internationalen Rechts ist[55]. Als Folge davon ergaben sich zwei grundsätzlich verschiedene Ansatzpunkte für die weitere Untersuchung der dem Gericht vorgelegten Frage: Entweder gewährt das Völkerrecht den einzelnen Staaten Freiheit bei der Regelung ihres internationalen Strafrechts und schränkt diese Freiheit nur in bestimmten Fällen durch einzelne überstaatliche Verbotsnormen ein, oder aber aus dem internationalen Recht muß ein grundsätzlich räumlicher Charakter des Strafrechts abgeleitet werden, der nur kraft besonderer, völkerrechtlicher Erlaubnisnorm durchbrochen werden darf[56].

Da das Gericht mithin auf jeden Fall feststellen mußte, ob das internationale Recht einen Grundsatz enthält oder nicht, welcher der Türkei untersagt, auf Grund des gegebenen Tatbestandes eine Strafverfolgung gegen Leutnant Demons zu betreiben, hat es sich nicht eindeutig zu einem dieser beiden Systeme bekannt. Vielmehr ermöglichte ihm die Einschränkung der Rechtsfrage auf den ganz konkreten Fall auch, das Problem der Vereinbarkeit von Art. 6 des türkischen Strafgesetzbuches mit dem Völkerrecht, dem das Schutzprinzip und dessen besondere Ausprägung, das passive Personalitätsprinzip, zugrundeliegt, auszuklammern[57], wobei das Gericht alle Vorbehalte wegen der Anwendbarkeit dieser Bestimmung machte[58].

Die Jurisdiktion der türkischen Gerichte konnte nach Ansicht des Ständigen Internationalen Gerichtshofs allein auf den Umstand gestützt werden, daß der Erfolg der von Demons begangenen strafbaren Handlung auf einem türkischen Schiff eingetreten war, welches nach internationalem Gewohnheitsrecht dem türkischen Staatsgebiet gleich-

---

[54] Vgl. die ausführlichen Stellungnahmen zu dieser Entscheidung insbesondere von BERGE, 26 Michigan Law Review (1928), pp. 361—382; NIBOYET, 48 Revue critique de législ. et de jurisprud. (1928), pp 453—474; RUZÉ, Revue de droit intern. et de législ. comp., 3ième sér. (1928), pp. 124—156.

Noch vor Erlaß der Entscheidung: BECKETT in British Yearbook of Intern. Law, Vol. VIII (1928), p. 111.

[55] Entsch., S. 91—92.

[56] Dazu eingehend VERZIJL in Revue de droit intern. et de législ. comp., 3ième sér. (1928), pp. 13—15.

[57] Hier zeigt sich besonders deutlich die Parallele zum Fall Cutting.

[58] Entsch. S. 94.

gestellt ist[59]. Dem Gericht sei kein Argument bekannt geworden, aus dem sich ergäbe, daß die Staaten sich als gegenseitig verpflichtet anerkennen, nur den Ort zu berücksichtigen, wo sich der Täter der strafbaren Handlung im Augenblick ihrer Begehung befindet. Vielmehr stehe fest, „daß die Gerichte selbst solcher Länder, die am Grundsatz der strikten Territorialität der Strafgesetze festhalten, diese vielfach in dem Sinne auslegen, daß die strafbaren Handlungen, deren Täter sich im Augenblick der Begehung auf dem Gebiet eines anderen Staates befinden, nichtsdestoweniger als im heimischen Gebiet begangen angesehen werden müssen, wenn sich dort eines der Tatbestandsmerkmale des Delikts, insbesondere sein Erfolg, vollzogen hat[60].“

Zu dem zweiten Einwand der französischen Regierung, ausschließlich der Flaggenstaat sei berechtigt, die Gerichtsbarkeit wegen aller Handlungen auszuüben, die sich auf dem Schiff ereignet haben, erklärte das Gericht, bei einem Zusammenstoß auf hoher See liege der Fall so, wie wenn es sich um zwei verschiedene Staatsgebiete handle, auf deren einem der Täter gehandelt habe, während auf dem anderen der Erfolg eingetreten sei. Auch insoweit bestehe keine Regel des internationalen Rechts, die es dem Staat des Schiffes, auf dem der Erfolg eingetreten ist, verbietet, sich so zu verhalten, als ob die Handlung auf seinem Staatsgebiet begangen worden sei[61].

Die Entscheidung bestätigt mithin nachdrücklich, daß nach dem im Zeitpunkt ihres Erlasses geltenden Völkerrecht keine Bedenken dagegen bestehen, eine Straftat ganz im Inland zu lokalisieren, auch wenn dort nur der Erfolg eingetreten ist, und sie auf diese Weise der inländischen Strafgewalt zu unterwerfen. Für dieses Urteil haben allerdings nur sechs von den zwölf Richtern gestimmt, unter ihnen Präsident Huber, dessen Stimme den Ausschlag gab[62]. Von den Richtern, die durch Veröffentlichung ihrer „dissenting opinions“ von der

---

[59] Durch die Wahl des Ausdrucks „gleichgestellt“ — im französischen Original: assimiler — wird die häufig kritisierte Fiktionstheorie abgelehnt, nach der Schiffe auf hoher See als schwimmende Gebietsteile ihres Flaggenstaates zu betrachten sind, gleichsam als dessen „territoire flottant“. So z. B. Chief Justice Cockburne in Reg. v. Keyn, 13 Cox C. C. 403: „By the received law of every nation a ship on the high seas carries its nationality and the law of its own nation with it, and in this respect has been likened to a floating portion of the national territory.“ Vgl. auch RGSt. 23, 266.

[60] Entsch. S. 95.

[61] Entsch. S. 97—98.

[62] Die abweichende Ansicht von Richter Moore (USA) bezog sich allein auf die Vereinbarkeit von Art. 6 des türkischen Strafgesetzbuches mit dem Völkerrecht, zu der sich der Gerichtshof nicht geäußert hat. Demnach war für das Urteil über die Frage, wie sie das Kompromiß gestellt hat, tatsächlich eine Mehrheit von sieben zu fünf Stimmen gegeben. Vgl. dazu Berge a. a. O., pp. 380—382 und Verzijl a. a. O., pp. 6—7.

Entscheidung der Mehrheit abgewichen sind, haben Weiß, Loder und Lord Finlay zur Frage der Lokalisierung der Straftat Stellung genommen.

Nach Auffassung von Vizepräsident Weiss[63] ist es überhaupt unzulässig, eine strafbare Handlung auch am Ort ihres Erfolges als begangen anzusehen, maßgeblich soll allein der Ort sein, wo sich der Täter zur Zeit der Begehung aufhält[64]. Diese Meinung vermag Weiss allerdings nicht mit Gründen zu stützen, die aus dem Völkerrecht abgeleitet sind. Lediglich für die aus dem internationalen Recht angeblich zwingend folgende strikte Territorialität der Strafgesetze[65] bezieht er sich auf die offiziellen Äußerungen der amerikanischen Regierung im Fall Cutting, die in diesem Zusammenhang die Möglichkeit einer Berücksichtigung des bloßen Erfolges im Inland für die Begründung der Jurisdiktion gerade nicht in Frage gestellt hat[66].

Richter Loder[67] anerkennt zwar die Lokalisierung von Straftaten am Erfolgsort als eine zulässige Fiktion, will sie aber nur auf solche Fälle beschränkt wissen, in denen der Täter den Eintritt des Erfolges an einem anderen Ort als dem, wo er sich zur Zeit der Begehung befindet, beabsichtigt. Eine Begründung für diese von der inneren Einstellung des Täters abhängige Unterscheidung gibt Loder nicht, vor allem aber erscheint höchst zweifelhaft, ob er diese Einschränkung überhaupt vom Standpunkt des Völkerrechts für geboten hält[68]. Lord Finlay schließlich erachtet es für unmöglich, den Grundsatz des "locus delicti" auf den Fall des Zusammenstoßes von Schiffen zwecks Bestimmung der strafrechtlichen Jurisdiktion anzuwenden. Diese kann

---

63 Entsch. S. 114 ff.

64 Dieser Standpunkt wird ebenfalls vertreten von Donnedieu de Vabres in Revue de Droit Intern., 1928 — I, pp. 135—165.

65 Entsch. S. 119: „... Aber außerhalb des Gebietes, wenn die Grenze erst einmal überschritten ist, erlöschen seine polizeilichen und gerichtlichen Befugnisse; seine Souveränität besteht nicht mehr, und die Verbrechen und Vergehen, selbst die, unter denen er zu leiden hat, fallen normalerweise nicht unter die Strafgewalt seiner Gerichte."

66 s. o. Kap. 2.

67 Entsch. S. 107 ff.

68 Vgl. de la Grotte in Revue de Droit intern. et de législ. comp., 3ième sér. (1929) p. 393: „... rien dans le droit international ne défend à un Etat de considérer le délit d'homicide par imprudence comme localisé à l'endroit où le délit produit ses effets, ni de tenir compte pour définir la compétence de ses tribunaux, de l'endroit où le délit est localisé."
Die Mehrheit der Richter hat klar ausgesprochen (Entsch. S. 96), daß sie sich nicht für berufen halte, die Frage der Notwendigkeit einer solchen Unterscheidung zu prüfen, da diese in den Bereich des nationalen türkischen und nicht in den des internationalen Rechts gehöre.

nach seiner Auffassung nur nach den Grundsätzen des Seerechts erfolgen[69].

4. KAPITEL

Die Entwicklung des Völkerrechts seit der Lotus-Entscheidung

Das Urteil des Ständigen Internationalen Gerichtshofs war von herausragender Bedeutung für die internationale Seeschiffahrt. Vom Standpunkt des Völkerrechts konnten nun keine Bedenken mehr dagegen bestehen, daß die für Schiffszusammenstöße auf hoher See strafrechtlich verantwortlichen Seeleute der konkurrierenden Strafgewalt mehrerer Staaten unterworfen waren[70], vorausgesetzt, daß die in Betracht kommenden nationalen Gesetzgebungen die ihnen vom internationalen Recht eingeräumte Kompetenz voll in Anspruch nahmen. Dieses Ergebnis war zwar lediglich eine Konsequenz der allgemeinen Erkenntnis des Gerichts, daß es durchaus mit dem Völkerrecht vereinbar ist, Distanztaten sowohl am Ort der Willensbetätigung wie auch an dem des Erfolges als begangen anzusehen. Für Schiffszusammenstöße auf hoher See waren die Folgen dieses Prinzips aber deshalb besonders gravierend, weil die Frage, welchen nationalen Strafverfolgungsbehörden die verantwortlichen Personen ausgesetzt waren, auch davon abhing, welchen Hafen das Schiff zunächst anlief.

Die Feststellung dieser Rechtslage durch den Internationalen Gerichtshof kennzeichnet den Beginn einer neuen Entwicklung[71] im internationalen Recht, durch Abschluß multilateraler Verträge die vom Völkergewohnheitsrecht gewährte umfassende Kompetenz nationaler Gerichte zur Aburteilung von Straftaten in Zusammenhang mit Schiffskollisionen einzuschränken. Eine erste Beschränkung dieser Art ausschließlich auf den Flaggenstaat brachte Art. 8[72] des zwischen den

[69] Die „dissenting opinions" beruhen demnach auf sehr unterschiedlichen Erwägungen und vermögen nicht mit völkerrechtlich begründeten Argumenten die Feststellung des Gerichtshofs zu erschüttern, daß das internationale Recht nicht die Lokalisierung einer Straftat im Inland untersagt, wenn dort der Erfolg eingetreten ist, obwohl der Täter im Ausland gehandelt hat.

[70] Beim Zusammenstoß eines von einem französischen Kapitän geführten griechischen Tankers mit einem italienischen Schiff konnte mithin der Kapitän wegen des Territorialitätsprinzips sowohl von den griechischen als auch von den italienischen, wegen des Personalitätsprinzips schließlich auch von den französischen Gerichten strafrechtlich zur Verantwortung gezogen werden.

[71] HERNDL, „Lotus-Fall", in STRUPP-SCHLOCHAUER, Wörterbuch des Völkerrechts, Bd. 2, S. 433.

[72] „Treaty on International Penal Law", unterzeichnet in Montevideo

südamerikanischen Staaten auf der Konferenz von Montevideo von 1940 unterzeichneten Vertrages über Internationales Strafrecht. Eine ähnliche Regelung enthält Art. 1 Abs. 1 des Brüsseler Seerechtsabkommens von 1952[73], der für die strafrechtliche und die disziplinarische Verfolgung von Schiffszusammenstößen und Schiffsunfällen nur den Flaggenstaat für zuständig erklärt[74]. Ihren vorläufigen Abschluß gefunden hat diese Entwicklung durch Art. 11 Abs. 1 der Genfer Konvention über das Hohe Meer von 1958[75]. Die englische Fassung dieser Vorschrift lautet:

„In the event of a collision or of any other incident of navigation concerning a ship on the high seas, involving the penal or disciplinary responsibility of the master or of any other person in the service of the ship, no penal or disciplinary proceedings may be instituted against such persons except before the judical or administrative authorities either of the flag State or of the State of which such person is a national."[76]

Daraus folgt eindeutig daß die Jurisdiktion ausschließlich dem Flaggenstaat zustehen soll[77]. Die auch im Lotus-Urteil anerkannte Gleichstellung eines Schiffes auf hoher See mit dem Staat, dessen Flagge es führt, ist damit beibehalten worden, Art 11 Abs. 1 beruht mithin

---

am 19. März 1940 in 37 Am. Journal of Intern. Law (1943), Supplem. p. 122.

Art. 8: Crimes committed on the high seas, whether on board airplanes or on men-of-war, or on merchant ships, must be tried and punished according to the law of the state whose flag the vessel flies.

[73] 9. Diplomatische Seerechtskonferenz von Brüssel (1952): „Übereinkommen zur Vereinheitlichung von Regeln über die strafrechtliche Zuständigkeit beim Zusammenstoß von Schiffen und anderen Schiffsunfällen." U. N. Doc. A/CN. 4/69. Da der Vertrag bisher noch von keinem Staat ratifiziert worden ist, kommt ihm verhältnismäßig wenig Bedeutung bei. Vgl. dazu Dahm, Völkerrecht, Bd. 1, S. 671—672; Abraham, Seeschiffahrtsrecht, in Strupp-Schlochauer, Wörterbuch, Bd. 3, S. 242.

[74] Art. 3 a. a. O. läßt daneben die Zuständigkeit jedes Staates zur Verfolgung und Bestrafung seiner eigenen Staatsangehörigen bestehen.

[75] Genfer Seerechtskonferenz von 1958 (United Nations Conference on the Laws of the Sea): „Convention on the High Seas". Document A/Conf. 13/L.53. Official Records, Vol. II, p. 132. Die Bundesrepublik Deutschland hat diese Konvention unterzeichnet, aber noch nicht ratifiziert.

[76] Deutsche Übersetzung dieser Konvention durch die Forschungsstelle für Völkerrecht und ausl. öff. Recht der Universität Hamburg bei Hoog, Die Genfer Seerechtskonferenzen von 1958 und 1960, S. 58 ff. Allerdings ist Art. 11 Abs. 1 unrichtig übersetzt worden. Statt „... Flaggenstaates eingeleitet werden, dessen Staatsangehörigkeit die Person besitzt", muß es heißen „... *entweder* von dem Flaggenstaat eingeleitet werden *oder* von dem Staat, dessen Staatsangehörigkeit die Person besitzt."

[77] Daneben bleibt allerdings eine aus dem aktiven Personalitätsprinzip abgeleitete Jurisdiktion anerkannt.

auf dem Territorialitätsprinzip. Die wesentliche Einschränkung des bisherigen, vom Ständigen Internationalen Gerichtshof insoweit ausdrücklich festgestellten Völkergewohnheitsrechts muß aber darin gesehen werden, daß bei einer durch einen Schiffszusammenstoß begangenen strafbaren Handlung nicht mehr der Ort des Erfolges, sondern nur noch der Ort der persönlichen Tätigkeit des Verantwortlichen, also das Schiff, auf dem er sich im Zeitpunkt des Zusammenstoßes befindet, zur Begründung der strafrechtlichen Jurisdiktion berücksichtigt werden darf. Bei Anwendung dieser Konvention hätte auch die Lotus-Affäre im französischen Sinne entschieden werden müssen, denn der Eintritt des schädigenden Erfolges auf der Boz-Kourt wäre kein ausreichender Grund mehr gewesen, das Vorgehen der türkischen Justizbehörden für völkerrechtlich gerechtfertigt zu erklären[78]. Auf diese Weise wird deutlich, daß Art. 11 Abs. 1 der Konvention von erheblicher Bedeutung für die Lokalisierung von Straftaten ist, wenn auch nur für den ganz eng umgrenzten Kreis der durch die Verursachung auf hoher See begangenen Delikte.

Nicht eindeutig beantwortet werden kann indessen die Frage, ob das bisher geltende Völkergewohnheitsrecht bereits durch Art. 11 Abs. 1 derogiert worden ist. Nach Art. 34 a.a.O. soll die Konvention erst am dreißigsten Tag nach der Hinterlegung der zweiundzwanzigsten Ratifikationsurkunde beim Generalsekretär der Vereinten Nationen in Kraft treten. Das ist bisher noch nicht geschehen[79]. Dennoch wird die Auffassung vertreten[80], daß die Genfer Seerechtskonvention gar nicht der Ratifikation bedürfe, weil durch sie bereits geltendes Völkerrecht lediglich kodifiziert worden, ihr also kein rechtsetzender, sondern nur deklaratorischer Charakter beizumessen sei[81]. Das kann aber offensichtlich nicht für Art. 11 Abs. 1 gelten, der im Widerspruch steht zu dem vom Ständigen Internationalen Gerichtshof festgestellten Völkergewohnheitsrecht. Deshalb bestehen erhebliche Bedenken, jedenfalls diese Bestimmung schon im gegenwärtigen Zeitpunkt vor Eintritt der in Art. 34 der Konvention vorgesehenen Voraussetzungen als geltendes Völkerrecht anzusehen[82].

Abgesehen von dieser besonderen Regelung für die Jurisdiktion über Straftaten, die durch die Verursachung von Schiffskollisionen auf

---

[78] Auch eine Berufung auf das Schutzprinzip oder das passive Personalitätsprinzip wäre mit Art. 11 Abs. 1 nicht mehr vereinbar.

[79] Münch in Strupp-Schlochauer, a. a. O., Bd. 3, S. 239.

[80] Münch a. a. O.; Hoog a. a. O., S. 31.

[81] In diesem Sinne auch die Präambel der Konvention: „Recognizing that the United Nations Conference on the Law of the Sea ... adopted the following provisions as generally declaratory of established principles of international law."

[82] Diese Bedenken hinsichtlich Art. 11 werden auch geäußert von v. Münch, ArchVR (1959/60), S. 180 ff. (202).

hoher See begangen werden, hat die Entwicklung des Völkerrechts seit der Lotus-Entscheidung die Feststellungen des Internationalen Gerichtshofs zum Internationalen Strafrecht, insbesondere zur völkerrechtlich erlaubten Lokalisierung von Distanztaten, nicht in Frage gestellt. Vielmehr zeigen gerade die verschiedenen Entwürfe für eine Kodifizierung des internationalen Strafrechts deutlich, daß auch der bloße Erfolgseintritt im Inland als hinreichender Grund, die gesamte Straftat als im Inland begangen anzusehen, allgemein anerkannt wird.

Das „Institut de Droit International" hat 1883 während seiner Konferenz in München[83] eine Resolution über „Règles relatives au conflit des lois pénales en matière de compétence" angenommen. Art. 2 dieser Resolution spricht sich eindeutig[84] gegen eine Lokalisierung von Straftaten am Erfolgsort aus:

„La justice pénale d'un pays dans le territoire duquel se réalisent ou devaient se réaliser, selon l'intention du coupable, les effets de son activité, n'est pas compétente à raison de ces effets seuls."

Auf der Sitzung des Instituts in Cambridge 1931[58] ist diese Bestimmung aber durch einen völlig neu gefaßten Art. 2 im Sinne des geltenden Völkergewohnheitsrechts geändert worden:

„La loi d'un Etat peut considérer une infraction comme ayant été commise sur son territoire aussi bien lorsqu'un acte de commission ou d'ommission qui la constitute y a été perpétré ou tenté que lorsque le résultat s'y est produit ou devait s'y produire.
Cette règle est aussi applicable aux actes de participation."

Der gleiche Grundsatz ist ausgesprochen in Art. 1 Abs. 4 der „Resolution über Internationales Strafrecht" der Conférence Internationale d'Unification du Droit Pénal in Warschau 1927[86]:

„L'infraction sera considérée comme ayant été commise sur le territoire de l'Etat . . ., quand un acte d'exécution a été tenté ou accompli sur ce territoire ou quand le résultat de l'infraction s'est produit sur ce territoire."

Schließlich bestätigt auch die von der Harvard Law School entworfene Konvention über internationales Strafrecht[87] die Möglichkeit, Distanztaten sowohl am Orte der persönlichen Tätigkeit als auch an dem des Erfolges zu lokalisieren, in Art. 3 Abs. 1:

---

[83] Annuaire de l'Institut de Droit International, VIIe année, 1883 — 1885, p. 156.

[84] Die Entscheidung gegen den Erfolgsort wurde maßgeblich von v. Bar beeinflußt.

[85] Annuaire de l'Institut de Droit International, II, 1931, p. 235.

[86] Conférence Internationale d'Unification du Droit Pénal (Varsovie, ler — 5 Novembre 1927). Actes de la Conférence, I, p. 131.

[87] Research in International Law under the Auspices of the Faculty of the Harvard Law School. Part II: Draft Convention on Jurisdiction with Respect to Crime. American Journal of International Law, Vol. 29, 1935. Supplement.

„A State has jurisdiction with respect to any crime committed in whole or in part within its territory.“[88]

Mithin lassen sich, von der besonderen Regelung im Rahmen der Genfer Seerechtsabkommen abgesehen, aus dem System des Völkerrechts keine Einschränkungen für die Abgrenzung des Begehungsortes strafbarer Handlungen ableiten, so daß diese Frage nunmehr allein unter dem Gesichtspunkt des innerstaatlichen Rechts untersucht werden kann.

HAUPTTEIL II

Der Begehungsort im deutschen Strafrecht

1. KAPITEL

Der Begehungsort im internationalen Strafrecht Deutschlands und im deutschen Strafprozeßrecht

Wegen des den §§ 3 Abs. 1, 4 Abs. 1 StGB zugrundeliegenden Territorialitätsprinzips ist die Bestimmung des Begehungsortes maßgeblich einmal für das Internationale Strafrecht Deutschlands, daneben hängen von ihr nach § 7 StPO Zuständigkeitsentscheidungen ab. Das Reichsgericht ist in seiner Rechtsprechung konsequent von einem einheitlichen Begriff des Begehungsortes sowohl für die §§ 3 ff. StGB als auch für § 7 StPO ausgegangen[89], obwohl im Schrifttum dagegen Widerspruch erhoben wurde[90]. Erforderlich ist daher die Beantwortung der Frage nach dem Verhältnis des internationalen Strafrechts zu den §§ 7 ff. StPO und damit nach der Verwertungsmöglichkeit der aus dem Internationalen Strafrecht gewonnenen Erkenntnisse über den Begehungsort für das Strafprozeßrecht und umgekehrt.

Nach den Vorschriften des in den §§ 3–7 StGB geregelten internationalen Strafrechts Deutschlands ist zu beurteilen, unter welchen Voraussetzungen auf einen Tatbestand mit Auslandsberührung deutsches Strafrecht angewendet werden darf. Im Gegensatz zum Internationalen Privatrecht handelt es sich dabei nicht um Kollisions-

---

[88] Ebenso: Resolution on International Penal Law; Adopted by the Fourth Section of the International Congress of Comparative Law, The Hague, August 2—6, 1932; Art. 2. American Journal of Intern. Law, Vol. 29, 1935; Supplement, p. 645.

[89] RGSt. 1, 274; 6, 183; 15, 232; 23, 155.

[90] Binding, Hdb. I, S. 415, 417; v. Bar S. 137; John S. 213; Hegler S. 46; Wach, Hdb. d. deutschen Zivilprozeßrechts 1 (1885) 463 ff.; Bierling S. 165.

normen [91], die auf einen bestimmten internationalen Sachverhalt deutsches oder ausländisches Recht für anwendbar erklären, vielmehr bestimmen die §§ 2–6 StGB lediglich, daß deutsches Strafrecht gilt oder nicht gilt [92]. Das internationale Strafrecht ist also Strafanwendungsrecht [93], das in unmittelbarer und enger Beziehung zum materiellen Strafrecht steht, von Mezger [94] sogar als integrierender Bestandteil desselben bezeichnet wird.

Der vom internationalen Strafrecht beschriebene Anwendungsbereich des deutschen Strafrechts ist streng zu unterscheiden von der strafprozessualen Frage des Umfangs der deutschen Gerichtsbarkeit [95]. Zwar kann nicht übersehen werden, daß regelmäßig in den Fällen, für welche die §§ 3–6 StGB die Anwendung des deutschen Strafrechts vorschreiben, die deutsche Gerichtsbarkeit auch zur Verwirklichung dieses Strafanspruches zuständig ist. Das kann allerdings nicht bedeuten, daß der Umfang der Gesetzesherrschaft mit dem der deutschen Gerichtsbarkeit identisch ist und mithin die nach strafprozessualen Vorschriften zu beurteilende Jurisdiktion den Ansatzpunkt für das deutsche internationale Strafrecht bietet [96]. Wenn auch die deutsche Gerichtsbarkeit in keinem Falle weiter reicht als die Herrschaft des materiellen deutschen Strafrechts, da den Rechtspflegeorganen nicht die Möglichkeit eingeräumt ist, wegen der Verletzung ausländischer Straftatbestände die nach fremden Recht angedrohten Unrechtsfolgen auszusprechen [97],

[91] BELING, Lehre v. Verbr., S. 98; MEZGER in „Deutsches Strafrecht", 1941, S. 18 ff.; MAURACH, A. T., S. 91; JAGUSCH in L. K., Vorbem. 2 zu §§ 3—6; a. A. allerdings NUVOLONE in ZStW. 66 (1954), S. 545 ff.

[92] Die Verweisungen auf das ausländische Strafrecht, z. B. § 3 Abs. 2, § 4 Abs. 2, bedeuten in keinem Falle, daß der deutsche Richter an Stelle des deutschen ausländisches Strafrecht anzuwenden hätte, sind vielmehr bloße Beziehungsnormen, welche die Anwendbarkeit des deutschen Strafrechts von bestimmten, nach ausländischem Recht zu beurteilenden Voraussetzungen abhängig machen.

[93] v. BAR, Lehrb. d. intern. Priv.- und Strafr., S. 207; HEGLER, Prinzipien, S. 3 ff.; FRANK, § 3 Anm. 1; MAURACH a. a. O.; JESCHECK in „Internationales Recht und Diplomatie", 1956, S. 75 ff.

[94] A. a. O. S. 18.

[95] MENDELSSOHN-BARTHOLDY in V. D. A., Allg. T. VI, S. 106; DONNEDIEU DE VABRES, Principes modernes, S. 184 ff.; JESCHECK a. a. O., S. 76; v. HIPPEL, Deutsches Strafrecht II, S. 81 ff.; LANGE in „Deutsches Strafrecht" 1941, S. 6; v. WEBER, Deutsche Landesref. zum III. Intern. Kongreß für Rechtsvergleichung, S. 899; NUVOLONE a. a. O., S. 547.

[96] So ausdrücklich SCHÖNKE in „Festschrift für Edmund Mezger", S. 108; früher auch JESCHECK in Arch. V. R. 5 (1955) S. 223.

[97] Die früher nach § 4 Abs. 3 S. 2 StGB. vorgesehene Möglichkeit, Neubürger auch nach ausländischem Recht zu bestrafen, besteht nicht mehr. Zum früheren Recht vgl. auch BINDING, Hdb. S. 372, F. N. 8. Das Schweizer Recht kennt noch in beschränktem Umfang das Fremdrechtsprinzip: Art.

so erstreckt sich doch umgekehrt die Herrschaft des deutschen Strafrechts in zahlreichen Fällen über den Bereich deutscher Gerichtsbarkeit hinaus, so daß auf bestimmte Lebensvorgänge deutsches Strafrecht zur Anwendung kommt, die deutschen Gerichte aber wegen der ihnen fehlenden Jurisdiktion dazu nicht berufen sind. Das kommt besonders deutlich zum Ausdruck in der vertraglich geregelten Rechtsstellung der auf deutschem Staatsgebiet stationierten fremden Truppen, die bis zum 30. Juni 1963 galt[98]. Nach Art. 6 Abs. 4 Truppenvertrag[99] konnten Strafsachen durch die Behörden der Streitkräfte, für die diese nach dem Vertrage ausschließlich zuständig waren, an die deutsche Justiz zur Aburteilung abgegeben werden, wobei nach Art. 6 Abs. 7 dann deutsches Recht anzuwenden war. Sollte ein deutsches Gericht in einem solchen Falle tätig werden, mußte vorausgesetzt werden, daß die von ihm abzuurteilenden Straftaten schon zur Zeit der Tat, als noch keine deutsche Gerichtsbarkeit bestand, vom deutschen Strafrecht erfaßt wurden (Art. 103 Abs. 2 GG, § 2 Abs. 1 StGB). Nach Art. 6 Abs. 6 a.a.O. mußten die Behörden der Streitkräfte aber auch dann, wenn sie Strafsachen nicht an deutsche Gerichte abgaben, deutsches Strafrecht anwenden, sofern die Tat nicht nach fremdem Recht strafbar war[100]. Daraus folgt, daß im Verhältnis der Bundesrepublik zu den fremden Streitkräften jeweils nur eine Beschränkung der deutschen Gerichtsbarkeit bestand, während die Geltung des materiellen Strafrechts davon unberührt blieb[101].

Aber auch außerhalb des vertraglich geregelten Rechts der Truppenstationierung lassen sich Beispiele für den Unterschied zwischen

---

5 Abs. 1, Art. 6 Abs. 1 Schweizer StGB. Dazu auch Nuvolone a. a. O., S. 565.

[98] Am 1. Juli 1963 ist für die Bundesrepublik das „Abkommen zwischen den Parteien des Nordatlantikvertrags über die Rechtsstellung ihrer Truppen" vom 19. Juni 1951 (BGBl. 1961 II S. 1190) in Kraft getreten. Vgl. dazu das „Zusatzabkommen zu dem Abkommen zwischen den Parteien des Nordatlantikvertrages über die Rechtsstellung ihrer Truppen hinsichtlich der in der Bundesrepublik Deutschland stationierten ausländischen Truppen" vom 3. August 1959 (BGBl. 1961 II S. 1218).

[99] „Vertrag über Rechte und Pflichten ausländischer Streitkräfte und ihrer Mitglieder in der Bundesrepublik Deutschland" in der Fassung der Bekanntmachung vom 30. März 1955 (BGBl. II S. 321). Eine ähnliche Regelung enthält Art. 7 „Abkommen zwischen der Regierung der Deutschen Demokratischen Republik und der Regierung der Union der Sozialistischen Sowjetrepubliken über Fragen, die mit der zeitweiligen Stationierung sowjetischer Streitkräfte auf dem Territorium der Deutschen Demokratischen Republik zusammenhängen" v. 12. März 1957, GBl. I 1957, S. 238—244.

[100] Ausführlich zu diesen Fragen Jescheck in ZStW 65 (1953) S. 300 ff.

[101] So schon früher das RG im Falle eines während des ersten Weltkrieges auf deutsche Seite übergetretenen griechischen Truppenteils: RGSt. 52/167. So auch der französische Kassationsgerichtshof in Dalloz 1921 I 58.

Gerichtsbarkeit einerseits und Umfang der Gesetzesherrschaft andererseits nachweisen. Nach § 18 GVG sind die Chefs und Mitglieder der bei der Bundesrepublik Deutschland beglaubigten diplomatischen Vertretungen von der deutschen Gerichtsbarkeit, nicht aber von der Geltung des materiellen deutschen Strafrechts befreit[102]. Schließlich besteht eine, wenn auch nur zeitlich begrenzte, Befreiung allein von der deutschen Jurisdiktion auch für Personen, die sich in Erledigung amtlicher internationaler Geschäfte im Inland aufhalten[103] und für aus dem Ausland geladene und erschienene Zeugen sowie für Ausgelieferte[104].

Damit ist der Umfang der Gesetzesherrschaft, der ganz wesentlich durch das vom Begehungsort im Sinne des internationalen Strafrechts charakterisierte Territorialitätsprinzips bestimmt wird, begrifflich abgegrenzt von der Gerichtsbarkeit. Diese richtet sich grundsätzlich nach dem Geltungsbereich des materiellen Rechts, ist also auch dann begründet, wenn die Auslandstat eines Inländers oder Ausländers von den Vorschriften der §§ 3–6 StGB erfaßt wird[105], wird aber andererseits durch zahlreiche Bestimmungen gegenüber dem Geltungsbereich des Strafrechts eingeschränkt. Sie ist aber völlig unabhängig von den verschiedenen Gerichtsständen der StPO, von denen der wichtigste, § 7 StPO, auf dem Begehungsort beruht. Die Jurisdiktion ist nach deutschem Recht nicht aufzufassen als die Gesamtheit der örtlichen Zuständigkeitsbereiche aller deutschen Gerichte in Strafsachen, da Fälle denkbar sind, in denen ein deutsches Gericht örtlich zuständig sein könnte, die deutsche Gerichtsbarkeit aber nicht vorhanden ist und umgekehrt[106]. Die Frage nach der Jurisdiktion steht notwendig vor der nach der örtlichen Zuständigkeit; diese kann erst dann ermittelt werden, wenn jene festgestellt worden ist. Demnach gehört § 7 StPO und die zu dessen Anwendung erforderliche Bestimmung des strafprozessualen Begehungsortes begrifflich weder in den Fragenkomplex des Anwendungsbereichs materiellen Strafrechts noch in den der Jurisdiktion[107]. Während vom Begehungsort im Sinne des internationalen

[102] Binding, Hdb., S. 686; Olshausen, § 3 Vorbem. 6; Frank, § 3 Anm. V, 2; Beling, Reichsstrafprozeßrecht, S. 41 F. N. 2; ders., Die strafrechtl. Bedeut. der Exterritorialität, S. 90 ff.; Jagusch in LK. § 3 Anm. 4b; RGSt. 52/167; KG in DJZ. 1900 S. 96; für gleichzeitige materiellrechtliche Befreiung allerdings v. Hippel, Strafr. II, S. 82/83; v. Liszt-Schmidt, Lehrb., S. 138; Schönke-Schröder, § 3 Vorbem. IV, 3.

[103] v. Hippel, a. a. O., S. 84; v. Kries in Arch. f. öff. Recht 1890, S. 356.

[104] RGSt. 29/270; 34/385; 37/88; 41/275.

[105] Selbstverständlich kann die tatsächliche Ausübung der Gerichtsbarkeit immer nur auf das eigene Staatsgebiet beschränkt sein.

[106] Gerade in solchen Fällen soll § 13a StPO Abhilfe schaffen.

[107] Binding, Hdb., S. 415; Wach, Hdb. d. dtsch. Zivilprozeßrechts 1, S. 463, F. N. 68.

Strafrechts die Anwendbarkeit des deutschen Strafrechts abhängt, soll durch das „forum delicti commissi" des § 7 StPO eine der deutschen Gerichtsbarkeit unterliegende Strafsache einem unter mehreren sachlich gleichrangigen deutschen Gerichten zugewiesen werden. Mithin handeltes sich um unterschiedliche Aufgaben und es besteht keine zwingende Notwendigkeit, von einem einheitlichen Begriff des Handlungsortes auszugehen.

Andererseits liegt aber allen strafprozessualen Vorschriften der gemeinsame Zweck zugrunde, das materielle Recht im Einzelfall zu verwirklichen. Bestimmt dieses den Bereich seiner Geltung unter anderem durch den Ort, an dem eine Straftat begangen worden ist, so ist es zweckmäßig, auch zur Abgrenzung der örtlichen Zuständigkeit im Prozeßrecht diesem Begriff den gleichen Inhalt zu geben, da sonst das Ergebnis unvermeidbar wäre, daß eine Straftat nach dem materiellen Recht als im Inland begangen gelten kann, während nach Prozeßrecht ein Gerichtsstand der begangenen Tat fehlt, oder daß umgekehrt die Voraussetzungen des § 7 StPO erfüllt sind, während nach §§ 3—6 StGB die Handlung als im Ausland begangen anzusehen und daher nach deutschem Recht straflos oder nur unter weiteren Voraussetzungen strafbar ist[108]. Von dieser aus Gründen der reinen Zweckmäßigkeit befürworteten Lösung wird nur dann abzuweichen sein, wenn der prozessuale Handlungsort durch zusätzliche Vorschriften so eingeengt wird, daß er sich mit den an den Begehungsort des internationalen Strafrechts zu stellenden Anforderungen nicht mehr vereinbaren läßt[109].

---

[108] v. Kries, Lehrb., S. 167 F. N. 1; Olshausen, § 3 Anm. 6.

[109] Ein eklatantes Beispiel dafür ist der auf Gesetz vom 13. 6. 1902 beruhende § 7 Abs. 2 StPO., der den „fliegenden Gerichtsstand der Presse" einschränkt. Nach § 3 Abs. 3 StGB müßte Begehungsort der Straftat überall dort sein, wo die Druckschrift verbreitet wird, weil die sog. Äußerungsdelikte, z. B. §§ 49a, 110, 111, 130, 185, mit dem Zeitpunkt vollendet sind, in welchem sie zur Kenntnis eines anderen gelangen: Kern, Äußerungsdelikte, S. 25; v. Liszt-Schmidt, S. 510. Aus reinen Zweckmäßigkeitserwägungen wird die sich so ergebende Fülle von Gerichtsständen des Tatorts — so noch RGSt. 23, 155 (156—160) — auf das Gericht beschränkt, in dessen Bezirk die Druckschrift erscheint. Die Vorschrift gilt aber nicht, soweit es sich um Druckschriften handelt, die im Ausland erschienen sind und im Inland verbreitet werden. Der Begehungsort der durch sie begründeten strafbaren Handlungen ist wieder ausschließlich nach den Grundsätzen des int. Strafrechts ohne Rücksicht auf § 7 Abs. 2 StPO. zu ermitteln: Schmidt, Lehrk., § 7 Anm. 8; Löwe-Rosenberg, § 7 Anm. 5.

2. *KAPITEL*

Die Behandlung des Problems vom Inkrafttreten des Reichsstrafgesetzbuches bis zum Jahre 1940

Das Reichsstrafgesetzbuch vom 15. Mai 1871 hat der Regelung des deutschen internationalen Strafrechts in § 3[110] das Territorialitätsprinzip als beherrschenden Gedanken zugrundegelegt. Die aus diesem Grunde höchst bedeutsame Frage, wie der Begehungsort zu bestimmen ist, hat der Gesetzgeber nicht beantwortet[111]. Auch der Strafprozeßordnung fehlt insoweit eine erläuternde Vorschrift[112]. Die Entwicklung der Grundsätze für die Feststellung des Begehungsortes lag daher bei der Rechtsprechung und der wissenschaftlichen Forschung.

Verhältnismäßig wenig Schwierigkeiten bereitet die Lokalisierung der schlichten Tätigkeitsdelikte, bei denen die Handlung selbst den tatbestandsmäßigen Schlußpunkt bildet[113] und deshalb regelmäßig nur dort als begangen anzusehen ist, wo der Täter seine persönliche strafrechtlich relevante Tätigkeit entfaltet. Die eigentliche Frage nach dem Handlungsort entsteht erst bei den Distanzdelikten, wenn eine tatbestandsmäßige Handlung und der durch sie herbei geführte, sich aus dem gesetzlichen Tatbestand ergebende besondere Erfolg an verschiedenen Orten verwirklicht werden. Die Distanztaten setzen mithin eine „raumzeitliche Abgrenzbarkeit[114]" des Erfolges gegenüber der vom Täter in Bewegung gesetzten Kausalreihe voraus. Bei diesen Delikten besteht keine Möglichkeit, das Verbrechen als Einheit an einem einzigen Ort zu lokalisieren, wo sowohl die verbrecherische Tätigkeit stattgefunden hat als auch der Erfolg eingetreten ist[115]. In diesen Fällen ist vielmehr nur noch eine örtliche Bestimmung für einzelne Vor-

---

[110] § 3 RStGB. in der Fassung vor 1940: Die Strafgesetze des Deutschen Reiches finden Anwendung auf alle im Gebiet desselben begangenen strafbaren Handlungen, auch wenn der Täter ein Ausländer ist.

[111] In den Motiven wurde die Frage ausdrücklich ausgeklammert. Vgl. Motive zu §§ 3 und 4 bei HÖNIGHAUS, S. 33, 34: „... Die Bedenken, zu welchen einzelne Fragen rücksichtlich der Bestimmung des Strafortes, z. B. bei Versuchs- und Teilnahme-Handlungen Veranlassung geben können, zu lösen, schien nicht Sache des Entwurfs."

[112] Allerdings gehen die Motive zur StPO. von der „selbstverständlichen" Auffassung aus, daß ausschließlich die Tätigkeit ortsbestimmend sei. Vgl. HAHN, Die gesamten Materialien zur StPO, I S. 77.

[113] MAURACH, Allgem. Teil, § 20 III 2.

[114] HELLMUTH MAYER, Allgem. Teil, S. 127.

[115] Schickt A aus Paris dem B nach Berlin vergiftete Schokolade, um ihn umzubringen, und stirbt B aus diesem Grunde in Berlin, so ist die Tötungshandlung in Paris begangen, der in §§ 211, 212, StGB. vorausgesetzte tatbestandsmäßige Erfolg aber in Berlin eingetreten.

gänge, für das körperliche Verhalten oder auch nur für einzelne Teilakte desselben und den Erfolg möglich. Die Lösung der Frage nach dem Handlungsort wird daher bestimmt durch die Entscheidung, welchen Bestandteil der strafbaren Handlung man für ihre Lokalisierung als maßgeblich erachtet, die schlichte Tätigkeit, den Erfolg oder sowohl Tätigkeit als auch Erfolg, so daß sich bei dieser letzten Möglichkeit mindestens zwei verschiedene Begehungsorte ergeben müßten.

Von diesen drei denkbaren Grundlösungen war allein die, welche den Ort der Begehung ausschließlich nach dem Erfolg bestimmt[116], im Zeitpunkt des Inkrafttretens des Reichsstrafgesetzbuchs bereits überwunden und ist später auch nie mehr ernsthaft vertreten worden[117]. Dagegen hat sowol die Auffassung, welche das persönliche Handeln des Täters als maßgeblich für die Lokalisierung der Straftat ansieht (Handlungstheorie), als auch jene umfassendere Betrachtungsweise, die als Ort der Begehung in gleichem Maße den der Tätigkeit als auch den des Erfolges anerkennt (Einheitstheorie) ihre Bedeutung behalten. Eine gedrängte und kritische Darstellung dieser Theorien erscheint für das Verständnis des Problems und für einen Vergleich mit dem in England und in den USA bestehenden Rechtszustand unerläßlich.

I. Die Handlungstheorie

Faßt man allein die tatbestandsmäßige Tätigkeit als ortsbestimmend auf, dann kann eine strafbare Handlung immer nur dort begangen worden sein, wo sich der Täter zu der Zeit, als er seinen verbrecherischen Willen betätigte, aufhielt, entsprechend die eines Gehilfen oder Anstifters nicht am Ort der Haupttat, sondern da, wo er seine Beihilfe tatsächlich geleistet oder den Tatentschluß beim Täter hervorgerufen hat[118]. Wegen der starken Betonung der begrifflich notwendigen Präsenz des Täters wird die Handlungstheorie mitunter auch als Aufenthaltstheorie bezeichnet[119].

---

[116] Ursprünglich noch vertreten von v. Liszt, Lehrbuch, bis zur 12. Auflage, z. B. 10. Aufl., § 31, S. 116; Neumeyer, Histor. und dogm. Darstellung des strafbaren Bankrotts, S. 157.

[117] v. Liszt hat sich seit der 13. Aufl. für die Tätigkeitstheorie entschieden; ebenso Neumeyer in ZStW 17, 291.

[118] Allfeld, Lehrb., S. 114—115; v. Bar, Gesetz und Schuld, Bd. I, S. 139 und Lehrb., S. 235 ff.; Beling, Grundzüge, S. 105 und ZStW 17 (1897), S. 311—320. Finger, Lehrb., Bd. 1, S. 328 ff.; Frank, § 3 Anm. IV; Gerland, S. 95—96; Hälschner, Das gemeine Deutsche Strafrecht, 1. Bd., S. 152—153 und Gerichtssaal XXX, S. 52 ff.; v. Liszt, Lehrb., 20. Aufl., S. 142; Meili, Lehrb., S. 118—121; Merkel-Liepmann, S. 351, allerdings nicht ganz konsequent für die Teilnahme; Wegner in Festgabe für Frank, Teil I, S. 139.

[119] Beling, Grundzüge, a. a. O.; sinngemäß auch v. Bar, Gesetz und Schuld, a. a. O.

Die Eigentümlichkeit dieser Betrachtungsweise liegt in ihrer Konsequenz, daß eine eingetretene Rechtsgutverletzung als tatbestandsmäßiger Erfolg bestimmter Straftaten für deren Lokalisierung im Inland nicht berücksichtigt werden kann, daß sich deshalb das inländische Strafrecht nicht auf den Täter der oben als Beispiel genannten Straftat erstreckt[120].

Bei den Versuchen, die Richtigkeit dieser Handlungstheorie dogmatisch zu begründen, fällt zunächst eine gewisse Einseitigkeit der Fragestellung auf, die zu einer Alternative zwischen der Lokalisierung am Ort der Tätigkeit oder dem des Erfolges tendiert[121]. Dabei wird verkannt, daß durchaus berechtigte Gründe gegen eine reine Erfolgstheorie nicht gleichzeitig auch Argumente zugunsten einer einseitigen Betonung der Willensbetätigung bei einer Bestimmung des Begehungsortes sein müssen[122].

Die entscheidende Frage ist bei den Distanzdelikten darauf gerichtet, ob neben dem Ort der Tätigkeit, wo das Delikt zweifellos begangen ist, außerdem noch der Ort des Erfolges berücksichtigt werden darf, ob also zwei konkurrierende Begehungsorte einer einzigen Straftat denkbar sind. Diese Möglichkeit wird von den Vertretern der Handlungstheorie geleugnet. Soweit sie dazu auf die Begrenzung durch das Völkerrecht verweisen[123], die es verbiete, den im Inland eingetretenen Erfolg einer Auslandsstraftat für deren Ortsbestimmung zu berücksichtigen, können diese Bedenken als ungerechtfertigt angesehen werden[124]. Daneben wird aber auch die begriffliche Unmöglichkeit der Annahme von mehreren Begehungsorten einer Straftat behauptet. Beling[125] meint, eine Straftat könne beispielsweise nur entweder in München oder in Berlin begangen werden. Diese Auffassung ist aber nur schwer vereinbar mit dem Aufbau derjenigen Deliktstatbestände, die neben der rechtswidrigen Tätigkeit auch noch einen bestimmten, tatbestandlich fixierten Erfolg voraussetzen[126]. In diesen Fällen muß sich das Ver-

---

[120] Um dieses unbefriedigende Ergebnis zu vermeiden, verweisen auf eine entspr. Erweiterung des Realprinzips durch den Gesetzgeber FINGER a. a. O. und BELING, ZStW., a. a. O.

[121] ALLFELD, Lehrb., S. 114; FINGER, a. a. O.; GERLAND, a. a. O.; auch MEILI, Lehrb., S. 120.

[122] Der wiederholte Hinweis auf die schlichten Tätigkeitsdelikte ist gerade in diesem Zusammenhang verfehlt; eine Distanztat, bei der allein die Lokalisierung schwierig wird, ist bei ihnen begrifflich nicht vorstellbar.

[123] v. BAR, Gesetz und Schuld, Bd. I, S. 139; FRANK, § 3 Anm. IV; MEILI, Lehrb., S. 131.

[124] Vgl. dazu den Hauptteil I der Untersuchung.

[125] Grundzüge, S. 105.

[126] In diesem Zusammenhang kommt es nicht darauf an, ob der strafrechtliche Handlungsbegriff auch den Erfolg umfaßt, so z. B. v. LISZT-SCHMIDT, Lehrb., 25. Aufl., S. 151 ff., oder ob er als selbständiges Merkmal

brechen mindestens zweimal in der realen Welt verwirklichen, in einer kausalen Handlung des Täters und im Eintritt eines dem gesetzlichen Tatbestand entsprechenden Erfolges. Sowohl diese Tätigkeit als auch der durch sie hervorgerufene Erfolg sind selbständig wahrnehmbare Erscheinungen, und örtlich ohne weiteres bestimmbar. Sie werden allein denkgesetzlich in Verbindung gebracht durch den zwischen ihnen bestehenden Kausalzusammenhang und daneben durch ihre notwendige Subsumtion unter einen einzigenStraftatsbestand. Eine örtliche Bestimmung der durch einen solchen gesetzlichen Tatbestand umschriebenen strafbaren Handlung kann sich nur auf die Merkmale beziehen, die in der Außenwelt wahrnehmbar in Erscheinung treten, weil die Kategorien Raum und Zeit nur auf die Welt der realen Erscheinungen anwendbar sind. Demnach müssen sich für Distanzdelikte begrifflich mindestens zwei Orte bestimmen lassen, an denen die Straftat verwirklicht worden ist, da erst die Tätigkeit und der Erfolg zusammen den gesetzlichen Tatbestand erfüllen. Daraus folgt, daß die Lokalisierung von Distanztaten an verschiedenen konkurrierenden Orten nicht den Gesetzen der Logik widerspricht[127].

Mit diesem Aufbau der Straftatbestände verträgt sich auch nicht die zur Rechtfertigung[128] der Aufenthaltstheorie betonte Prävalenz der Willensbetätigung gegenüber dem Erfolg. Wenn dieser gesetzliches Tatbestandsmerkmal ist, dann muß eine teilweise Verwirklichung des Tatbestandes auch an dem Ort anerkannt werden, wo dieser Erfolg eingetreten ist.

Dabei darf allerdings nicht verkannt werden, daß der Täter zwar regelmäßig sein Tun örtlich und zeitlich beherrscht, auf Ort und Zeit des Erfolgseintritts aber häufig keinen Einfluß hat. Allein aus dieser Erkenntnis aber eine Entscheidung zugunsten der Tätigkeitstheorie zu treffen[129], erscheint höchst bedenklich, weil auf diese Weise die Lokalisierung der Straftat, die nach rein objektiven Gesichtspunkten vorzunehmen ist, mit in diesem Zusammenhang unerheblichen Erwägungen über das innere Vorstellungsbild des Täters vermischt wird[130].

Schließlich liegt der Handlungstheorie das Bestreben zugrunde, eine einheitliche Regelung für die Frage des Handlungsortes und der Handlungszeit zu gewinnen. Deshalb wird aus § 67 Nr. 4 StGB, der

---

innerhalb des Tatbestandes verstanden wird, vgl. MAURACH, Allgem. Teil, § 16.

[127] Das Problem kann nicht nach den Gesetzen der Logik gelöst werden, FRANK, § 3 Anm. IV; KITZINGER in VDA., Allgem. Teil, Bd. 1, S. 174—175.

[128] ALLFELD, a. a. O., S. 114—115; BELING, ZStW. a. a. O. S. 312; FINGER, S. 328.

[129] So insbesondere ALLFELD, a. a. O.

[130] BINDING, Hdb. I, S. 414, F. N. 1; FRANK, § 3 Anm. 4; MEZGER, Lehrb., S. 153; OLSHAUSEN, § 3 Anm. 5.

die Handlung ohne Rücksicht auf den Eintritt des Erfolges als maßgeblich für den Beginn der Verfolgungsverjährung erklärt, ein weiteres Argument für die vermeintliche allein ortsbestimmende Willensbetätigung abgeleitet[131]. Diese Vorschrift ist aber nach der inzwischen wohl herrschenden Lehre berichtigend in dem Sinne auszulegen, daß unter der „Handlung" sowohl das ursächliche Verhalten des Täters als auch der tatbestandsmäßige Erfolg verstanden wird[132]. Unbeschadet der Richtigkeit dieser Interpretation muß aber vor allem zweifelhaft erscheinen, ob die Prämisse des Bestehens gleicher Maßstäbe für die Bestimmung von Ort und Zeit der Handlung stimmt. Beide Fragen sind unselbständig und können nicht allgemein für die verschiedenen Zusammenhänge, in denen sie Bedeutung gewinnen, gestellt und beantwortet werden, sondern jeweils nur für ein ganz konkretes juristisches Problem. Das bedeutet aber zugleich, daß die Antwort für verschiedene Probleme möglicherweise verschieden ausfallen kann[133].

II. Theorie der Zwischenwirkung

Die zu dieser Methode der Lokalisierung von Straftaten führende Betrachtungsweise liegt zwischen der Tätigkeitstheorie einerseits und der Einheitstheorie andererseits. Dementsprechend sind die Ausgangspositionen ihrer Befürworter nicht einheitlich, sondern können ohne Schwierigkeit in einer dieser beiden grundsätzlichen Lösungsmöglichkeiten gesehen werden.

Zum Teil wird ausdrücklich gebilligt[134], daß für die Feststellung des Begehungsortes grundsätzlich die Willensbetätigung des Täters, mithin sein Aufenthaltsort zur Zeit ihrer Vornahme, maßgeblich sei. Zur Vermeidung von unbefriedigenden Ergebnissen der strengen Aufenthaltstheorie wird aber die persönliche Tätigkeit in dem Sinne begrifflich erweitert, daß ihr auch die vom Täter in Bewegung gesetzten und von ihm als Werkzeug benutzten Kräfte bis zu deren Einwirkung auf das Angriffsobjekt zugerechnet werden. Auf diese Weise konstruiert man durch die Vorstellung einer „verlängerten Hand[135]"

---

[131] Allfeld, a. a. O.; Beling, Grundzüge, S. 105; Finger, Lehrb., S. 328 ff.; Frank, § 3 Anm. IV; Gerland, S. 95—96.

[132] Jagusch in L. K., § 67 Anm. 1; Maurach, Allgem. Teil, § 72 II B; Schönke-Schröder, § 67 Anm. II; RGSt. 42, 171; 62, 418; 63, 325.

[133] Binding, Hdb. I, S. 417; v. Hippel in ZStW. a. a. O., S. 5 ff.; Kitzinger, a. a. O., S. 176, 179.

[134] Häberlin in G. A. 25 (1877), S. 433; Oppenhoff, § 3 Anm. 7; vgl. auch Kronecker in Verh. d. 25. Deutschen Juristentages II (1900) S. 23.

[135] Gewisse Annäherungen an diese Betrachtungsweise sind auch in einigen frühen Entscheidungen des Reichsgerichts feststellbar: RGSt. 10, 420 (422—423); 23, 155 (156—160); auch Reichsmilitärgericht in RMGE. 13, 275 (277—278).

des Täters dessen persönliche Anwesenheit am Ort der ersten Rechtsverletzung, ohne die wesentlichen Grundlagen der Tätigkeitstheorie formell aufgeben zu müssen.

Trotzdem wird dadurch aber nicht einheitlich die Berücksichtigung des Erfolgsortes für die Lokalisierung von Distanzdelikten ermöglicht, weil die von langer Hand verursachte Zwischenwirkung nicht identisch sein muß mit dem tatbestandlich bestimmten Erfolg der Straftat. Das zeigt sich deutlich am Beispiel eines Ausländers, der mit Tötungsvorsatz vom französischen Staatsgebiet in das schweizerische Inland schießt und sein Opfer schwer verletzt, das dann in einem deutschen Hospital an den Folgen dieser Verwundung stirbt. Eine Anwesenheit des Täters läßt sich unter keinen Umständen in Deutschland konstruieren, wo der in § 212 StGB vorausgesetzte Tod eingetreten ist, vielmehr ist maßgeblich nur die Verwundung in der Schweiz als Zwischenwirkung des deliktischen Handelns.

Eine zusätzliche Schwäche dieser Theorie besteht darin, daß sie sich zu eng an eine bildhafte Fiktion anlehnt. Dadurch ist sie nicht imstande, auch solche tatbestandsmäßigen Rechtsgutverletzungen zu erfassen, die zwar vom Täter verursacht sind, aber nicht auf das Wirken einer von ihm als Werkzeug benutzten, bewegenden Kraft zurückgeführt werden können. Das gilt insbesondere für fahrlässige Distanztaten, aber auch für vorsätzliche Delikte, bei denen der Täter keinen Einfluß auf den Ort des Erfolgseintritts nehmen kann[136]. Die Theorie der Zwischenwirkung vermag also nicht auszukommen ohne einen Rückgriff auf den subjektiven Tatbestand, den sie auf den Erfolgsort ausdehnt, indem sie eine Steuerungsfähigkeit des Werkzeuges bis zum Zeitpunkt des Erfolges und einen entsprechenden Steuerungswillen des Täters unterstellen muß. Entspricht der wirkliche Erfolgsort nicht der Vorstellung des Täters dann besteht keine Möglichkeit, ihn in die als verlängert vorgestellte Tätigkeit einzubeziehen.

Zu einem ganz ähnlichen Ergebnis kommt auch von Hippel, der zwar die Einheitstheorie als richtig anerkennt[137], die Zufallswirkungen aber als für die Lokalisierung ungeeignet ausscheiden möchte. Unter „Zufallswirkung“ versteht er einen Erfolg, „dessen Eintritt an dem betreffenden Ort als zufällig erscheint, weil er von der Schuld des Täters nicht umfaßt zu sein braucht[138]. Bemerkenswert ist aber, daß

---

[136] Sehr anschaulich in diesem Zusammenhang das Beispiel bei Olshausen, § 3 Anm. 5: Hat der Täter den Brief, mit dem er etwas zu erpressen sucht, in Wien geschrieben u. dort an den in Innsbruck wohnenden Adressaten zur Post gegeben, so ist die Tat doch in Deutschland begangen, wenn der Brief dem anderen — ohne daß dies v. Täter vorausgesehen werden konnte — nach München nachgeschickt und dort von ihm gelesen wird.

[137] von Hippel, ZStW. 37, S. 17 und Strafrecht, Bd. II S. 176.

[138] ZStW. a. a. O.
Zum gleichen Ergebnis, wenn auch mit abweichender Begründung, kommt

von Hippel gleichzeitig zugibt, daß die fehlende Schuld des Täters hinsichtlich des örtlichen Eintretens einzelner Folgen an der objektiv festzustellenden Tatsache des Begehungsortes nichts zu ändern vermag[139]. Dieser offensichtlich kaum lösbare Widerspruch in der Behandlung des subjektiven Tatbestandes für die Frage der Lokalisierung macht deutlich, daß die Theorie der Zwischenwirkung das Problem der Bestimmung des Begehungsortes nicht befriedigend zu lösen vermag und sich deshalb auch nicht durchsetzen konnte.

III. Die Einheitstheorie

Sie beantwortet die Frage, ob neben dem Ort der Tätigkeit auch der des Erfolgseintritts für die Lokalisierung einer Straftat bestimmend sein kann, im positiven Sinne und ist deshalb als eine Verbindung der aus der Aufenthalts- und der Erfolgstheorie resultierenden Ergebnisse zu verstehen[140]. Wegen der ihr zugrundeliegenden Erkenntnis, daß eine Straftat überall dort begangen ist, wo eines der genannten Merkmale des Straftatbestandes verwirklicht wird, kann man sie auch als Ubiquitätstheorie bezeichnen[141].

Dieser weit gefaßte Begriff des Begehungsortes wird einmal abgeleitet aus dem Aufbau der Straftatbestände, welche die Bestrafung bestimmter rechtswidriger Willensbetätigungen vom Eintritt eines durch sie verursachten, Rechtsgüter verletzenden Erfolges abhängig machen und insoweit persönliche Tätigkeit und Erfolgseintritt gleich bewerten[142]. Fallen diese Merkmale bei Distanztaten räumlich nicht zusammen, so müssen bei einer Lokalisierung der Straftat auch die an verschiedenen Orten verwirklichten Merkmale des Tatbestandes gleichmäßig bewertet werden. Das führt notwendig zur Annahme mehrerer Begehungsorte einer strafbaren Handlung. Unter Berücksichtigung dieser aus dem Gesetz entnommenen Voraussetzungen ist es nicht mehr entscheidend, auf welchen strafrechtlichen Handlungsbegriff die Lösung gestützt wird. Sieht man in der Handlung eine Willensbetätigung und den durch sie bewirkten tatbestandsmäßigen Erfolg[143], dann

---

Kohler, S. 110, der davon ausgeht, daß der Ort, wo nach einer bereits verursachten Zwischenwirkung der tatbestandsmäßige Erfolg eintritt, mit der Tat gar nicht mehr in Verbindung steht.

[139] ZStW., a. a. O.

[140] Binding, Hdb. I, S. 416; Hegler, S. 47; v. Hippel, ZStW. a. a. O., S. 13 ff. und Strafr. Bd. II, 176, allerdings mit Einschränkungen zugunsten d. Theorie der Zwischenwirkung; v. Kries, Strafprozeß, S. 168; Lobe in L. K., § 3 Anm. 9; v. Liszt-Schmidt, Lehrb., S. 170; Mezger, Lehrb., S. 154; Olshausen, § 3 Anm. 5; Wachenfeld, S. 99.

[141] Meili, Lehrb., S. 119.

[142] Ausführlich besonders v. Hippel, ZStW. a. a. O.

[143] So die wohl herrsch. M.: vgl. v. Liszt-Schmidt, a. a. O.

ist diese Handlung sowohl dort begangen, wo die Willensbetätigung stattgefunden hat, als auch dort, wo der durch den Tatbestand bestimmte Erfolg eingetreten ist. Diese verschiedenen Orte können dann als „Handlungsorte" bezeichnet werden. Lediglich ein terminologischer Unterschied ergibt sich, wenn der Erfolg begrifflich von der Handlung getrennt und zu ihr nur in eine Beziehung gesetzt wird durch die beide Merkmale umfassende „Tat"[144] oder den „Tatbestand"[145], so daß es dann richtiger ist, von einem „Tatort" oder „Begehungsort" zu sprechen. Für die Frage der Lokalisierung selbst ergeben sich daraus keine Unterschiede.

Die auf diese Weise ermöglichte Berücksichtigung des Erfolgsortes für die Bestimmung des Begehungsortes zwingt allerdings dazu, für bestimmte Distanztaten, z. B. die durch überregionale Zeitungen oder Rundfunkanstalten verbreiteten Beleidigungen, eine unter Umständen kaum mehr überschaubare Vielzahl von Begehungsorten anzunehmen. Daraus erklärt sich auch der Einwand von Meili[146], daß bei konsequenter Anwendung der Einheitstheorie „jeder Kompaß verlorengehe" und eine Handlung allen möglichen Strafnormen unterstellt werde, mithin eine Vervielfältigung der Strafkompetenzen eintrete[147].

Dieser berechtigten Erwägung begegnen die Befürworter der Einheitstheorie mit einem aus dem Zweck des internationalen Strafrechts abgeleiteten Argument. Von der Bestimmung des Handlungsortes hänge der eigentliche Inhalt des Territorialitätsprinzips ab. Dessen Wesen aber bestehe darin, daß jeder zivilisierte Staat das Interesse und die Pflicht habe, für Rechtssicherheit auf seinem Gebiet zu sorgen. Diese Rechtssicherheit werde sowohl durch eine im Inland entfaltete verbrecherische Tätigkeit als auch durch einen dort eingetretenen strafrechtlich relevanten Erfolg gestört. Das inländische Schutzbedürfnis sei im letzten Fall nicht geringer als im ersten[148] und verlange deshalb „gerade eine möglichst weite Ausdehnung der örtlichen Beziehungen der Handlung"[149]. Diese Argumentation geht erkennbar über den Versuch hinaus, das Problem allein aus dem Aufbau des Tatbestandes und dem Wesen der strafbaren Handlung zu lösen, sie orientiert sich vielmehr ausdrücklich an rechtspolitischen Gesichtspunkten. Damit wird der Bestimmung des Begehungsortes eine ausschlaggebende Bedeutung für das ganze internationale Strafrecht zuerkannt.

---

[144] Binding, Hdb. I, S. 417.

[145] Maurach, Allgem. T., § 16 III; Welzel, S. 22.

[146] Meili, Lehrb., S. 121; v. Bar, Gesetz und Schuld, Bd. I, S. 131.

[147] v. Bar, a. a. O.

[148] v. Hippel, Strafr., Bd. II, S. 175 und ZStW. a. a. O., S. 5; Lobe in L. K., § 3 Anm. 9; Binding, Hdb. I, S. 416.

[149] Mezger, Lehrb., S. 153.

IV. Die Behandlung des Problems durch das Reichsgericht

Das Reichgsgericht hat sich in ständiger Rechtsprechung[150] zur Einheitstheorie bekannt. In den Begründungen einiger älterer Entscheidungen lassen sich zwar gewisse Tendenzen zu einer Betrachtungsweise im Sinne der „Theorie der langen Hand" erkennen[151], doch vermochten sich diese nicht durchzusetzen. Das gilt auch für einzelne Fälle, in denen der feststellbare Wille des Täters für die Lokalisierung der Distanztat im Sinne einer zusätzlichen Hilfserwägung berücksichtigt wurde[152].

Als maßgeblich ist die Entscheidung aus dem Jahre 1884[153] anzusehen, in der die Tätigkeitstheorie ausdrücklich abgelehnt wird:

„... Man hat jedoch aus theoretischen und praktischenGründen derjenigen Meinung den Vorzug zu geben, welche nicht auf den Ort, an welchem sich der Handelnde zur Zeit seiner äußeren Tätigkeit befindet, ausschließlich Gewicht legt, sondern neben demselben auch denjenigen Ort, an welchem das Handeln den gewollten Abschluß erreicht, als entscheidend betrachtet, dergestalt, daß es zur Anwendung des inländischen Strafgesetzes genügt, wenn auch nur einer dieser Orte im Inlande gelegen ist."[154]

Bemerkenswert ist, daß das Reichsgericht diese klare Entscheidung nicht auf rechtspolitische Überlegungen gestützt hat, die vom Schutzbedürfnis der inländischen Rechtsgüter ausgehen, sondern allein aus dem strafrechtlichen Handlungsbegriff abgeleitet hat. Als strafbare Handlung im Sinne von § 3 StGB a.F. will es die „durch die gewollte körperliche Bewegung hervorgerufene Kausalreihe bis zur Erreichung oder Verfehlung des Ziels als eine durch die Absicht des Handelnden zu einer Einheit verbundene Handlung" verstanden wissen; diese soll erst dort zum Abschluß gelangt sein, wo sie dasjenige Rechtsgut, durch dessen absichtliche oder fahrlässige Verletzung der staatliche Strafanspruch hervorgerufen wird, getroffen hat. Deshalb, so folgert das Reichsgericht, kann der Ort, an welchem diese Wirkung eingetreten ist, auch wenn derselbe von dem Orte der körperlichen Tätigkeit des

---

[150] Zugunsten der Tätigkeitstheorie allerdings einmal das Reichsmilitärgericht in RMGE. 13, 275. Dabei reichte aber diese enge Betrachtungsweise schon aus, um die Erstreckung des inländischen Strafrechts auf die Tat zu begründen.

[151] RGSt. 10, 420; auch RGSt. 13, 337.

[152] RGSt. 3, 316; 19, 147; 20, 146; RG, in G. A. 56, S. 88. Die Behauptung v. Hippels, ZStW. a. a. O., S. 23, diese Rechtsprechung lasse die Tendenz erkennen, zufällige Inlandswirkungen auszuscheiden, erscheint aber nicht berechtigt.

[153] RGSt. 11/20 (20—24).

[154] Im gleichen Sinne auch schon früher ohne diese ausführliche Begründung: RGSt. 3, 316 (317—318); 9, 10 (11—12); RG in Rechtspr. d. RG 7, 445 (446).

Handelnden verschieden ist, sehr wohl im Sinne des Strafgesetzes als Ort der Begehung der strafbaren Handlung angesehen werden.

Diese Betrachtungsweise hat das Reichsgericht seitdem konsequent beibehalten[155]. Das der Einheitstheorie zugrundeliegende Prinzip, daß der Begehungsort einer strafbaren Handlung sowohl der Ort der Willensbetätigung als auch der des Erfolgseintritts sei, ist vom Reichsgericht noch erweitert worden. Die in §§ 239, 240 KO. als objektive Bedingung der Strafbarkeit erforderliche Zahlungseinstellung der Eröffnung des Konkursverfahrens[156], auf die sich das Verschulden des Täters nicht zu beziehen braucht, wurde als ein Tatbestandsmerkmal anerkannt[157], dessen Verwirklichung im Inland allein ausreicht[158], um die ganze Straftat als im Inland begangen anzusehen. Deshalb kann die Rechtsprechung des Reichsgerichts in dem Grundsatz zusammengefaßt werden, daß eine Straftat überall dort begangen ist, wo auch nur ein Merkmal ihres gesetzlichen Tatbestandes lokalisierbar ist.

3. KAPITEL

Die Rechtsentwicklung seit 1940

Eine grundsätzliche Änderung der gesetzlichen Vorschriften über das internationale Strafrecht Deutschlands brachte die „Verordnung über den Geltungsbereich des Strafrechts“ vom 6. Mai 1940[159].

An die Stelle des bisher das internationale Strafrecht beherrschenden Grundsatzes der Territorialität deutscher Strafgesetze (§ 3 StGB a.F.) trat das Personalitätsprinzip, das die Geltung des deutschen Strafrechts für die Taten deutscher Staatsangehöriger anordnet ohne Rücksicht darauf, ob diese Taten im Inland oder Ausland begangen worden sind (§ 3 Abs. 1 StGB n.F.). Obwohl die Erwägungen, die dieser Gesetzesänderung zugrundelagen, jedenfalls zum Teil eindeutig auf nationalsozialistische Gedanken zurückgeführt werden können[160],

---

[155] RGSt. 11, 245 (247—248); 13, 337 (338—339); 19, 147 (148—150); 20, 146 (147—148); 23, 155 (156—160); 25, 424 (425 ff.); 37, 19 (20); 39, 258 (262—264); 41, 35 (36—37); 47, 363 (365); 48, 60 (61); 48, 143 (145); 67, 130 (138).

[156] H. M., z. B. v. LISZT-SCHMIDT, S. 280; MEZGER in L. K., Einl., Anhang 4.

[157] Es handelt sich also um ein Tatbestandsmerkmal im weiteren Sinne: MEZGER, a. a. O.; RITTLER in Frank-Festg., II S. 4. A. A. z. B. SCHÖNKE-SCHRÖDER, VIII vor § 51; MAURACH, Allgem. Teil, § 21 IV.

[158] RGSt. 16, 188 (189—190); 43, 84 (85—86); im gleichen Sinne schon NEUMEYER, Hist. und dogm. Darst., S. 157, vom Standpunkt der reinen Erfolgstheorie.

[159] RGBl. I, S. 754.

[160] Vgl. Einführung zu dieser Verordnung bei PFUNDTNER-NEUBERT, Das neue Deutsche Reichsrecht, Teil II c 6, S. 155—156.

bestehen gegen die Weitergeltung der durch die Verordnung neu gefaßten Vorschriften keine Bedenken, da diese frei sind von typisch nationalsozialistischem Rechtsdenken[161].

Daneben bleibt aber das Territorialitätsprinzip für die Straftaten von Ausländern bestehen (§ 4 Abs. 1 StGB). Auch für deutsche Staatsangehörige, auf die sich nun grundsätzlich immer das deutsche Strafrecht erstreckt, ist die Lokalisierung von ihnen begangener Straftaten mit Auslandsberührung nicht ganz bedeutungslos geworden wegen der für sie geltenden Vorschrift des § 3 Abs. 2 StGB[162].

Für den bisher so schwierig zu bestimmenden Begehungsort von Distanzdelikten enthält nun § 3 Abs. 3 eine Legaldefinition:

„Eine Tat ist an jedem Ort begangen, an dem der Täter gehandelt hat oder im Falle des Unterlassens hätte handeln sollen, oder an dem der Erfolg eingetreten ist oder eintreten sollte."

Damit ist die Verordnung ganz eindeutig der Einheitstheorie gefolgt und hat ihrer Begriffsbildung autoritative Gesetzeskraft verliehen[163]. Bemerkenswert ist, daß der Begehungsort vom Handeln des Täters her definiert wird („... an dem der Täter gehandelt hat") und nicht ausschließlich von der Tat, so daß man von einer subjektiven Umschreibung des Ubiquitätsprinzips sprechen kann[164].

Mit dieser Neufassung des Gesetzes sind zahlreiche Probleme, die sich im Zusammenhang mit der Lokalisierung von Distanztaten ergaben, als gelöst anzusehen. Aus der Anwendung der Legaldefinition ergeben sich die folgenden Konsequenzen für:

I. Mittäter

Für die Beurteilung einer von mehreren Personen als Mittäter begangenen strafbaren Handlung (§ 47 StGB) als Inlandstat genügt es, wenn auch nur einer der Mittäter seinen Tatbeitrag im Inland leistet.

---

161 BGH. in NJW. 1951, 769; OLG Koblenz in NJW. 1950, 614; OLG Hamburg in JZ. 1951, 305 mit Anm. von v. WEBER; OLG Karlsruhe in MDR. 1951, 118. Diese Entscheidungen zeichnen sich durch zum Teil bedenkliche positivistische Begründungen aus, indem sie die Fortgeltung allein daraus entnehmen, daß die Verordnung nicht durch alliiertes Recht aufgehoben worden ist. Zur ganzen Problematik vgl. OEHLER in Festschr. f. Mezger, S. 83 ff.

162 SCHRÖDER in ZStW. 61 (1942), S. 61.

163 PFUNDTNER-NEUBERT, a. a. O., S. 159.

164 Im gleichen subjektiven Sinne z. B. Art. 7 Schweiz. StGB. Dagegen objektive Umschreibung des Ubiquitätsprinzips z. B. in Art. 6 Abs. 2 des italienischen Strafgesetzbuchs:

„Il reato si considera commesso nel territorio dello Stato quando l'azione o l'ommissione, que lo costituisce, è ivi avvenuta in tutto o in parte ovvero, si è ivi verificato l'evento che è la conseguenza dell' azione od ommissione."

Bedenklich weit geht aber die Entscheidung RGSt. 57, 144 (145), nach der ein von mehreren begangener Betrug schon dann als im Inland verübt zu betrachten ist, wenn auch nur die Vorbereitungshandlung eines Mittäters in Deutschland lokalisierbar ist. Es ist zwar richtig, daß für die Strafbarkeit als Mittäter nach der äußeren Tatseite der Nachweis genügt, daß dieser zu der Durchführung des geplanten Betruges äußerlich mitgewirkt hat, auch wenn seine Mitwirkung nicht in einer Verwirklichung der Vergehensmerkmale selbst, sondern nur in der Vornahme von Vorbereitungsmaßnahmen dazu bestand[165]. Erschöpft sich der Tatbeitrag des Mittäters in dieser Vorbereitungshandlung, dann gilt er trotzdem als Mittäter, und die Tat muß zwangsläufig auch als Inlandstat angesehen werden, weil eine andere Willensbetätigung des Mittäters für die Lokalisierung gar nicht in Betracht kommen kann. Die Besonderheit des vom Reichsgericht entschiedenen Falles lag aber darin, daß der Vorbereitungshandlung in Deutschland anscheinend noch die Verwirklichung eines echten Tatbestandsmerkmales durch den gleichen Mittäter im Ausland folgte. Unter diesen Umständen erscheint es aber mit dem Ubiquitätsprinzip nicht mehr vereinbar, die Tat schon am Ort der Vorbereitungshandlung zu lokalisieren, weil ein echtes tatbestandsmäßiges Handeln beider Mittäter stattgefunden hat, hinter dem dann die Vorbereitungshandlung als für die Bestimmung des Begehungsortes ungeeignet zurücktreten muß[166].

II. Mittelbare Täterschaft

Bei Anwendung des § 3 Abs. 3 können sich begrifflich schon verschiedene Orte ergeben, an denen die tatbestandsmäßige Willensbetätigung als Handlung im engeren Sinne stattfindet. Die Eigenart dieser besonderen Form der Täterschaft besteht darin, daß der mittelbare Täter, der in seiner Person alle subjektiven Voraussetzungen der Täterschaft erfüllt, nicht eigenhändig den äußeren Tatbestand eines Strafgesetzes verwirklicht, sondern die Tat durch eine andere Person, die wegen ihrer inneren Einstellung nicht Täter sein kann, als sein „Werkzeug" handeln läßt. Daher ist der Begehungsort einer auf diese Weise verübten Straftat einmal dort, wo der mittelbare Täter auf seine Mittelsperson einwirkt und so den von ihm gesteuerten strafrechtlich erheblichen Kausalablauf beginnen läßt, außerdem aber auch

---

[165] RGSt. 66, 240; 71, 24; OGHSt. 1, 55; BGH. in NJW. 1951, S. 410; Schönke-Schröder, § 47 Anm. II 1. Das gilt allerdings nur mit der von Mezger in L. K., § 47 Anm. 4 genannten Einschränkung, daß der gemeinsame Plan irgendwie in das Stadium strafbarer Ausführung gelangt.

[166] Deshalb ist es mindestens mißverständlich, wenn Jagusch in L. K., § 3 Anm. 4 unter Hinweis auf RGSt. 71, 24 meint, bei einer Mittäterschaft sei die Tat schon dann eine Inlandstat, wenn nur einer der Mittäter einen Tatbeitrag, der in diesem Falle auch eine Vorbereitungshandlung sein könne, im Inland begeht.

dort, wo die Mittelsperson selbst[167] im Sinne des äußeren Tatbestandes tätig wird[168], und schließlich da, wo der vom Tatbestand vorausgesetzte Erfolg eintritt.

III. Versuch

Für die Lokalisierung von Straftaten, die das Stadium des strafbaren Versuchs nicht überschritten haben, ist der Ort maßgebend, an dem der Anfang der Ausführung des verbrecherischen Entschlusses stattgefunden hat[169], weil eine Gefährdung des geschützten Rechtsgutes eintritt, sobald die Ursachenreihe, die zu seiner Verletzung führen soll, in Lauf gesetzt worden ist. Daneben gilt ein Versuch aber nach § 3 Abs. 3 auch als dort begangen, wo der Erfolg im Falle der Vollendung eintreten sollte. Denn der Erfolg des Versuches ist die Rechtsgefährdung im Gegensatz zur Rechtsverletzung als Erfolg des vollendeten Verbrechens[170].

IV. Fortgesetzte Handlung

Durch den Rechtsbegriff der fortgesetzten Handlung wird eine Mehrheit natürlicher Handlungen zu einer einzigen Handlung im Rechtssinne zusammengefaßt, sofern dasselbe Rechtsgut in der gleichen Begehungsform angegriffen wird und die einzelnen Angriffe von einem einheitlichen Entschluß getragen sind[171]. Da trotz dieser begrifflichen Verbindung nur die Handlungen im natürlichen Sinne örtlich bestimmbar sind, können bei fortgesetzten Distanztaten sowohl die verschiedenen persönlichen Willensbetätigungen als auch die verschiedenen Erfolge unter Umständen an zahlreichen Orten lokalisiert werden. Nach dem Ubiquitätsprinzip kommt diesen verschiedenen Orten gleiche Bedeutung für die Feststellung des Begehungsortes zu. Daher gilt die fortgesetzte Handlung insgesamt als überall dort begangen, wo auch nur einer ihrer Teilakte, also eine Handlung im natürlichen Sinne, begangen worden ist, mithin an dem Ort, an dem entweder die zu

[167] Nur hier, bei der mittelbaren Täterschaft, ist die Fiktion der „langen Hand" des Täters wirklich gerechtfertigt.

[168] RGSt. 67, 130 (138); vgl. auch RGSt. 39, 258 (262—264).

[169] RGSt. 49, 437; RG. in HRR. 1939 Nr. 397.

[170] RGSt. 30, 98 (99 ff.).

[171] Zu den Begriffsmerkmalen im einzelnen vgl. JAGUSCH in L. K., § 73 Vorbem. B III 2 f. und SCHÖNKE-SCHRÖDER, § 73 Vorbem. III. Auf die Frage, ob ein besonderer Gesamtvorsatz erforderlich ist — so RG. in ständ. Rechtspr., z. B. RGSt. 66, 47, 239; 70, 51; 75, 207; ihm folgend BGHSt. 1, 315 — oder ob bloßer Fortsetzungsvorsatz ausreicht — z. B. SCHÖNKE-SCHRÖDER, § 73 Vorbem. III 1 — braucht hier nicht eingegangen zu werden.

einem solchen Teilakt gehörende persönliche Tätigkeit entfaltet wurde oder an dem ihr tatbestandsmäßiger Erfolg eingetreten ist[172].

4. KAPITEL

Der Begriff der „Tat" in § 3 Abs. 3 StGB.

Das Ubiquitätsprinzip bedingt die inländische Lokalisierung und mithin die inländische Rechtsunterworfenheit von zwei ganz verschiedenen Gruppen internationaler Distanztaten. Als in Deutschland begangene strafbare Handlungen gelten einmal im Ausland verwirklichte rechtswidrige Willensbetätigungen, die einen tatbestandsmäßigen Erfolg im Inland zur Folge haben. Die Anwendbarkeit des deutschen Strafrechts gewährleistet in diesen Fällen den Schutz der inländischen Rechtsgüter gegen Angriffe vom Ausland. Daher kann die sich aus der Auslandsberührung ergebende Eigentümlichkeit der Tat hinreichend durch die Anwendung der §§ 3 Abs. 3, 4 Abs. 1 StGB berücksichtigt werden.

Schwieriger ist die Behandlung der zweiten Gruppe von strafbaren Handlungen, bei denen die persönliche Tätigkeit im Inland stattfindet, während der durch sie hervorgerufene, nach deutschem Recht tatbestandsmäßige Erfolg im Ausland eintritt. Wird dabei das geschützte Recht eines Deutschen im Ausland verletzt, so bestehen keine Bedenken, die Anwendung des deutschen Strafrechts allein aus der Tatsache abzuleiten, daß die Tat auch als im Inland begangen gilt[173]. Läßt sich das Objekt des Angriffs nicht in eine solche spezifische Beziehung zum Inland setzen, kann die Erstreckung des deutschen Strafrechts nicht immer mit der bloßen Möglichkeit einer Lokalisierung der Tat im Inland erklärt werden. Das wird an zwei Beispielen deutlich:

a) Der in Deutschland ansässige Ausländer A erhält gegen in Deutschland gefälschte und von da nach Liverpool geschickte Wechsel Waren von einem englischen Kaufmann.

b) Der gleiche Ausländer A schickt aus Deutschland größere Geldbeträge an einen ausländischen Richter, um diesen zu einer ihm günstigen Entscheidung in einem Rechtsstreit zu bewegen.

Im ersten Falle handelt es sich um die vom Inland her bewirkte Verletzung eines der Rechtsgüter, die für die zivilisierten Staaten einen

---

172 RGSt. 50, 425; 71, 286 (288); RG. in JW. 1937, 1831; RG in HRR. 39 Nr. 480.

173 Für diese Auffassung spricht auch der dem passiven Personalitätsprinzip des § 4 Abs. 2 Nr. 2 StGB. zugrundeliegende Gedanke, das sogar die Auslandstaten von Ausländern dem deutschen Strafrecht unterwirft, sofern diese gegen das deutsche Volk oder gegen einen deutschen Staatsangehörigen gerichtet sind.

gemeinsamen Rechtswert darstellen[174], wie z. B. Leben, Freiheit, Eigentum und Vermögen. Ihr Schutz obliegt der deutschen Rechtspflege gegenüber Angriffen, die in Deutschland erfolgen, auch wenn die Verletzung im Ausland eintritt, weil ihre Anerkennung unmittelbarer Bestandteil jeder rechtsstaatlichen öffentlichen Ordnung ist. Deshalb kann ohne weiteres aus dem deutschen Begehungsort auf die Anwendung deutschen Strafrechts geschlossen werden.

Im zweiten Fall würde die Tat ohne Auslandsberührung als eine Richterbestechung zu beurteilen sein. § 334 TtGB schützt die Reinheit der Rechtspflege. Ob dieser Schutz sich nur auf die deutsche oder auch auf die ausländische Rechtspflege erstreckt, ob also § 334 auch anwendbar ist, wenn ausländische Richter durch die Gewährung von aus Deutschland gesandten Geschenken beeinflußt werden sollen, kann den §§ 3 Abs. 3, 4 Abs. 1 StGB. nicht unmittelbar entnommen werden. Hier ergibt sich vielmehr vorab die Frage, ob der Straftatbestand selbst diese internationale Distanztat erfaßt, insbesondere welcher Personenkreis unter das Tatbestandsmerkmal „Richter" in § 334 zu subsumieren ist. Das ist lediglich eine Folge der Tatsache, daß die tatbestandsmäßige Bestimmung der Straftaten regelmäßig eine besondere Abgrenzung des Geltungsbereichs der Normen enthält, die entsprechende Konsequenzen für die besonderen Ausprägungen der Straftaten mit Auslandsberührung hat[175]. Diese Frage des schon durch den Tatbestand bestimmten Geltungsbereichs ist mithin begrifflich scharf zu unterscheiden von der allgemeinen Regelung des Geltungsbereichs in den §§ 3 ff. StGB[176]. Deshalb muß bei internationalen Distanztaten zunächst feststehen, ob die strafrechtlich relevanten Vorgänge unter den äußeren Tatbestand eines deutschen Strafgesetzes subsumierbar sind. Nur wenn

---

[174] Oehler in Mezger-Festschrift, S. 98, allerdings im Hinblick auf die wegen § 3 Abs. 1 StGB. nach deutschem Strafrecht zu beurteilenden Taten deutscher Staatsangehöriger im Ausland. Die gleichen Grundsätze müssen aber auch für die inländ. Taten v. Ausländern gelten, deren Erfolg i. Ausland eintritt.

[175] Nach Auffassung von Mezger, DStR. 1941, S. 22, handelt es sich insoweit gar nicht um ein Problem des internationalen Strafrechts. Das trifft zu, sofern man darunter nur die Vorschriften der §§ 3 ff. StGB. versteht. Faßt man dagegen das internationale Strafrecht ganz allgemein als Rechtsanwendungsrecht im Hinblick auf internationale Tatbestände auf, so kann der Zusammenhang der Probleme mit dieser Rechtsdisziplin kaum bestritten werden.

[176] Binding, Hdb. I, S. 435 Anm. 2; Mezger a. a. O.; v. Weber in Frank-Festg. II, S. 269 ff.; die Unmöglichkeit einer Lösung aus § 3 Abs. 3 zeigt sich auch daran, daß die gleiche Problematik bestehen kann, wenn die Tat nicht einmal teilweise im Ausland begangen worden ist, so daß dann die Anwendung von § 3 Abs. 3 überhaupt ausgeschlossen ist, z. B. bei d. Bestechung eines in Deutschland akkreditierten ausländ. Diplomaten in Deutschland. Vgl. auch RGSt. 3, 72 (Meineid vor amerik. dipl. Vertretung).

diese Voraussetzung erfüllt ist, handelt es sich um eine „Tat" im Sinne von § 3 Abs. 3 StGB, der dann den Maßstab für die Entscheidung gibt, ob diese Tat auch als im Inland begangen gilt[177].

Allein mit dem durch den Tatbestand eingeschränkten Geltungsbereich der Strafbestimmungen läßt sich insbesondere für die Gruppe der politischen Delikte im weitesten Sinne[178] häufig erklären, daß eine Handlung vom deutschen Strafrecht gar nicht erfaßt wird. Die ersten drei Abschnitte des Besonderen Teils des Strafgesetzbuches z. B. schützen durch ihre Straftatbestände ausschließlich die verfassungsmäßige Ordnung der Bundesrepublik und ihrer Länder, ihr Staatsgebiet und den westdeutschen Bundespräsidenten[179]. Unternimmt daher ein Inländer oder Ausländer im Bundesgebiet einen Anschlag auf das Leben eines ausländischen Staatsoberhauptes im Ausland, so fehlt schon die Tatbestandsmäßigkeit im Sinne von § 83 StGB., und es bedarf nicht der Untersuchung, ob die Tat im Inland oder Ausland von einem Deutschen oder Ausländer begangen ist[180].

Eine ähnliche Einschränkung des Geltungsbereiches durch den Tatbestand läßt sich bei den Beamtendelikten der §§ 331 ff. wegen der Legaldefinition des Beamtenbegriffs (§ 359 StGB.) feststellen, der nur die im unmittelbaren oder mittelbaren inländischen Staatsdienst angestellten Personen umfaßt, dagegen nicht ausländische Beamte, auch wenn diese deutsche Staatsangehörige sind. Fehlen diese

---

[177] Vor der Bestimmung d. Begehungsortes muß also schon nach deutschem Recht die Subsumierbarkeit geprüft werden, obwohl v. § 3 Abs. 3 selbst erst abhängt, ob deutsches Strafrecht anwendbar ist. Darin liegt nur scheinbar ein Widerspruch. Die Fassung dieser Legaldefinition setzt das zwingend voraus, weil ohne eine vorangehende Anwendung materiellrechtl. Tatbestände des deutschen Rechts gar nicht entschieden werden könnte, was als „Handeln" des Täters u. was als „Erfolg" im Einzelfall anzusehen ist. Von § 3 Abs. 3 und damit vom Territorialitätsprinzip hängt zwar die Anwendung des dt. Strafrechts ab, aber nur im Sinne einer Verwirklichung mit dem Ziel einer Bestrafung des Täters.

[178] Lange, DStR. 1941, S. 7; Delikte, die sich gegen die positive Verfassung eines Staates oder deren Funktionieren im Alltag der Verwaltung richten.

[179] Ein ähnlicher Schutz für die Organträger ausländ. Staaten, die sich in amtl. Eigenschaft im Inland aufhalten, wird nur in ganz beschränktem Umfang durch §§ 102, 103 StGB. gewährt.

[180] Die Überschneidung des durch den speziellen Tatbestand geregelten Geltungsbereichs mit der allgemeinen Abgrenzung der §§ 3 ff. wird aber evident, wenn durch die inländische Handlung eines Ausländers das ausländische Staatsoberhaupt im Ausland verletzt worden ist. Aus dem Tatbestand folgt, daß § 83 nicht anwendbar ist. Daneben kommen aber §§ 212, 43 und § 223 in Betracht. Die Möglichkeit ihrer Anwendung auf die Tat kann nur nach §§ 3 ff. beurteilt werden, so daß eine Bestimmung des Begehungsortes erforderlich wird.

konstituierenden Merkmale der Beamteneigenschaft beim Täter eines unechten Beamtendelikts, kann trotzdem eine Bestrafung aus dem Grundtatbestand in Betracht kommen, dessen Anwendbarkeit im Falle einer Auslandsberührung der Tat dann wieder nach den §§ 3 ff. zu bestimmen ist[181].

Besondere Schwierigkeiten bereitet die Frage, ob und in welchem Umfang die Tatbestände der §§ 110 ff. auch ausländische Staatseinrichtungen gegen Angriffe aus dem Inland oder gegen die Verletzung durch inländische Staatsangehörige im Ausland schützen. Entgegen der früher einmal geäußerten Auffassung des Reichsgerichts[182], das die Bestrafung eines Deutschen wegen Widerstandes gegen einen österreichischen Finanzwachaufseher in Böhmen durch ein deutsches Gericht anerkannte, wird im Schrifttum allgemein der Standpunkt vertreten, daß sich der Schutz dieser Strafvorschriften nur auf die inländischen Staatseinrichtungen erstrecke[183]. Die gleiche Problematik ergibt sich bei der Anwendung der Wirtschafts-, Steuer- und Devisenstrafgesetze auf Taten mit internationalem Charakter[184]. Als ein wichtiger Maßstab bei der Interpretation dieser Tatbestände wird der Grundsatz zu gelten haben, daß die deutsche Rechtspflege nicht dazu berufen ist, die speziell fremdstaatlichen Rechtsgüter durch die Anwendung des deutschen Strafrechts zu schützen, wie z. B. die Reinheit der Rechtspflege, die ausländische Staatsgewalt und die Finanzen[185], sofern sie dazu nicht durch besondere internationale Verträge verpflichtet ist[186].

---

181 Vgl. Mezger, a. a. O., S. 23.

182 RGSt. 8, 55 ff.; vgl. auch RGSt. 3, 70 (Meineid vor amerik. dipl. Vertr.; der BGH scheint insoweit Bedenken zu haben: BGH. in Lind.-Möhr., Nachschlagewerk des BGH., 1952, § 3 StGB. Nr. 2, Bl. 619). Dagegen aber RGSt. 16, 170 (unter „Staatsregierung" i. S. von § 128 StGB. ist nur eine inländische zu verstehen); RGSt. 60, 317 (die falsche Anschuld. bei einer fremdl. Behörde fällt nicht unter § 164 StGB); auch den durch das Rheinlandabkommen mit Gerichtsbarkeit i. Inland ausgestatteten ausl. Behörden wurde d. Schutz d. § 164 nicht gewährt: JW 1929, S. 414 Nr. 13.

183 Binding, Lehrb. 2, S. 373 ff.; Kohlrausch-Lange, Vorbem. vor § 110; Lange in DStR. 1941, S. 8; v. Liszt-Schmidt, § 171; Mezger in DStR. 1941, S. 22; Schönke-Schröder, Anm. I vor § 110; Werner in L. K. Vorbem. vor § 110; v. Weber in Frank-Festgabe II, S. 269.

184 RGSt. 14, 124 ff. verneint die Erstreckung des deutschen Strafrechts auf ein Zollvergehen gegen die ausländische Zollordnung.

185 Oehler in Mezger-Festschrift, S. 99, mit umfangreichen rechtsvergleichenden Hinweisen.

186 Z. B. Art. 8 Abs. I des Vertrages über die Rechte und Pflichten ausländischer Streitkräfte und ihrer Mitglieder in der Bundesrepublik Deutschland.

Als Beispiel für ältere Verträge vgl. Art. 32 „Internationaler Vertrag vom 6. 5. 1882 betr. die polizeiliche Regelung der Fischerei in der Nordsee außerhalb der Küstengewässer", RGBl. 1884, S. 25, 48.

Im Rahmen dieser Arbeit genügt die Feststellung, daß es sich insoweit um Fragen des Geltungsbereichs handelt, die sich aus dem besonderen materiellrechtlichen Tatbestand ergeben, sei es wegen der Beschränkung des durch das deutsche Strafrecht gewährten Schutzes nur auf ganz bestimmte deutsche Staatseinrichtungen, sei es wegen der Erstreckung der Strafdrohung nur auf den Mißbrauch inländischer Amtsgewalt. Die besondere, aus der Auslandsberührung der Handlung herrührende Eigenart ist in diesen Fällen schon bei der Prüfung der Tatbestandsmäßigkeit zu berücksichtigen. Nur wenn erwiesen ist, daß die Handlung überhaupt unter ein deutsches Strafgesetz subsumiert werden kann, ist eine „Tat" im Sinne von § 3 Abs. 3 gegeben, deren Begehungsort zu ermitteln ist, sofern zusätzliche Fragen der dann nach §§ 3 ff. zu beurteilenden Anwendung deutschen Strafrechts bestehen.

5. KAPITEL

Begehungsort der Teilnahmedelikte

Das Ubiquitätsprinzip des § 3 Abs. 3 bestimmt den Begehungsort für den „Täter" einer strafbaren Handlung. Nach ihrem Wortlaut erstreckt sich also die Legaldefinition scheinbar nur auf Haupttäter im Sinne des § 47 StGB. Trotzdem bestehen aber keine Bedenken, zum mindesten das dem § 3 Abs. 3 zugrundeliegende Prinzip auch auf die Tat des Teilnehmers anzuwenden und eine strafbare Handlung als „Tat", ihn selbst als „Täter" im Sinne der Bestimmungen des internationalen Strafrechts zu behandeln[187]. Diese Betrachtungsweise entspricht der Auffassung des Reichsgerichts, das schon lange vor der 1940 erfolgten gesetzlichen Regelung die strafbaren Handlungen sowohl der Haupttäter als auch der Teilnehmer einheitlich nach dem Ubiquitätsprinzip lokalisiert[188] und dabei mit Recht unerörtert gelassen hat, ob das Wort „Täter" nach der sonstigen Terminologie des Gesetzes zunächst nur den Haupttäter und nicht die Teilnehmer bezeichnet, weil der Grundsatz des § 3 unbedenklich auch die strafbaren Handlungen in der Form der Teilnahme erfaßt[189]. Der Bundesgerichtshof hat diese Beurteilung beibehalten[190]. Wollte man die Teil-

---

[187] Vgl. z. B. JAGUSCH in L. K., § 3, Vorbem. 5; v. LISZT-SCHMIDT, Lehrb., S. 171; MAURACH, A. T., S. 286; SCHÖNKE-SCHRÖDER, § 3 Anm. III 1 a; SCHRÖDER in ZStW. 61 (1942), S. 65.

[188] Für Anstiftung: RGSt. 25, 424 (425); für Beihilfe: RGSt. 9, 10 (11—12); 11, 20 (20—24); 19, 147 (148—150); 20, 169 (170); 74, 55 (60); RG in JW. 1936, 2655.

[189] So ausdrücklich RGSt. 9/10 (11—12) und RGSt. 19, 147 (148—150).

[190] BGH St. 4, 333 (335).

nahme von der allgemeinen Regelung des § 3 Abs. 3 ausschließen, müßte der alte Streit über die für die Bestimmung des Begehungsortes maßgeblichen Grundsätze erneut ausgetragen werden, und es wäre kaum einzusehen, weshalb die Gründe, welche die Einheitstheorie rechtfertigen und durch die Legaldefinition des Begehungsortes als allgemeines Prinzip anerkannt worden sind, nicht für Teilnahmedelikte gelten sollen.

Das hat zur Folge, daß eine strafbare Handlung in der Form einer Beihilfe oder Anstiftung einmal dort als begangen gilt, wo der Anstifter durch seine persönliche Tätigkeit den Haupttäter zur Begehung einer mit Strafe bedrohten Handlung bestimmt hat[191] und wo der Gehilfe durch sein Handeln dem Haupttäter Hilfe geleistet hat[192]. Daneben muß wegen der Abhängigkeit der Teilnahme von einer Haupttat deren Begehungsort für die Lokalisierung der Anstiftung und Beihilfe berücksichtigt werden[193], weil die strafbare Handlung des Haupttäters kausal auf die Teilnahme zurückgeführt werden kann, so daß sie auch als ein Erfolg der Anstiftung oder Beihilfe zu verstehen ist[194]. Deshalb ist der Begehungsort der Teilnahmedelikte auch dort, wo die Haupttat verwirkt worden ist und, wenn diese ihrerseits ein Distanzdelikt ist, gilt die Anstiftung oder Beihilfe sowohl dort als begangen, wo der Haupttäter gehandelt hat, als auch dort, wo der tatbestandsmäßige Erfolg seines Handelns eingetreten ist[195].

1. Ausländische Teilnahme an inländischer Haupttat[196]

Mit diesem Ergebnis lassen sich ohne weitere Schwierigkeiten die Fälle ausländischer Teilnahme an einer inländischen Haupttat lösen.

---

[191] RGSt. 25, 424 (425 ff.).

[192] RG. in JW. 1936, 2655.

[193] RGSt. 11, 20 (20—24); 19, 147 (148—150); 20, 169 (170); 74, 55 (55—60).

[194] Vgl. Lange, Die notwendige Teilnahme, S. 57; bei der Teilnahme tritt an die Stelle von täterschaftlichen Momenten der Güterschutzgedanke in den Vordergrund. Das Wesen der Teilnahme liegt in der schuldhaften Herbeiführung oder Förderung des Erfolges. Dazu auch v. Liszt-Schmidt, Lehrb., S. 309 ff.; Schönke-Schröder § 47, Vorbem. V, 2; RGSt. 15, 316. Eine Auseinandersetzung mit der vor allem im älteren Schrifttum vertretenen Schuldteilnahmetheorie (z. B. H. Mayer, Strafrecht, S. 334) erscheint hier entbehrlich.

[195] Stiftet z. B. A. in Köln zu einer durch Briefe verübten Erpressung des B. in Zürich an, und werden diese erpresserischen Briefe in Wien geschrieben und abgeschickt, dann gilt als Begehungsort f. d. strafb. Handlung des A. sowohl Köln als auch Wien und Zürich.

[196] Die Fälle inländ. Teilnahme an inländ. Haupttat u. ausländ. Teilnahme an ausländ. Haupttat können zwar unter d. Gesichtspunkt des intern. Strafrechts v. Bedeutung sein, bei ihnen dürfte aber die Feststellung des

Stiftet z. B. der Schweizer A. seinen Landsmann B. in Zürich an, den Italiener C. in Berlin zu töten, und wird diese Tötung in Berlin begangen, dann ist der Begehungsort der Anstiftung nicht nur in Zürich, wo A. seinen Anstifterwillen betätigt hat, sondern auch in Berlin, weil dort die Haupttat begangen worden ist. An diesem Beispiel wird deutlich, daß ein Teilnehmer, der seine auf eine inländische Rechtsgüterverletzung abzielende Tätigkeit im Ausland entfaltet, nicht anders behandelt werden kann als ein Haupttäter, der ausschließlich vom Ausland handelnd einen tatbestandsmäßigen Erfolg im Inland schuldhaft verursacht.

II. Inländische Teilnahme an ausländischer Haupttat

Beschränkt sich dagegen im umgekehrten Falle die persönliche Tätigkeit des Teilnehmers auf das Inland, während der Haupttäter im Ausland handelt und dort den tatbestandsmäßigen Erfolg herbeiführt, dann geht die besondere, von der Auslandsberührung des Teilnahmedelikts bestimmte Problematik über die Frage der Ortsbestimmung hinaus. Die Feststellung, daß ein Anstifter oder Gehilfe nur in Deutschland gehandelt hat, enthebt nicht von der Entscheidung, ob die Teilnahme nach deutschem Recht überhaupt eine strafbare Handlung ist[197]. Diese zusätzliche Frage ergibt sich aus der akzessorischen Natur der Teilnahme. Sie hat zur Folge, daß ein bestimmtes Verhalten des Anstifters oder Gehilfen, das für sich betrachtet wertneutral ist und keine selbständige Verletzung von gesetzlich geschützten Gütern darstellt, erst dann seine strafrechtliche Bedeutsamkeit erlangt, wenn es mindestens mitursächlich geworden ist für eine konkrete tatbestandsmäßige Rechtsgutverletzung[198]. Voraussetzung für die Strafbarkeit der Teilnahme ist demnach eine Haupttat, die tatbestandsmäßiges und schuldhaft verursachtes Unrecht nach dem Urteil des deutschen Strafrechts ist.

Diesen Anforderungen genügt eine im Ausland von einem Deutschen begangene Haupttat, weil auf sie wegen des aktiven Personalitätsprinzips das deutsche Strafrecht Anwendung findet (§ 3 Abs. 1 StGB.). Das gleiche gilt, wenn sich die Auslandstat eines Ausländers gegen einen deutschen Staatsangehörigen richtet (passives Personalitätsprinzip, § 4 Abs. 2 Nr. 2 StGB.) oder wenn sie unter dem Katalog der in § 4 Abs. 3 aufgezählten Fälle subsumierbar ist. Wird zu diesen Auslandstaten im Inland Anstiftung oder Beihilfe geleistet, dann kann die Teilnahme allein wegen der Möglichkeit ihrer Lokalisierung

---

Begehungsortes kaum Schwierigkeiten bereiten. Sie werden deshalb bei der folgenden Untersuchung nicht berücksichtigt.

[197] Die beiden Fragen sind klar zu unterscheiden: SCHRÖDER in ZStW. 61 (1942), S. 62, 63 u. S. 67.

[198] Vgl. oben F. N. 192).

im Inland bestraft werden, weil die Haupttat einen deutschen Straftatbestand erfüllt und ebenfalls in Deutschland abgeurteilt werden kann, sofern der Täter in Deutschland ergriffen oder von einem dritten Staat ausgeliefert wird.

Bei zahlreichen Auslandstaten ist dagegen die Anwendung des inländischen Strafrechts ausgeschlossen. Hat z. B. ein Schweizer einen anderen Schweizer in Zürich erpreßt, dann gilt das deutsche Strafrecht jedenfalls nicht als Strafnorm für diese Tat[199]. Andererseits bedarf es aber, um eine in Deutschland begangene Anstiftung zu dieser Erpressung im Inland bestrafen zu können, der Entscheidung, daß diese Haupttat auch nach dem Urteil des deutschen Strafrechts tatbestandsmäßiges und schuldhaft verursachtes Unrecht darstellt. Mithin ergibt sich für bestimmte Fälle inländischer Teilnahme die Frage, ob die im Ausland begangene Haupttat wenigstens nach deutschem Strafrecht bewertet werden kann, obwohl dieses nicht im Sinne einer Bestrafung des Täters zur Anwendung kommt[200].

Diese Entscheidung hängt davon ab, ob das deutsche Strafrecht als Bewertungsnorm über den durch die §§ 3 ff. StGB. bestimmten räumlichen und persönlichen Bereich hinausreicht oder ob sich das inländische Recht auch einer Bewertung aller Auslandstaten zu enthalten hat, für die es nicht als Strafnorm gilt. Wegner[201] beantwortet diese Frage in Übereinstimmung mit dem Reichsgericht[202] im positiven Sinne und hält allein für maßgeblich, ob eine ausländische Haupttat, auf die das deutsche Strafrecht im Sinne einer Bestrafung des Täters nicht zur Anwendung kommt, einen inländischen Tatbestand verwirklicht, ob sie also subsumierbar ist und ob sie darüber hinaus unter diesen besonderen Umständen wirklich gegen die deutsche Norm verstößt.

In einer sehr ausführlichen Darstellung des Problems weist Schröder[203] den universalen Charakter des deutschen Strafrechts als

---

[199] Keinesfalls kommt das ausländische Strafgesetz als Strafnorm für den deutschen Richter in Betracht. Das Fremrechtsprinzip gilt nur in einem ganz beschränkten Umfang, s. o. F. N. 190.

[200] Das Recht des ausländischen Tatorts kann auch grundsätzlich nicht zur Bewertung der Haupttat herangezogen werden: Schröder, a. a. O., S. 74; vgl. auch RGSt. 14, 124 (128); a. A. Neumeyer in ZStW. 23 (1903), S. 440, 445. Andernfalls müßte wegen der unselbständigen Ausgestaltung der Teilnahmetatbestände im deutschen Recht die Bestrafung des Anstifters oder Gehilfen nach dem ausländischen Strafgesetz erfolgen; vgl. dazu RGSt. 37, 47.

[201] Festgabe für Frank, Teil I, S. 144 ff.; vgl. auch Meili, S. 126 ff. und Frank, § 3 Anm. IV, 3.

[202] So insbesondere RGSt. 14, 124 (128).

[203] A. a. O., S. 78 ff.; im Ergebnis schließt sich an Jagusch in L. K., Bem. 5 vor § 3.

Bewertungsnorm nach. Dabei geht er von der Voraussetzung aus, daß die Frage des in §§ 3 ff. StGB. geregelten Geltungsbereiches des Strafrechts klar zu unterscheiden ist von der Charakterisierung einer Tat als schuldhaftes Unrecht, die allein durch die Möglichkeit ihrer Subsumtion unter einen Straftatbestand bestimmt wird. Die Zulässigkeit und Notwendigkeit einer solchen Bewertung von Auslandstaten nach deutschem Recht ohne Rücksicht darauf, daß die Möglichkeit ihrer Bestrafung im Inland wegen der §§ 3 ff. StGB. ausgeschlossen ist, leitet Schröder wiederum aus dem Grundgedanken des internationalen Strafrechts ab. Eine Bestrafung nach deutschem Recht sei wegen § 3 Abs. 3 StGB. eindeutig vorgeschrieben, sofern es sich um eine Inlandstat handle, deren tatbestandsmäßiger Erfolg im Ausland eintritt. Daraus folge, daß sich das deutsche Strafrecht gegenüber ausländischen Rechtsgütern und ihrer Verletzung nicht neutral verhalte. Aus diesem Grunde müsse auch entsprechend für die Fälle mittelbarer Verletzung ausländischer Rechtsgüter durch inländische Anstiftung oder Beihilfe das deutsche Strafrecht gelten.

Dieser Lösung muß im Ergebnis zugestimmt werden, da ein im Inland handelnder Anstifter eines in Paris begangenen Mordes nicht anders behandelt werden kann wie der Inlandstäter, der seinem Opfer in Paris vorsätzlich vergiftete Schokolade schickt. Eine befriedigende Begründung für die universelle Bewertungskompetenz des deutschen Strafrechts gibt Schröder allerdings nicht. Dem Verweis auf die Berücksichtigung ausländischer Rechtsgüter in § 3 Abs. 3 kann entgegengehalten werden, daß diese und die Bewertung von Auslandstaten scheinbar nur nach §§ 3 ff. StGB. möglich und durch diese Bestimmungen abschließend geregelt sei.

Die Bewertungskompetenz des deutschen Strafrechts ist von der Frage seines Anwendungsbereichs zu unterscheiden. Deshalb kann der Nachweis dafür, daß auch die nicht im Anwendungsbereich des deutschen Strafrechts verwirktichten Auslandstaten der Bewertung nach deutschem Recht unterliegen, nicht den §§ 3 ff. StGB. entnommen werden, sondern dem mit dem internationalen Strafrecht eng zusammenhängenden Auslieferungsrecht.

Ein wesentlicher, das materielle Auslieferungsrecht beherrschender Grundsatz ist das völkerechtlich[204] und auch in ausländischen Rechts-

---

[204] GUGGENHEIM, Völkerrecht, Bd. 1, S. 324; HUDSON in Am. J. I. L., Vol. 28 (1934), S. 274; OPPENHEIM-LAUTERPACHT, Vol. I, p. 701; TRAVERS, Vol. IV, p. 655; RGSt. 36, 345 (347—348); vgl. auch die Entschl. des „Institut de Droit International" in Annuaire (1880), V, p. 127. Research in International Law under the Auspices of the Faculty of the Harvard Law School. Part I: Draft Convention on Extradition, Art. 2, in A. J. I. L. Vol. 29 (1935), Supplement.

ordnungen[205] anerkannte Prinzip der identischen Norm[206]. Es findet seinen Ausdruck in § 2 Abs. 1 Auslieferungsgesetz vom 23. Dezember 1929[207], der die Zulässigkeit einer Auslieferung davon abhängig macht, daß die Tat, wegen der ausgeliefert werden soll, nach deutschem Recht ein Verbrechen oder Vergehen ist. Berücksichtigt man bei der Auslegung dieser Bestimmung, daß durch die Mehrzahl aller Überantwortungen von Personen aus der deutschen Gerichtsgewalt in die Gerichtsgewalt eines anderen, ersuchenden Staates die Verfolgung von Straftaten ermöglicht werden soll, für die das deutsche Strafrecht nicht gilt[208], dann wird offenkundig, daß § 2 Abs. 1 Ausl.G. nicht eine Subsumierbarkeit und Strafbarkeit der Tat im Sinne der §§ 3 ff. StGB. voraussetzen kann. Das ergibt sich auch aus dem Grundgedanken des Instituts der Auslieferung, dem Täter einer strafbaren Handlung nicht deshalb im Inland Zuflucht gewähren zu müssen, weil die durch das internationale Strafrecht gesetzten Grenzen für die Anwendung der innerstaatlichen Strafnormen die Aburteilung der Tat im Inland verhindern[209]. Deshalb ist allgemein anerkannt, daß § 2 Abs. 1 Ausl.G. eine sinngemäße Umstellung des einem Auslieferungsersuchen zugrundeliegenden Sachverhalts erforderlich macht[210]. Entweder ist zu fingieren, daß ein deutsches, über die Zulässigkeit der Auslieferung entscheidendes Gericht im Gebiet des ersuchenden Staates die Gerichtsbarkeit ausübt und dort deutsches Recht anzuwenden hat oder daß die Auslieferungstat mit allen Merkmalen im Inland begangen worden ist. Diese durch eine Fiktion ermöglichte Einbeziehung von Auslandstaten in den Geltungsbereich des innerstaatlichen Strafrechts zeigt deutlich, daß dieses als Bewertungsnorm weit über den durch §§ 3 ff. StGB. bezeichneten Rahmen hinausreicht. Es hat insoweit universelle Geltung. Die Prüfung der gesetzlichen Voraussetzungen für eine Auslieferung ist nur möglich, weil alle Straftaten ohne Rücksicht auf ihren Begehungsort und die Nationalität des Täters einer Bewertung durch das deutsche Recht unterliegen.

Damit ist erwiesen, daß das deutsche Strafrecht als Bewertungsnorm nicht durch den Geltungsbereich im Sinne der §§ 3 ff. ein-

---

[205] Z. B. Frankreich: „Loi relative à l'extradition des étrangers" vom 10. März 1927, Art. 4 Abs. 2; Belgien: „Loi sur les extraditions" vom 15. März 1874, Art. 2 und 7. Italien: Codice Penale, Art. 13, Abs. 2.

[206] Guggenheim a. a. O.; Grützner in Strupp-Schlochauer, Bd. 1, S. 120; Schultz, Das Schweizerische Auslieferungsrecht, S. 314.

[207] RGBl. I S. 239, 1930 I S. 28, in der Fassung vom 12. September 1933, RGBl. I S. 618.

[208] Merz in G. A. 1957, S. 4.

[209] Vgl. Harvard Draft Convention a. a. O., Introductory Comment, p. 34.

[210] BGHSt. 1, 222 (225); Mettgenberg-Doerner, Deutsches Auslieferungsgesetz, § 1 Anm. 23 und § 4 Anm. 63; Merz a. a. O.

geschränkt ist. Deshalb bestehen keine Bedenken, auf eine im Inland verübte Teilnahme an einer ausländischen Haupttat deutsches Strafrecht anzuwenden, weil die Haupttat ebenfalls nach deutschem Recht jedenfalls zu bewerten ist, auch wenn sie nicht im Inland abgeurteilt werden kann.

Bei der Beurteilung der Auslandstat nach deutschem Recht erhält die Frage des sich schon aus dem besonderen, materiellrechtlichen Tatbestand ergebenden Geltungsbereiches außerordentliche Bedeutung[211]. Richtet sich z. B. die Haupttat gegen bestimmte speziell fremdstaatliche Rechtsgüter, die von der inländischen Rechtsordnung nicht geschützt werden, dann fehlt eine Haupttat nach dem Urteil des deutschen Strafrechts, so daß wegen des Grundsatzes der Akzessorietät auch eine zu dieser Tat in Deutschland verübte Anstiftung oder Beihilfe nicht strafbar sein kann[212].

Nur wenn eine ausländische Haupttat in diesem eingeschränkten Sinne unter einen deutschen Straftatbestand subsumierbar ist, kann die inländische Teilnahme als eine strafbare Handlung verstanden werden. Ob sie wirklich als in Deutschland begangen anzusehen ist, muß dann allerdings nach dem Ubiquitätsprinzip des § 3 Abs. 3 beurteilt werden[213].

6. KAPITEL

Der Begehungsort der Transitdelikte

Als Transitdelikt bezeichnet man eine bestimmte Art von Distanztaten[214], die den räumlichen Geltungsbereich einer Rechtsordnung berühren, ohne daß innerhalb desselben der Täter handelt oder der tatbestandsmäßige Erfolg der Straftat eintritt. Das ist z. B. in der Weise möglich, daß sich der Delinquent zur Erreichung des gewollten

---

211 Vgl. dazu die Ausführungen im vorangehenden Kap.

212 In dem Fall RGSt. 14, 124 war in Deutschland Beihilfe geleistet worden zu einem im Ausland begangenen Vergehen gegen ausländische Zollgesetze. Das RG. verneinte die Strafbarkeit der Beihilfe, da die ausländ. Haupttat sich nicht gegen ausländ. Rechtsgüter richtete, die das Inland anzuerkennen vermag.

213 Ist die ausländische Haupttat wohl nach deutschem, nicht aber nach dem Recht des Tatortes strafbar, dann entsteht die zusätzliche Frage, ob § 3 Abs. 2 StGB. analog anzuwenden ist. Dafür haben sich ausgesprochen Schröder, a. a. O., S. 96 ff.; Jagusch in L. K., Bem. 5 vor § 3. Vgl. Oehler i. Festschr. f. Mezger, S. 101 ff. Die Frage kann mit Rücksicht auf die Begrenzung des Themas hier nicht weiter verfolgt werden.

214 Deshalb erscheint der von M. E. Mayer, Lehrb. A. T., S. 92, F. N. 7 behauptete strenge Unterschied zwischen Distanzdelikten und Transitverbrechen zweifelhaft.

Erfolges eines Werkzeuges bedient[215], etwa eines durch die Post beförderten Briefes oder Paketes oder eines Boten, und dadurch eine Wirkung über einen weiten Raum erzielen kann[216]. In diesem Sinne ist die Beförderung eines Briefes mit erpresserischen Drohungen von Paris nach Stockholm durch Deutschland und Dänemark denkbar[217]. Die Geltung des deutschen Strafrechts für eine solche Tat unter dem Gesichtspunkt der Territorialität könnte nur damit begründet werden, daß diese auch als auf deutschem Staatsgebiet begangen gilt. Das Problem ist in der Rechtsprechung noch nicht behandelt worden. Von Mezger[218] und Schönke-Schröder[219] wird im Anschluß an Olshausen[220] die Auffassung vertreten, daß ein Transitverbrechen als Inlandsdelikt zu gelten habe, weil sich das strafbare Geschehen auf deutschem Boden abgespielt habe[221]; das Handeln des Täters bilde zusammen mit der durch die Bewegung des Werkzeuges vermittelten Wirkung ein einheitliches Ganzes[222].

Diese ältere Argumentation von Olshausen und Mezger[223] kann jedenfalls nicht mehr überzeugen, seitdem die vom Reichgericht entwickelten Kriterien für die Bestimmung des Begehungsortes durch § 3 Abs. 3 StGB. zur Legaldefinition geworden sind. Maßgeblich ist danach nur, wo der Täter gehandelt hat oder im Falle eines Unterlassens hätte handeln sollen und wo der tatbestandsmäßige Erfolg eingetreten ist, nicht dagegen, wo sich das „strafbare Geschehen mit abgespielt" hat.

Ein Transitdelikt, dessen Erfolg außerhalb Deutschlands eintritt, kann mithin nur dann als Inlandstaat behandelt werden, wenn die

---

[215] Wenig glücklich ist es, in diesem Zusammenhang von der Benutzung eines „Werkzeuges" zu sprechen, da bei der Erörterung des Problems regelmäßig auf Beispiele verwiesen wird, in denen der Täter die Post, Bahn oder ein ähnliches selbständiges Unternehmen benutzt, auf dessen Arbeit er keinen Einfluß auszuüben vermag.

[216] Vgl. die Beispiele bei v. Hippel in ZStW. 37 (1916), S. 16 und Schönke-Schröder, § 3 Anm. III 1 f.

[217] v. Hippel, a. a. O., hält den Begriff des Transitdeliktes für entbehrlich u. will stattdessen unterscheiden zwischen erheblichen u. nicht erheblichen „Zwischenwirkungen" der Distanztat.

[218] Lehrb., S. 154 und DR. 1940, S. 1078.

[219] a. a. O.

[220] Kommentar, § 3 Anm. 5.

[221] Schönke-Schröder, a. a. O.

[222] Olshausen, a. a. O.

[223] Bereits vor 1940 wurde die Behandlung der Transitdelikte als Inlandstaten entschieden abgelehnt von Binding, Hdb. I, S. 422, 423; v. Hippel in ZStW. 37 (1916), S. 16 und M. E. Mayer, a. a. O.; der gleiche Standpunkt wurde vertreten von v. Bar, Gesetz und Schuld, Bd. 1, S. 139, allerdings als Konsequenz der reinen Tätigkeitstheorie.

Möglichkeit besteht, das tatbestandsmäßige Handeln des Täters begrifflich so auszudehnen, daß es auch die inländische Tätigkeit eines in Anspruch genommenen Beförderungsmittels (Post, Bahn, Bote) umfaßt. Eine solche Betrachtungsweise entspricht aber nicht dem deutschen Strafrecht. Wird ein besonderer Tatbestand in der Weise verwirklicht, daß der schädigende Erfolg durch die Benutzung eines selbständigen Beförderungsmittels über einen weiten Raum verursacht wird, dann hat die tatbestandsmäßige Handlung ihren Abschluß gefunden mit der Übergabe des zu befördernden Gutes durch den Täter an die Transportperson. Von diesem Zeitpunkt bis zum Eintritt des beabsichtigten Erfolges befindet sich das Delikt im Stadium des beendeten Versuches, weil der Täter dann regelmäßig alles getan hat, was nach seiner Vorstellung erforderlich ist, um den Erfolg eintreten zu lassen[224]. Würde es ihm noch gelingen, den beleidigenden oder erpresserischen Brief oder das Sprengstoffpaket von der Post oder dem Boten zurückzuerhalten, käme für ihn nur die Vorschrift des § 46 Nr. 2 StGB. in Betracht; die beabsichtigte Handlung wäre bereits ausgeführt und könnte daher nicht mehr aufgegeben werden.

Die bloße Beförderung eines vom Täter zur Bewirkung des tatbestandsmäßigen Erfolges im Ausland bestimmten Gutes durch das Inland vermag deshalb nicht einen inländischen Begehungsort zu begründen[225].

7. KAPITEL

Die Behandlung des Begehungsortes im Rahmen der Strafrechtsreform

Seit der Konstituierung der Bundesrepublik sind die Arbeiten an einer Reform des Strafgesetzbuches wieder aufgenommen worden und bis zu einem Entwurf der Bundesregierung gediehen, zu dem der Bundesrat Stellung genommen hat und der im Oktober 1962 an den Präsidenten des Bundestages gesandt worden ist[226]. Die in diesem Ent-

---

[224] Vgl. BGHSt. 4, 181; JAGUSCH in L. K. § 46, Anm. I 2; SCHÖNKE-SCHRÖDER, § 46 Anm. I.

Selbst wenn man in diesen Fällen eine mittelbare Täterschaft konstruieren wollte, könnten Post und Bahn nur als nicht dolose Werkzeuge angesehen werden, so daß die Ausführung des Deliktes und mithin beendeter Versuch gegeben wäre, wenn der Täter dem Werkzeug die weitere Ausführung überläßt: SCHÖNKE-SCHRÖDER, § 46 Anm. I 2 e.

[225] MAURACH, A. T., S. 95, der allerdings das Bestreben, Transitdelikte dem inländischen Strafrecht zu unterwerfen, für kriminalpolitisch verständlich hält. Dagegen BINDING, Hdb. I, S. 422, 423: An der inländischen Bestrafung besteht gar kein Interesse, weil die inländische Rechtsordnung ganz unberührt geblieben ist.

[226] Deutscher Bundestag, 4. Wahlperiode, Drucksache IV/650 vom 4. Oktober 1962.

wurf in Aussicht genommene gesetzliche Bestimmung des Begehungsortes soll zum Abschluß dargestellt und mit der zur Zeit noch bestehenden Rechtslage verglichen werden.

Charakteristisch für das im Ersten Abschnitt des Entwurfs[227] geregelte internationale Strafrecht ist die Wiederaufnahme des Territorialitätsprinzips als eines beherrschenden Grundsatzes für die Anwendung des materiellen Strafrechts. Das in das geltende Recht durch die Verordnung vom 6. Mai 1940 eingeführte aktive Personalitätsprinzip ist ausdrücklich eingeschränkt[228] worden und findet sich nur noch in § 5 Abs. 2 in einer Verbindung mit dem passiven Personalitätsgrundsatz und in § 6. Aus diesem Grunde muß der Frage nach dem Begehungsort wieder eine erhöhte Bedeutung zuerkannt werden.

Ihr ist durch eine erweiterte Legaldefinition des Begehungsortes in § 8 entsprochen worden, dessen Abs. 1 völlig mit der geltenden Begriffsbestimmung des § 3 Abs. 3 StGB. übereinstimmt, der aber darüber hinaus auch den Begehungsort der Teilnahmedelikte in § 8 Abs. 2 klar abgrenzt. Bei der Fassung dieser Vorschrift hat die Bundesregierung die Vorschläge der Großen Strafrechtskommission unverändert übernommen[229], die sich in Anlehnung an die bisherige Rechtsprechung für eine Anwendung des Ubiquitätsprinzips auch auf die Taten der Anstifter und Gehilfen ausgesprochen hat. Damit wurde ausdrücklich anerkannt, daß jedenfalls im Hinblick auf die Lokalisierung der Straftaten die Verwirklichung der Haupttat als ein tatbestandsmäßiger Erfolg der Teilnahme aufzufassen ist.

§ 8 Abs. 2 Satz 2 bestimmt für die Fälle inländischer Teilnahme an einer ausländischen Hauptat, daß für die Teilnahme das deutsche Strafrecht gilt, auch wenn die Haupttat nach dem Recht des Tatorts nicht mit Strafe bedroht ist. Die Notwendigkeit dieser Regelung folgt aus den bereits[230] aufgezeigten Schwierigkeiten, die bei einer konsequenten Anwendung des Ubiquitätsprinzips auf die Straftaten der

---

[227] Entwurf 1962, a. a. O., § 3. Vgl. auch „Entwurf eines Strafgesetzbuches E 1959“, § 4; „Entwurf eines Strafgesetzbuches E 1959 II“, § 3. „Entwurf eines Strafgesetzbuches (StGB.) E 1960“, Bundesrat, Drucksache 270/60 sowie die Verhandlungen in der 38. Sitzung der Großen Strafrechtskommission in „Niederschrift der Sitzungen der Großen Strafrechtskommission“, 4. Band, S. 11 ff.

[228] Vgl. die Begründung zum Entwurf 1962, Deutscher Bundestag, 4. Wahlperiode, Drucksache IV/650, Anlage 1, S. 105 ff.

[229] Vgl. Niederschriften d. Sitzungen, a. a. O., S. 28, 29 und 418. Die Einbeziehung der Teilnahmedelikte in die Legaldefinition war ursprünglich für überflüssig gehalten worden: Umdruck R 64 a. a. O., S. 409. Die endgültige Fassung des § 8 Abs. 2 beruht auf den Vorschlägen der Unterkommission: Umdruck U 34, a. a. O., S. 414 (416) und Umdruck K 34, a. a.O., S. 417 (418).

[230] Kapitel 5 des II. Hauptteils dieser Untersuchung.

Teilnehmer entstehen. Dagegen erscheint die redaktionelle Verbindung mit der Legaldefinition des Begehungsortes nicht ganz berechtigt, weil die Frage der Anwendbarkeit des deutschen Rechts auf inländische Teilnahmedelikte begrifflich klar zu unterscheiden ist von dem Problem ihrer Lokalisierung.

Auf die Einfügung einer dem bisherigen § 3 Abs. 2 StGB. entsprechenden Vorschrift, welche die Geltung des deutschen Strafrechts für bestimmte Fälle natürlicher Teilnahme an ausländischen, nach dem Recht des Tatortes nicht strafbaren Haupttaten wieder ausschließt, ist verzichtet worden. Maßgeblich dafür dürfte die Erwägung gewesen sein, daß die im Einzelfall vorstellbaren Bedenken gegenüber dem strafwürdigen Unrecht einer solchen Teilnahme[231] nur schwer durch eine dem Art. 102 GG. gerecht werdende tatbestandliche Regelung berücksichtigt werden können[232]. In dem Entwurf wird statt dessen die Einführung einer dem § 153 b StPO. entsprechenden Bestimmung in das Strafprozeßrecht angestrebt, welche die im Inland begangene Teilnahme an einer Auslandstat hinsichtlich des Opportunitätsprinzips den Auslandstaten gleichstellt[233].

---

[231] Man denke z. B. an die in Deutschland verübte Anstiftung zur Eingehung einer Doppelehe in einem mohammedanischen Staat oder zur Verführung eines Mädchens unter 16 Jahren in einem tropischen Land.

[232] Welzel in der 38. Sitzung der Großen Strafrechtskommission, a. a. O., S. 32, allerdings im Hinblick auf die Auslandstaten deutscher Staatsangehöriger. Vgl. auch Oehler in Festschr. f. Mezger, a.a.O.

[233] Entwurf 1962 a. a. O., § 8 F. N. 3.

HAUPTTEIL III

Der Begehungsort im englischen Strafrecht

1. KAPITEL

Das Territorialitätsprinzip im englischen Recht

I. Die rechtlichen Grundlagen des Territorialitätsprinzips

Für das internationale Strafrecht Englands hat das Territorialitätsprinzip eine wesentlich größere Bedeutung als für das Strafrechtsanwendungsrecht der kontinentaleuropäischen Staaten. Während z. B. im deutschen Strafgesetzbuch außer dem Fall inländischer Begehung der Straftat verschiedene weitere Tatbestände gegeben sind, welche die Anwendbarkeit des deutschen Strafrechts auch auf Auslandstaten ermöglichen, gilt im englischen Recht der Grundsatz, daß die Ausübung der Strafgerichtsbarkeit prinzipiell nur auf solche Taten beschränkt ist, die innerhalb Englands begangen worden sind[234].

In der berühmten Entscheidung Reg. v. Keyn[235] hat Chief Justice Cockburn diesen Grundsatz besonders einprägsam formuliert:

„According to the general law, therefore, a foreigner who is not residing permanently or temporarily in British territory, or on board a British ship, cannot be held responsible for an infraction of the law of this country."

Dieses Territorialitätsprinzip ist so tief im englischen Rechtsbewußtsein verankert, daß es auch der Auslegung von durch Gesetz geschaffenen Tatbeständen zugrundegelegt wird. In der Entscheidung Mcleod v. Attorn. Gen. for New South Wales[236] erklärte der Lord Chancellor Halsbury:

---

[234] So bereits Dowdale's Case, (1605) 6 Co. Rep. 46 b = 77 E. R. 323: „... in the case of felony the trial shall be always by the common law in the same place where the offence was, and shall not be supposed in any other place; for in criminal causes the rule holds ubi quis delinquit, ibi punietur." Vgl. auch die Entscheidungen: Sirdar Gurdyal Singh and The Rajah of Faridkote, (1894) A. C. 670 (683); Attorn. Gen. for Hong-Kong v. Kwok-A-Sing, (1873) A. C. 179 (198). Rex v. Casement, (1917) 1 K. B. 98 (123).

[235] Reg. v. Keyn, 13 Cox C. C. 403 (486); häufig als Frankonia-Fall bezeichnet.

[236] Mcleod v. Attorn. Gen. for New South Wales, 17 Cox C. C. 341.

„All crime is local. The jurisdiction over the crime belongs to the country where the crime is committed and except over her own subjects Her Majesty and the Imperial Legislative have no power whatever."[237]

Mithin umfaßt die Strafgewalt der englischen Gerichtshöfe wegen des Territorialitätsprinzips grundsätzlich nur solche Straftaten, die entweder innerhalb Englands[238], auf britischen Schiffen oder, mit gewissen Einschränkungen, an Bord britischer Flugzeuge begangen worden sind.

Dieses so verstandene Territorialitätsprinzip hat allerdings mehrere unterschiedliche Rechtsgrundlagen.

1. Common Law Jurisdiktion

Das durch richterliche Rechtsbildung entstandene und weiter entwickelte common law Englands kann nur auf solche Straftaten angewendet werden, die innerhalb einer oder mehrerer Grafschaften von England oder Wales begangen sind, ohne Rücksicht darauf, ob die Täter Untertanen der britischen Krone oder Ausländer sind und ob sie ihren Wohnsitz in England haben oder sich nur vorübergehend dort aufhalten[239].

Eine Ausnahme gilt lediglich für das Delikt "treason", eine etwa dem Hochverrat des deutschen Rechts entsprechende strafbare Handlung. Es ist zwar bereits 1351[240] tatbestandsmäßig in einem Statut enthalten, in Wirklichkeit aber wesentlich älter als dieses Gesetz[241], so daß dem Treason Act von 1351 keine eigentlich rechtsbegründende, sondern nur das bereits bestehende common law feststellende Wirkung beizumessen ist[242].

Die mithin schon im Common Law begründete Frage, ob auch eine im Ausland betätigte Hilfeleistung gegenüber den Feinden der britischen Krone als der englischen Jurisdiktion unterliegender treason

---

[237] Für die Befugnis Australiens und seiner Bundesstaaten zum Erlaß extraterritorialer Gesetze ist allerdings mit dem Statut von Westminster eine entscheidende Änderung eingetreten. Vgl. (1931) 22 & 23 Geo 5, c. 4, s. 2:

It is hereby declared and enacted that the Parliament of a Dominion has full power to make laws having extra-territorial operation.

[238] Dazu gehört das Gebiet von England und Wales, nicht aber Schottland und die Kanalinseln; vgl. HALSBURY, Laws of England, Vol. 10, p. 318 (580 h).

[239] ARCHBOLD, Criminal Pleading, § 67; HALSBURY, Laws, Vol. 10, p. 318 (580); KENNY-TURNER, Outlines, pp. 532—533 (§ 641).

[240] 25 Edw. 3, stat. 5, c. 2; wiedergegeben und in neues Englisch übertragen in der Entscheidung Rex v. Casement, (1917) 1 K. B. 98.

[241] STEPHEN, History, Vol. II, p. 189 und 243 mit Zitaten aus GLANVILLE, lib. XIV, ch. 1 und 2 Bracton 258.

[242] LORD SELBOURNE in Rex v. Casement, (1917) 1 K. B. 98 (125); ebenso LORD JOWITT in WILLIAM JOYCE v. Director of Public Prosecutions (1946) 31 Cr. App. Rep. 57 (84): „That statute, as has been commonly said and as appears from its terms, was itself declaratory of the common law".

aufzufassen sei[243], wurde in der Entscheidung Rex v. Casement[244] im positiven Sinne für britische Untertanen beantwortet[245].

Diese Anerkennung des Personalitätsprinzips für ein bestimmtes Delikt im Rahmen des Common Law ist 1946 durch das House of Lords in "William Joyce v. Director of Public Prosecutions"[246] noch erweitert worden. Danach kann selbst ein Ausländer von den englischen Gerichten wegen treason, begangen ausschließlich im Ausland, verurteilt werden, sofern er zur Zeit der Begehung der Tat Inhaber eines britischen Passes war, der ihm einen Anspruch auf Schutz durch die britische Krone auch im Ausland vermittelt. Diesem Schutz (protection) entspricht auf seiten des Ausländers nach Auffassung des House of Lords die Pflicht zur Loyalität (allegiance), die durch hochverräterische Handlungen auch im Ausland verletzt werden kann. Fehlt dieses spezielle Bindungsverhältnis, dann können entgegen der allgemeinen Formulierung von Grünhut[247] im Ausland begangene hochverräterische Handlungen nicht in England bestraft werden[248].

2. *Die Jurisdiktion der Admiralität*

Die durch das Common Law bestimmte Strafgewalt der englischen Gerichte ist nicht identisch mit dem wirklichen Inhalt und Umfang des für das englische Recht geltenden Territorialitätsprinzips. Vielmehr erhält die Common Law Jurisdiktion ihre notwendige Ergänzung durch die Admiralitätsjurisdiktion, die bestimmten englischen Gerichten die nach dem Common Law nicht vorhandene Befugnis verleiht, auch Straftaten zu verfolgen und abzuurteilen, die auf dem Meer begangen sind, entweder innerhalb der britischen Hoheitsgewässer oder auf hoher See, sei es an Bord eines britischen oder auch eines fremden Schiffes, z. B. im Fall von "piracy jure gentium".

---

[243] Der entsprechende Passus in 25 Edw. 3, stat. 5, c. 2 lautet (übersetzt): „... or if a man do levy war aganist our Lord the King in his realm, giving to them aid and comfort in the realm, or elsewhere ..."

[244] (1917) 1 K. B. 98. (Während des ersten Weltkrieges hatte ein Engländer mit Zustimmung d. Reichsregierung in Deutschland versucht, brit. Kriegsgefangene irischer Abstammung für eine irische Truppe anzuwerben, die auf dt. Seite eingesetzt werden sollte.

[245] Archbold, p. 28, § 67; Halsbury, Vol. 10, p. 323 (591); Russel, Vol. I, p. 225.

[246] 31 Cr. App. Rep. 57. (Der US-Staatsbürger William Joyce lebte bis 1939 in England und hatte einen gültigen englischen Paß. Er sprach von 1939 bis 1940 gegen England gerichtete Propagandasendungen über den deutschen Rundfunk).

[247] „Das englische Strafrecht" in: Das ausländische Strafrecht der Gegenwart, Bd. III, S. 133 (182).

[248] Russel, a. a. O.

Sofern man den Begriff der „Admiralitätsjurisdiktion“ nur in einem formellen Sinn versteht als Zuordnung bestimmter Gruppen von Straftaten an ein besonderes, bei der Admiralität bestehendes Gericht in Strafsachen, liegt in seiner weiteren Benutzung zur Charakterisierung des bestehenden Rechtszustandes ein anachronistischer Zug. Eine solche Gerichtsbarkeit der Admiralität hat spätestens mit dem Beginn des 19. Jahrhunderts ihr Ende gefunden. Trotzdem wird sowohl von den englischen Gerichten[249] als auch in der englischen Literatur[250] noch in neuester Zeit an der strengen Unterscheidung zwischen common law- und admiralty jurisdiction festgehalten. Der Grund dafür liegt in der Tatsache, daß die auf die Admiralitätsjurisdiktion bezogenen Rechtsnormen nicht nur in einem formell-organisatorischen Sinne eine Kompetenzbestimmung der Admiralität gegenüber den Common Law-Gerichten zu bewirken hatten[251], sondern gleichzeitig echte Jurisdiktionsnormen sind, welche die Strafgewalt der englischen Gerichte abgrenzen und insoweit ihre volle Bedeutung behalten haben. Da sie auch regelmäßig den Geltungsbereich des materiellen englischen Strafrechts umschreiben, erscheint es gerechtfertigt, von einer „Admiralitätsjurisdiktion im materiellen Sinne“ zu sprechen.

a) Die Entwicklung der Admiralitätsjurisdiktion im formellen Sinne

Der Zeitpunkt der Entstehung der offensichtlich schon in frühester Zeit vorhandenen Behörde eines "Lord High Admiral“ und die dafür maßgeblichen Gründe sind nicht klar[252]. Schon dem Statut 13 Ric., st.1, c.5[253] von 1389 ist aber zu entnehmen, daß bereits zu jener Zeit Kompetenzkonflikte zwischen der Admiralität einerseits und den Common Law-Gerichten andererseits bestanden. Spätestens durch dieses Gesetz und den Admiralty Jurisdiction Act von 1391[254] wurde die Gerichtsbarkeit der Admiralität in Strafsachen beschränkt auf Taten, die auf hoher See und nicht "in the body of a county“ begangen

---

[249] Vgl. z. B. Reg. v. Keyn, 13 Cox C. C. 403; Reg v. Anderson, 11 Cox C. C. 198.

[250] Halsbury, Laws, Vol. 10, p. 319; Archbold, Criminal Pleading, § 84; vgl. auch den Merchant Shipping Act von 1894, 57 & 58 Vict. c. 60, s. 687 (Halsbury Statutes, Vol. 23, p. 395).

[251] Dann würde es sich wohl nach deutscher Rechtsauffassung auch weniger um ein Problem der Jurisdiktion, als vielmehr der sachlichen Zuständigkeit handeln.

[252] Stephen, History, Vol. II, p. 16; Potter-Kiralfy, Historical Introduction, p. 192.

[253] Wiedergegeben in neuem Englisch in der Urteilsbegründung von Phillimore in Reg. v. Keyn, 13 Cox C. C. 403 (416).

[254] 15 Ric. 2, c. 3 bei Halsbury, Statutes, Vol. 1, p. 7.

waren[255]. Das Verfahren vor den Admiralitätsgerichten wurde nach herrschender Auffassung[256] gemäß den Grundsätzen des Civil Law geführt.

Der moderne Rechtszustand hat seine Grundlage in dem "Offences at Sea Act" von 1536[257], durch den die wichtigsten Kapitalverbrechen (treasons, felonies, robberies, murders und confederacies), sofern diese im Jurisdiktionsbereich der Admiralität begangen waren, der Gerichtsbarkeit eines besonderen Richterkollegiums unterstellt wurden, dessen Mitglieder — vielfach Common Law Richter — vom König besonders für diese Aufgabe ernannt wurden, in dem aber der Admiral kraft seines Amtes den Vorsitz führte. Dieses Gericht hatte ausschließlich common law anzuwenden[258].

Ob durch dieses Gesetz schon die Strafgewalt von der Admiralität völlig auf die Common Law Gerichtsbarkeit übergegangen war, wie häufig angenommen wird[259], erscheint zweifelhaft[260]. Deutlich erkennbar wird aber seit 1536 die Tendenz, das Verfahren und die Bewertung der Tat dem common law zu unterstellen und mithin die Strafgewalt der Admiralität weitestgehend einzuschränken.

Diese Regelung wurde 1799 durch einen weiteren "Offences at Sea Act"[261] auf alle auf hoher See begangenen Straftaten ausgedehnt.

---

[255] Hale, History, Vol. 2, pp. 12—14, berichtet sogar, daß bis zum Erlaß einer besonderen Anordnung durch Edward III. (1361) der Court of King's Bench eine konkurrierende Gerichtsbarkeit über felonies und treasons, begangen in Küstengewässern, ausgeübt habe. Gegen diese Auffassung von Hale allerdings C. J. Cockburn in Reg. v. Keyn, 13 Cox C. C. 403 (487).

[256] Blackstone, Commentaries, Vol. IV, p. 308; Hale, History, Vol. 2, p. 15; Holdsworth, History, Vol. I p. 550; Plucknett, Concise History, p. 662. Stephen, History, Vol. II, p. 17 behauptet allerdings unter Hinweis auf das „Black Book of the Admiralty", daß in manchen Fällen der Prozeß auch vor einer Jury geführt worden sei.

[257] 28 Hen. 8, c. 15 bei Halsbury, Statutes, Vol. 5, p. 479.

[258] Bemerkenswert ist, daß dieser tiefe Eingriff in den bisherigen Rechtszustand mittels einer für das englische Rechtsdenken typischen Fiktion erreicht wurde: Die auf hoher See begangenen Taten sollten so behandelt werden, als seien sie innerhalb einer Grafschaft Englands verwirklicht worden.

[259] So ausdrücklich Halsbury, Laws, Vol. 10, p. 320; Holdsworth, Vol. I, p. 550; wohl auch Stephen, History, Vol. II, p. 19 und Phillimore in Reg. v. Keyn, 13 Cox C. C. 403 (417).

[260] Plucknett, Concise History, p. 662, sieht in dem Statut sogar eine Festigung der Strafgewalt der Admiralität, weil der Admiral einer der „commissioners" war. Ebenso Blackstone, Commentaries, Vol. IV, p. 308: „This was for a long time the only method of trying marine felonies in the Court of the Admiralty: the judge of the Admiralty presiding therein."

[261] 39 Geo. 3 c. 37 bei Halsbury, Stat. Vol. 5, p. 583.

Nach der Präambel des Gesetzes von 1536 war der Anlaß zu dieser umfassenden Rechtsänderung das von der Admiralität angewandte Beweisrecht des Civil Law, das eine Verurteilung nur auf Grund eines Geständnisses des Angeklagten oder der Aussage von mitunter schwierig erreichbaren Augenzeugen zuließ[262]. Deutlich bringt Blackstone[263] den Widerspruch dieses Prozesses mit dem Verfahren vor der Jury zum Ausdruck: Diese Methode widerspreche dem Genius des englischen Rechts und bedeute eine Verletzung des englischen Rechtsgefühls, weil ein Angeklagter unter Umständen durch die Entscheidung eines Einzelrichters zum Tode verurteilt werden konnte.

Das Erfordernis spezieller, vom König bestellter Richterkollegien entfiel mit dem Erlaß des Central Criminal Court Act[264] im Jahre 1834. Das durch dieses Gesetz neu geschaffene Gericht wurde damit betraut, alle innerhalb des früheren Jurisdiktionsbereichs der Admiralität begangenen Straftaten zu verfolgen und abzuurteilen und mithin die Funktion des in dem Statut 28 Hen. 8, c.15 vorgesehenen besonderen Richterkollegiums wahrzunehmen[265]. Schon kurze Zeit später wurde durch den Admiralty Offences Act (1844)[266] die gleiche Ermächtigung auch allen regulären „commissioners of oyer and terminer“ erteilt, so daß, da beide Gesetze gleichrangig gelten, hinsichtlich der Richterkollegien nach dem Gesetz Heinrichs VIII. eine doppelte Funktionsnachfolge eingetreten ist.

Die unmittelbare Zuständigkeit der ordentlichen englischen Common Law Gerichte ohne Bezugnahme auf den Offences at Sea Act von 1536 für die meisten auf See begangenen Straftaten ist schließlich durch die Konsolidationsgesetze des Jahres 1861 bewirkt worden. Jedes dieser Gesetze, durch die der größte Teil der vom common law entwickelten Straftatbestände kodifiziert worden ist, enthält eine besondere Bestimmung, nach der die jeweilige Straftat, falls sie im früheren Jurisdiktionsbereich der Admiralität verwirklicht worden ist, in der Weise zu verfolgen und abzuurteilen ist, als sei sie innerhalb der Grafschaft Englands begangen worden, in welcher der Täter gefaßt wurde oder sich in Haft befindet[267].

---

[262] 28 Hen. 8 c. 15, Präambel, a. a. O.

[263] Commentaries, Vol. IV, p. 308.

[264] 4 & 5 Will. 4, c. 36 bei Halsbury, Statutes, Vol. 5, p. 183.

[265] Die in dem Gesetz von 1536 vorgesehene Zuständigkeit und Zusammensetzung des Gerichts war damit weitgehend bedeutungslos geworden, ohne daß dieses Gesetz jemals formell außer Kraft gesetzt worden wäre.

[266] 7 & 8 Vict. c. 5 bei Halsbury, Statutes, Vol. 5, p. 654.

[267] Vgl. z. B. Larceny Act, 24 & 25 Vict. c. 96, s. 115 (Halsbury, Statutes, Vol. 5, p. 727); Malicious Damage Act, 24 & 25 Vict. c. 97, s. 72 (Halsbury, Statutes, Vol. 5, p. 750); Forgery Act, 24 & 25 Vict. c. 98, s. 50 (Halsbury, a. a. O., p. 779); Offences against the Person Act, 24 & 25 Vict. c. 100, s. 68 (Halsbury, a. a. O., p. 786).

Auf diese Weise hat die englische Gesetzgebung im Verlaufe eines sich über mehrere Jahrhunderte erstreckenden Prozesses drei verschiedene, gleichrangig nebeneinander fortbestehende Möglichkeiten entwickelt, auf hoher See begangene Straftaten vor die Common Law Gerichte zu bringen und so die Gerichtsgewalt der Admiralität in Strafsachen abzuschaffen: Das Verfahren vor dem Central Criminal Court, die Reform durch das Gesetz 7 & 8 Vict. c.2 und die Verweisungsbestimmungen in den Konsolidationsgesetzen.

b) Die Admiralitätsjurisdiktion im materiellen Sinne

Aus der Entwicklung des Instituts der Admiralitätsgerichtsbarkeit folgt, daß diejenigen Rechtssätze, welche die frühere Strafgewalt der Admiralität lediglich gegenüber den Common Law Gerichten abgrenzten, aus der weiteren Betrachtung ausscheiden können[268]. Die damit zusammenhängenden Probleme haben auch für das geltende innerenglische Recht ihre Bedeutung verloren.

Soweit dagegen diese Frage einer Konkurrenz der beiden englischen Gerichtsbarkeiten nicht entsteht und durch die den Umfang der Admiralitätsjurisdiktion bestimmenden Rechtsnormen auch solche Taten der englischen Strafgewalt unterworfen werden, die mit Sicherheit außerhalb des Geltungsbereichs des common law begangen wurden, wird die Admiralitätsjurisdiktion in diesem materiellen Sinne zu einem integrierenden Bestandteil des internationalen Strafrechts Englands.

Die so verstandene Admiralitätsjurisdiktion erstreckt sich auf alle Straftaten, die innerhalb der Territorialgewässer Ihrer Majestät der britischen Königin begangen werden. Dafür ist es ohne Bedeutung, ob das Delikt ganz oder teilweise an Bord eines britischen oder eines fremden Schiffes verwirklicht und ob der Täter britischer Staatsangehöriger oder Ausländer ist. Die rechtliche Grundlage für diese Ausdehnung der Strafgewalt über den Bereich des englischen Festlandes hinaus wurde durch den "Territorial Waters Jurisdiction Act" von 1878[269] geschaffen. Section 7 dieses Gesetzes definiert als Territorialgewässer den sich in einer Breite von einer Seemeile (gemessen von der Niedrigwassermarke) vor der britischen Küste erstreckenden Teil des Meeres.

---

[268] Vgl. dazu die ausführl. Hinweise bei STEPHEN, History, Vol. II, pp. 25—26; ferner die Entscheidungen „Case of the Admiralty" (1609) 13 Co. Rep. 51 = 77 E. R. 1461 und R. v. Cunningham, 8 Cox's C. C. 104.

[269] 41 & 42 Vict. c. 73 (Halsbury's Statutes, Vol. 5, p. 892). Sofern es sich allerdings um die Straftat eines Ausländers innerhalb dieser Territorialgewässer handelt, ist für das Verfahren vor einem englischen Gericht in Strafsachen nach sec. 3 dieses Gesetzes erforderlich der „consent of one of Her Majesty's Principal Secretaries of State".

Der Erlaß dieses Gesetzes war eine Reaktion des britischen Parlaments[270] auf die Entscheidung des Court of Criminal Appeal in dem Fall Reg. v. Keyn[271] im November 1876. Den Gegenstand dieses Verfahrens bildete eine Anklage wegen fahrlässiger Tötung gegen den deutschen Kapitän Keyn, der mit einem deutschen Frachtschiff Frankonia auf einer Position, die weniger als drei Meilen von der Küste von Dover entfernt lag, den englischen Dampfer Strathclyde gerammt und dessen Untergang verursacht hatte. Dabei war ein englischer Passagier ums Leben gekommen. Die Jury des in erster Instanz zuständigen Central Criminal Court erklärte Keyn für schuldig, der Richter Pollock stellte aber die Entscheidung des Falles zurück und unterbreitete ihn dem Court of Criminal Appeal wegen der Frage der Jurisdiktion über diese außerhalb einer Grafschaft Englands begangene Tat. Mit der sehr knappen Mehrheit von nur einer Stimme kamen sieben Richter zu dem Ergebnis, daß für die auf fremden Schiffen begangenen Straftaten weder nach dem common law noch auf Grund eines Gesetzes die Jurisdiktion eines englischen Gerichtes gegeben sei, auch wenn sich dieses Schiff zur Tatzeit weniger als eine Seemeile entfernt von der britischen Küste befände[272].

Durch den "Territorial Waters Jurisdiction Act" ist demnach diese Entscheidung, soweit sie sich mit der Jurisdiktion über die in britischen Territorialgewässern begangenen Straftaten befaßt, für die weitere Entwicklung des englischen Rechts gegenstandslos geworden.

Völlig unbestritten ist dagegen die Erstreckung der Admiralitätsjurisdiktion auf alle an Bord britischer Schiffe begangenen Straftaten ohne Rücksicht auf die Nationalität des Täters[273]. In der Entscheidung Reg. v. James Anderson formulierte Richter Byles[274] diesen Grundsatz:

---

[270] Beckett, Criminal Jurisdiction over Foreigners, British Yearbook of International Law, Vol. 8 (1927), p. 108 (118, 119).

[271] 13 Cox's C. C. 403.

[272] Die Richter, die diesen Standpunkt vertraten, mußten sich dann allerdings, um die Jurisdiktion generell verneinen zu können, mit dem weiteren Argument der Anklage befassen, die Tat gelte auch deshalb als auf britischem Territorium begangen, weil ihr Erfolg auf der Strathclyde eingetreten sei. Auf die Auseinandersetzung des Gerichts mit dieser Frage wird noch später zurückzukommen sein.

[273] Z. B. Forbes v. Cochrane, (1824) 107 E. R. 450; R. v. Lopez (1858) 7 Cox C. C. 431; Reg. v. Peel (1862), 9 Cox C. C. 220 (Verurteilung wegen eines auf einem englischen Schiff auf hoher See begangenen Diebstahls; R. v. Carr and Wilson, (1882) 15 Cox C. C. 129; Archbold, p. 35; Halsbury, Laws, Vol. 10, p. 319.

[274] Reg. v. Anderson, (1886) 11 Cox C. C. 198: Die Jurisdiktion des Central Criminal Court wurde bejaht für ein Tötungsdelikt, begangen von einem amerikanischen Besatzungsmitglied an Bord eines englischen Schiffes auf der Garonne unterhalb von Bordeaux.

„A British ship is, for the purposes of this question, like a floating island; and, when a crime is committed on board a British ship it is within the jurisdiction of the Admiralty Court, and therefore of the Central Criminal Court and the offender is as amenable to British Law as if he had stood on the Isle of Wight and committed the crime."

Die Mannschaft und die Passagiere britischer Schiffe unterliegen auch dann noch der englischen Strafgewalt, wenn sich das Schiff nicht auf hoher See, sondern in fremden Territorialgewässern befindet, etwa in einem schiffbaren Fluß unterhalb der ersten Brücke, wo noch der Gezeitenwechsel feststellbar ist[275]. In diesem Zusammenhang wird die Möglichkeit einer konkurrierenden Jurisdiktion des Staates, in dessen Hoheitsgewässern sich das Schiff befindet, von der englischen Rechtsprechung ausdrücklich anerkannt[276].

Dieses im Rahmen der Admiralitätsjurisdiktion entwickelte Territorialitätsprinzip hat durch die Merchant Shipping Acts von 1894 und 1906[277] eine zusätzliche Erweiterung erfahren, für die es keine Parallele im deutschen Recht gibt. Mittels einer Fiktion werden in section 687 den innerhalb der Admiralitätsjurisdiktion, also auch den auf einem britischen Schiff begangenen Straftaten gleichgestellt diejenigen strafbaren Handlungen gegen Personen oder fremdes Eigentum, die ein Offizier oder ein Mitglied der Mannschaft eines britischen Schiffes an einem beliebigen Ort außerhalb des Schiffes verwirklicht, sei es auf einem fremden Schiff oder in einer Hafenstadt des Auslandes. Durch dieselbe Bestimmung werden wie Mitglieder der Besatzung auch diejenigen Personen behandelt, die diese persönlichen Qualifikationen während der letzten drei Monate vor der Begehung der Tat erfüllt haben[278]. Obwohl diese Regelung weit über den Inhalt und Zweck des Territorialitätsprinzips hinausgreift, erscheint bemerkenswert, daß sie im Wege einer Fiktion aus diesem Grundsatz entwickelt worden ist.

Die umfassende Jurisdiktion der Admiralität über alle Fälle von Seeräuberei im Sinne des Völkerrechts (piracy jure gentium), ohne Rücksicht auf die Nationalität des Täters oder den Ort der Be-

---

[275] Die Entscheidung Rex v. Devonshire Quarter Sessions; Ex parte Director of Public Prosecutions, (1923) 27 Cox C. C. 593, geht nur scheinbar über diesen Grundsatz hinaus. Die Straftat, für welche die englische Jurisdiktion bejaht wurde, war auf einem britischen Schiff oberhalb der Forth-Brücke im Firth of Forth (Schottland) begangen worden. Das Schiff war aber ein Kriegsschiff, und die Begründung stützt sich auf besondere, für die Kriegsmarine geltende Vorschriften.

[276] Richter Blackburn in Reg. v. Anderson, 11 Cox C. C. 198 (206): „In this case the vessel was within French territory, and subject to the local jurisdiction if the French authorities had chosen to exercise it."

[277] 57 & 58 Vict. ch. 60 & 6 Edw. 7 ch. 48 (Halsbury, Statutes, Vol. 23, pp. 395, 783).

[278] Vgl. zur Anwendung dieser Bestimmung die Entscheidung Reg. v. Dudley and Stephens, (1884) 15 Cox C. C. 624.

gehung[279], bedarf hier bei der Darstellung des Territorialitätsprinzips keiner eingehenden Würdigung, weil diese Ausdehnung der englischen Strafgewalt nur als ein Ausdruck des Universalitätsprinzips verstanden werden kann, die mit dem Grundsatz der Territorialität der Strafgesetze nicht mehr erklärt zu werden vermag. Die Seeräuberei wird aufgefaßt als eine Verletzung jeder nationalen Rechtsordnung, die deshalb auch überall verfolgt und abgeurteilt werden kann[280].

3. *Erweiterung des Territorialitätsprinzips durch Gesetzesrecht*

Die an Bord britischer Flugzeuge begangenen Straftaten fallen weder unter die Jurisdiktion des common law noch unter die der Admiralität. Für sie ist maßgeblich die dem § 5 des deutschen Strafgesetzbuchs entsprechende section 62 (1) des Civil Aviation Act[281] von 1949:

> „Any offence whatever committed on a British Aircraft shall, for the purpose of conferring jurisdiction, be deemed to have been committed in any place where the offender may for the time being be."

Diese nach ihrem reinen Wortlaut schwer verständliche Bestimmung hat durch die Entscheidungen R. v. Martin & Others[282] und Reg. v. Naylor[283] des Central Criminal Court eine ganz bestimmte Interpretation erfahren.

In dem ersten Fall waren mehrere Angestellte einer britischen Luftfahrtgesellschaft wegen eines Verstoßes gegen die "Dangerous Drugs Regulations"[284] von 1953 angeklagt, weil bei ihnen Rohopium in einem britischen Flugzeug auf dem Fluge von Bahrein nach Singapur entdeckt worden war. Die Anklage vertrat den Standpunkt, der Sinn von sec. 62 (1) des Civil Aviation Act liege darin, britische Flugzeuge hinsichtlich der strafrechtlichen Jurisdiktion wie einen Teil des englischen Staatsgebietes zu behandeln und so ganz allgemein auf die an Bord britischer Flugzeuge begangenen Straftaten das Territorialitätsprinzip anzuwenden, da sonst für einen in dieser Weise bewirkten Opiumtransport überhaupt kein Strafrecht gelte.

Dagegen wandte sich die Verteidigung mit dem Argument, sec. 62 (1) bestimme lediglich die örtliche Zuständigkeit der englischen Gerichte in Strafsachen (venue) allein für solche Taten, die in England

[279] Zu den Versuchen, das Delikt tatbestandsmäßig zu bestimmen, vgl. die Entscheidung Re Piracy Jure Gentium, (1934) A. C. 586.

[280] A. G. for the Colony of Hong Kong v. Kwok-a-Sing, (1873) 12 Cox C. C. 565.

[281] 12, 13 & 14 Geo. 6, c. 67 (Halsbury, Statutes, Vol. 28, p. 192).

[282] (1956) 40 Crim. App. Rep. 68.

[283] (1961) 3 W. L. R. 898

[284] Vgl. Dangerous Drugs Act von 1951, 14 & 15 Geo. 6, c. 48 (Halsbury, Statutes, Vol. 30, p. 225).

auch dann verfolgt werden können, wenn sie im Ausland begangen worden sind[285]. Die Vorschrift erweitere also nicht den Anwendungsbereich des materiellen Strafrechts, sondern setze im Gegenteil die Anwendbarkeit eines Strafgesetzes mit wenigstens teilweise extraterritorialer Geltung voraus.

Das Gericht schloß sich in seiner Entscheidung der Auffassung der Anklage an, allerdings mit einer sehr wesentlichen Einschränkung. Durch sec. 62 (1) soll die englische Jurisdiktion nur für solche an Bord britischer Flugzeuge begangene Straftaten begründet werden, die sich gegen Rechtsgüter richten, welche für alle zivilisierten Staaten einen gemeinsamen Rechtswert darstellen, so daß es für ihre Bewertung als kriminelles Unrecht nicht in erster Linie darauf ankommt, wo sie begangen sind[286]. Dagegen erstrecke sich die Vorschrift nicht auf Taten, die ein lediglich für das englische Staatsgebiet oder einen Teil desselben erlassenes Gesetz (for the better order or government of a particular place or a particular country) verletzen, mithin auch nur innerhalb dieses Gebietes eine strafbare Handlung zu konstituieren vermögen. Als ein solches speziell innerstaatliches Gesetz wurden auch die Dangerous Drugs Regulations angesehen, die den Verkehr mit gewissen Rauschgiften und Drogen regeln[287].

Diese Auslegung des Civil Aviation Act ist konsequent fortgesetzt worden in der Entscheidung Reg. v. Naylor, in der eine Verurteilung wegen Diebstahls an Bord eines britischen Flugzeuges ausgesprochen wurde, weil der in dem Larceny Act[288] enthaltene materiellrechtliche Tatbestand kein Gesetz von nur "domestic application" sei[289].

II. Die rechtliche Bedeutung des Territorialitätsprinzips

Das entscheidend durch das Territorialitätsprinzip bestimmte internationale Strafrecht Englands wird sowohl in der Rechtsprechung[290]

---

[285] Als Beispiel bezog sich die Verteidigung auf ein Delikt gemäß Treachery Act 1940, 3 & 4 Geo. 6, c 21, s. 4 (Halsbury, Statutes, Vol. 5, p. 1127) oder nach Offences against the Person Act, 1861, 24 & 25 Vict. c. 100, s. 57 (Halsbury, Statutes, Vol. 5, p. 786).

[286] Richter Delvin, p. 79: „But crimes conceived by the common law — which are mostly offences against the moral law, such as murder and theft — are not thought of as having territorial limits. They are universal offences. Murder is a crime whether done in England or in France; ..."

[287] In diesem Zusammenhang entsteht mithin für das englische Recht ein ähnliches Problem wie für das deutsche Recht bei der Bestimmung des Begriffs „Tat" in § 3 Abs.3 StGB; dazu s. o. Hauptteil II, Kap. 4.

[288] Larceny Act von 1861 und 1916, 23 & 24 Vict. c. 96 (Halsbury, St., Vol. 5, p. 727) und 6 & 7 Geo 5, c. 50 (Halsbury St., Vol. 5, p. 1011).

[289] Zu der Entscheidung Reg. v. Naylor vgl. die Besprechung von Bowett in Br. Yearbook Intern. Law, Vol. 37 (1961), p. 554.

[290] Vgl. z. B. R. v. ANDERSON, (1868) 11 Cox C. C 198; R. v. ELLIS,

als auch in der Literatur[291] überwiegend unter dem Gesichtspunkt der räumlichen und persönlichen Grenzen für die Jurisdiktion der englischen Gerichte in Strafsachen (limits of criminal jurisdiction) behandelt. Dabei wird als selbstverständlich unterstellt, daß auf eine Tat, für welche die englische Gerichtsbarkeit begründet ist, auch materielles englisches Strafrecht zur Anwendung kommt.

Obwohl demnach die prozessuale Betrachtungsweise im Vordergrund steht, wird andererseits nicht verkannt, daß für Tatbestände mit einem internationalen Charakter auch der aus dem materiellen Recht resultierenden Frage des räumlichen und persönlichen Geltungsbereiches des Strafrechts Bedeutung zukommt. In Reg. v. Keyn[292] erklärte Cockburn C. J.:

> „Unless, therefore, the accused Keyn, at the time the offence of which he has been convicted was committed, was on British territory, he could not be properly brought to trial under English law, in the absence of express legislation. Moreover, while the accused is thus on general principles exempt from being subject to our criminal law in respect of an offence committed on the high seas, if we proceed to look at the matter in a more technical point of view, with reference to jurisdiction, equal difficulties will be found to stand in the way of prosecution."

Diese begriffliche Unterscheidung des räumlichen Geltungsbereiches des Strafrechts einerseits und der Grenzen der strafrechtlichen Jurisdiktion andererseits[293] geht aber nicht so weit, daß die beiden Problemkreise eine scharfe Abgrenzung erfahren haben. Der Grund dafür dürfte in der Tatsache zu sehen sein, daß ein praktisches Bedürfnis dazu noch nicht bestanden hat. Die Fälle, in denen sich der Anwendungsbereich des materiellen Strafrechts über die Grenzen der englischen Gerichtsbarkeit hinaus erstrecken könnte, so daß auf eine bestimmte Tat zwar englisches Strafrecht zur Anwendung kommt,

---

(1899) 19 Cox C. C. 210; R. v. Oliphant, (1905) 21 Cox C. C. 192; R. v. De Marny, (1907) 1 K. B. 388; R. v. Page, (1954) 37 Cr. App. Rep. 189; Reg. v. Harden, (1962) 2 W. L. R. 553.

[291] Archbold, §§ 67—80; Fitzgerald, Criminal Law and Punishment, pp. 164—168; Halsbury, Laws, Vol. 10, pp. 316—324 (577—594); Kenny-Turner, pp. 532—536 (§§ 641—648). Dagegen berücksichtigen die grundlegenden Werke zum materiellen Strafrecht, z. B. Russell on Crime und Williams, Criminal Law, General Part, das internationale Strafrecht überhaupt nicht.

[292] (1876) 13 Cox C. C. 403 (486)

[293] Auch Stephen, History, Vol. II, p. 1 erörtert im Rahmen seiner Abhandlung des materiellen Strafrechts die Frage nach dessen Geltungsbereich: „... I come to the substantive criminal law; and the first question which arises in connection with it is as to its extent? For what time, upon what persons, and within what local limits is it in force?" Allerdings steht diese Untersuchung unter dem Thema „Limits of Criminal Jurisdiction in Regard to Time, Person and Place."

die englischen Gerichte aber keine Strafgewalt ausüben dürfen, sind wohl vorstellbar, haben aber bisher offensichtlich weder die Rechtsprechung noch die Literatur beschäftigt.

Nur für einen sehr beschränkten Personenkreis[294] ist die diplomatische Immunität im Sinne einer Befreiung von der englischen Strafgerichtsbarkeit durch Statut anerkannt, während sie für die Mehrheit der Chefs und Mitglieder diplomatischer Vertretungen nicht mit Sicherheit nachweisbar ist[295]. Soweit sich in Strafverfahren gegen Angehörige ausländischer Vertretungen in England der Angeklagte auf die diplomatische Immunität berief, war diese Einwendung deshalb unbeachtlich, weil rechtzeitig von der zuständigen Stelle ein "waiver" (Verzicht auf die Immunität) erklärt worden war[296]. Eine Erörterung der aus dem deutschen Recht bekannten Frage, ob die diplomatische Immunität lediglich eine Befreiung von der englischen Strafgerichtsbarkeit[297] oder auch von der Geltung des materiellen englischen Strafrechts[298] bedeutet, ist aus diesem Grunde nicht feststellbar.

Ebenso hat der Visiting Forces Act[299] von 1952, durch den unter ganz bestimmten Voraussetzungen den englischen Gerichten die Jurisdiktion über Straftaten eingeräumt wird, die Angehörige fremder, in England stationierter Truppen im Gastland begehen, noch nicht Anlaß gegeben zu der Untersuchung, ob es sich dabei nur um eine Beschränkung der Jurisdiktion der englischen Gerichte oder auch der Geltung des materiellen Rechts handelt[300].

Aus diesen Gründen ist es nicht möglich, das Territorialitätsprinzip als ein Abgrenzungsmerkmal für den Anwendungsbereich der englischen Straftatbestände oder nur für den Umfang der englischen Straf-

---

[294] The Diplomatic Immunities (Commonwealth Countries and Reg. of Ireland) Act, 1952, 15 &16 Geo. 6 & 1 Eliz. 2 c. 18 (Halsbury, Statutes, Vol. 32, p. 45). Vgl. dazu R. v. Madan, (1961) 2 W. L. R. 231.

[295] Die meisten Autoren vertreten die Auffassung, daß eine solche Immunität generell nach engl. Recht besteht, z. B. Oppenheim-Lauterpacht, § 387; Hurst, Collected Papers, p. 226 und 10 Brit. Yearbook of Intern. Law (1929), p. 1; Holland in Current Legal Problems, Vol. 4 (1951), pp. 81 seq. Trotzdem ist zu berücksichtigen, daß die Meinung durch keine engl. Entscheidung gestützt wird; vgl. Oppenheim-Lauterpacht, a. a. O., F. N. 6 u. Halsbury, Laws, Vol. 7 (Constitutional Law), p. 269 (573 q).

[296] Entsch. d. Court of Crim. App. i. Fall Tylor Gatewood Kent, (1941) 28 Cr. App. Rep. 23.

[297] So offensichtlich Halsbury, Laws Vol. 10, p. 292 (544).

[298] In diesem Sinne Halsbury, Laws, Vol. 7, pp. 268—269 (573).

[299] 15 & 16 Geo. 6 & 1 Eliz. 2 c. 67, s. 3 (Halsbury, Statutes, Vol. 32, p. 988).

[300] Barton, 31 Brit. Yearb. of Intern. Law (1954), p. 341 bezeichnet diese Regelung als „qualified jurisdiction".

gerichtsbarkeit zu bezeichnen, da nach englischer Rechtsauffassung diese beiden Fragenkomplexe keine so scharfe Trennung und Unterscheidung erfahren. Deshalb kann auch das internationale Strafrecht Englands insgesamt weder eindeutig dem materiellen noch dem prozessualen Recht zugeordnet werden.

2. KAPITEL

Die Entstehung des Territorialitätsprinzips im englischen Recht

Der Grund für die Entwicklung des strengen Territorialitätsprinzips in England und der im Zusammenhang damit gebildeten Lehre vom Begehungsort liegt in der Entstehung und Ausgestaltung der Jury als einer für das ganze englische Strafrecht typischen Institution.

Nach herrschender Auffassung[301] ist die Jury aus der fränkischen „inquisitio" hervorgegangen. In einem Kapitular von Ludwig dem Heiligen (829) wurde bestimmt, daß in Zukunft die königlichen Rechte nicht mehr durch die Bekundungen von Zeugen, sondern durch die unter Eid geleisteten Aussagen der besten und ehrlichsten Männer der Umgebung festgestellt werden sollten[302]. Das Frageverfahren wurde von den karolingischen Königen betrieben, um die für die Verwaltung des Reichs erforderlichen Informationen zu erhalten.

Diese fränkische Institution ist wahrscheinlich von den Normannen übernommen und durch Wilhelm den Eroberer in England eingeführt worden[303]. Er wies seine Beamten an, bestimmte Personengruppen einzelner Gebietsteile zu laden und sie über Tatbestände oder Tatsachen aussagen zu lassen, über die er informiert zu sein wünschte[304]. Aus den überlieferten Quellen geht deutlich hervor, daß dabei die besondere Kenntnis der örtlichen Verhältnisse bei den Befragten verwertet werden sollte. Inquisitionen dieser Art wurden z. B. von Wilhelm dem Eroberer zur Gewinnung einer Steuergrundlage oder zur Feststellung des zu jener Zeit zweifelhaften Verhältnisses zwischen Staat und Kirche durchgeführt[305]. Dieses zunächst allgemein in den

---

[301] PLUCKNETT, Conc. History, p. 109; POLLOCK and MAITLAND, Vol. I, p. 140; POTTER-KIRALFY, Introduct., p. 240; STEPHEN, History, Vol. I, p. 251; VOGEL, Schwurgerichte, S. 8.

[302] PLUCKNETT, p. 109.

[303] GRÜNHUT, Das ausländ. Strafrecht der Gegenwart, Bd. 3, S. 143 und vgl. die in F. N. 301 zitierten Autoren. Mit den abweichenden Auffassungen über den Ursprung der Jury setzt sich ausführlich auseinander PLUCKNETT, pp. 107—109.

[304] PLUCKNETT, p. 111.

[305] Vgl. die bei PLUCKNETT, p. 111, wiedergegebenen Quellen.

verschiedenen Bereichen der Verwaltung angewandte Verfahren zur Durchsetzung und Festigung der Rechte der Krone erfuhr seit Heinrich II. (1154–1189) seine spezifische Ausgestaltung für das englische Prozeßrecht[306]. In der "Assize of Clarendon" (1166) wurde ausdrücklich festgelegt[307], daß in jeder Grafschaft (county) und Hundertschaft (hundred) eine Inquisition der zwölf unbescholtensten Männer stattzufinden habe, die unter Eid aussagen sollten, ob sich in ihrem Distrikt jemand aufhalte, der des Mordes, Raubes oder Diebstahls verdächtigt wird[308]. Darin kommt deutlich der Ansatz für die Entwicklung der späteren großen (Anklage-) Jury zum Ausdruck. Bestand die Pflicht und Aufgabe dieser Jury zunächst lediglich darin, den königlichen Richtern die Tatsachen und Verdachtsmomente mitzuteilen, die für die Aburteilung von in ihrem Distrikt begangenen Straftaten erheblich waren, so verlagerte sich die Tätigkeit der Grand Juries im Laufe der Zeit immer mehr darauf, die Berechtigung der von anderen bereits erhobenen Klagen zu prüfen und offensichtlich grundlose Verdächtigungen gar nicht erst vor das Gericht kommen zu lassen[309].

Im Gegensatz dazu liegen die Anfänge der Petty Jury, die im eigentlichen Strafverfahren über die Tatsachenfragen zu entscheiden und den Schuldspruch zu fällen hat, erst im 13. Jahrhundert, nachdem auf dem 4. Laterankonzil (1215) die Schuldfeststellung durch Ordalien untersagt worden war[310]. Die so entstandene Schwierigkeit, die tatsächlichen Grundlagen für das Urteil auf eine neue Weise zu ermitteln, wurde durch die Bildung einer zweiten Jury gelöst, die diese Aufgaben wahrnahm. Zunächst waren bei dieser Urteilsfindung regelmäßig auch die Geschworenen der Anklagejury beteiligt[311]. Erst im 14. Jahrhundert wurde die Inkompatibilität der Beteiligung an einer Petty Jury mit einer Mitwirkung in der Anklagejury durch Gesetz[312] bestimmt.

Die Ausgestaltung dieses Instituts der Jury ist ein eindrucksvolles Beispiel für die Territorialisierung des Rechts in diesem Zeitabschnitt. Die Jury wurde als repräsentatives Organ der Stadt oder Grafschaft aufgefaßt. Ihre Funktion war deshalb klar beschränkt auf das bestimmte, von ihr vertretene Gebiet einer Grafschaft, indem sie, ent-

[306] Potter-Kiralfy, p. 241.

[307] 12 Hen. 2, c. 1; 22 Hen. 2, c. 7.

[308] Potter-Kiralfy, p. 352; teilweise Übersetzung des Textes bei Plucknett, pp. 112—113.

[309] Potter-Kiralfy, p. 246; Vogel, S. 23.

[310] Plucknett, pp. 113—119; Potter-Kiralfy, pp. 246, 353; Vogel, S. 9 .

[311] Plucknett, pp. 126—127; Stephen, History, Vol. I, p. 258.

[312] 25 Edw. 3, st. 5, c. 3; vgl. Potter-Kiralfy, p. 248.

weder als Grand Jury, nur solche Tatbestände den Gerichten zur Aburteilung vortragen konnte, die in ihrem Gebiet verwirklicht worden waren, oder als Petty Jury lediglich über die Tatsachen zu entscheiden vermochte, die in der von ihr repräsentierten Grafschaft lokalisierbar waren[313]. Deshalb leisteten auch die Mitglieder einer Anklagejury ihren Eid, strafrechtlich erhebliche Tatsachen zu ermitteln und den Gerichten zur Kenntnis zu bringen, ausschließlich für das Gebiet ihrer Grafschaft "pro corpore comitatus", und konnten mithin Handlungen oder Unterlassungen, die in einem anderen Distrikt begangen waren, bei ihren Ermittlungen nicht berücksichtigen, wenn sie nicht durch ein besonderes Gesetz dazu ermächtigt waren[314].

Auf dieser geschichtlichen Entwicklung beruht das für das internationale Strafrecht Englands typische strikte Territorialitätsprinzip, das seinen Ausdruck findet in dem Grundsatz "all crime is local". Die an der Zuständigkeit der Jury orientierte Betrachtungsweise hat auch die Lehre vom Begehungsort nach dem common law entscheidend geprägt. Nur vor diesem historischen Hintergrund wird es verständlich, daß schon die Frage der Lokalisierung von solchen Distanztaten das common law mit zum Teil unlösbaren Problemen konfrontierte, bei denen der Handlungs- und Erfolgsort in zwei verschiedenen Grafschaften Englands lagen. Obwohl strafbare Handlungen dieser Art ohne Zweifel innerhalb des räumlichen Geltungsbereichs des englischen common law begangen waren, vermochte keine Jury wegen der Beschränkung ihrer Kompetenzen auf das Gebiet einer einzigen Grafschaft alle Tatsachen zu ermitteln, welche das Delikt konstituieren. Dieses war mithin im strafrechtlichen Sinne nicht lokalisierbar. Erlag also ein Mensch in der Grafschaft A den Verletzungen, die er infolge eines Schlages oder einer Vergiftung in der Grafschaft B erlitten hatte, dann konnte der Täter nach herrschender Auffassung in keiner der beiden Grafschaften strafrechtlich verfolgt und angeklagt werden, weil in A die deliktische Tätigkeit, in B der strafrechtlich erhebliche Erfolg nicht ermittelt werden konnte[315]. Ein Gerichtsstand (venue)

---

[313] PLUCKNETT, p. 127; STEPHEN, Journ. Droit Intern. Privé, (1887) 14, pp. 129 ff.

[314] BLACKSTONE-KERR, Commentaries, Vol. IV, p. 353: „The grand jury are sworn to inquire, only for the body of the county, pro corpore comitatus: and therefore they cannot regularly inquire of a fact done out of that county for which they are sworn, unless particularly enabled by act of parliament."
Vgl. auch HALE, History of the Pleas, Vol. II, p. 163.

[315] BLACKSTONE, Comment., Vol. IV, p. 353. COKE, Institutes, 3rd part, cap. 7, pp. 48—49; HALE, History of the Pleas, Vol. I, p. 246 ff., Vol. II, p. 163 ff.; HAWKINS, Treatise, Vol. I, p. 187/188 (ch. 31, sect. 13), Vol. IV p. 19 (ch. 25, sect. 36).

war also nicht zu begründen[316]. Aus den gleichen Gründen konnte die Tat eines Teilnehmers[317] an einem Verbrechen (felony), der in einer anderen Grafschaft als der Haupttäter handelte, weder am Ort der Haupttat lokalisiert werden, weil die Jury von der Teilnahme nicht Kenntnis zu nehmen vermochte, noch am Ort der Willensbetätigung des Teilnehmers, weil dort die Geschworenen nicht wegen der begrifflich notwendigen Haupttat ermitteln durften[318]. Dieses auf dem Common Law beruhende, unbefriedigende Ergebnis konnte erst durch ein besonderes Gesetz[319] von 1548 korrigiert werden, das eine Anklage wegen einer sich räumlich über das Gebiet von zwei Grafschaften erstreckenden Tötung in der Grafschaft zuließ, wo der Tod infolge des Schlages oder der Verabreichung von Gift eingetreten war. Nach dem gleichen Gesetz gilt eine an einem anderen Ort als die Haupttat begangene Teilnahme als dort bewirkt, wo der Teilnehmer gehandelt hat und kann mithin in dieser Grafschaft angeklagt werden.

Eine Folge der Beschränkung der Jury auf das Gebiet einer einzigen Grafschaft war auch die ursprünglich fehlende Möglichkeit, Distanztaten anzuklagen und abzuurteilen, die zum Teil im Jurisdiktionsbereich der Admiralität, zum Teil aber im Gebiet einer Grafschaft verwirklicht waren[320]. Wurde ein Mensch auf hoher See, z. B. auf einem englischen Schiff, tödlich verwundet und starb er in England, dann konnte der Täter in England nicht angeklagt werden, weil er in keiner Grafschaft gehandelt hatte[321]. Andererseits konnte die Tat aber auch nicht von der Admiralität verfolgt werden, weil in ihrem Jurisdiktionsbereich wohl eine Tötungshandlung begangen, der Erfolg aber auf dem englischen Festland eingetreten war, wo das Gericht der Admiralität keine Ermittlungen anstellen durfte.

Berücksichtigt man die prozeßrechtlichen Ursachen dieser für das Common Law zunächst unlösbaren Problematik im Falle von lediglich

---

316 „Venue“ ist eine alte, vom common law entwickelte Bezeichnung für die Nachbarschaft (visne; vicinetum — vicinage) und bedeutet den räumlichen Bereich, in dem Gericht gehalten wird, aus dem die Geschworenen berufen werden und in dem die abzuurteilende Tat begangen ist: House of Lords in British South Africa Co. v. Companhia de Mocambique, (1893) A. C. 602 (617); HALSBURY Laws , Vol. 10, p. 325 (596).

317 Der Einfachheit wegen wird in diesem Zusammenhang der deutsche Begriff „Teilnehmer“ auch für den „accessory after the fact“ benutzt. Vgl. dazu im einzelnen Kapitel 7.

318 COKE, Institutes, 3rd part, cap. 7, p. 48+; HALE, Vol. II, p. 163.

319 2 & 3 Edw. 6, c. 24 bei HAWKINS, Vol. IV, p. 19 (ch. 25, sect. 13); HALE, Vol. I, p. 426. Vgl. auch The King against Savage, (1658) 82 E. R. 542.

320 COKE, Institutes, 3rd part, cap. 7, p. 48; HALE, Vol. II, p. 163.

321 The Case of the Admiralty, (1609) 77 E. R. 1461. Vgl. auch CLARK-MARSHALL, Treatise, p. 135.

innerenglischen[322] Distanztaten, so wird es verständlich, daß ohne ein besonderes Statut auch Distanztaten mit internationalem Charakter nicht in einer Weise in England lokalisiert werden konnten, welche die Möglichkeit ihrer Verfolgbarkeit durch die englischen Gerichte, mithin die Begründung der englischen Jurisdiktion eröffnete[323]. Wurde also ein Mensch außerhalb Englands verwundet und starb er an dieser Verletzung in England, dann war die Einleitung eines Strafverfahrens und die Bestrafung des Täters nach Common Law ausgeschlossen[324], weil keine Jury imstande war, hinsichtlich der Tötungshandlung im Auslande Ermittlungen anzustellen oder Entscheidungen zu fällen[325].

In Anbetracht dieser strengen Beschränkungen der englischen Gerichtsbarkeit nach dem älteren Common Law wird das Zentralproblem des internationalen Strafrechts Englands mit der Frage aufgeworfen, in welchem Umfang es gelungen ist, durch Gesetzesrecht oder modifizierte Grundsätze des Common Law internationale Distanztaten in England zu lokalisieren und sie der englischen Jurisdiktion zu unterstellen.

3. KAPITEL

Die Lokalisierung von Distanztaten zur Begründung des Gerichtsstandes

Das auf dem älteren Common Law beruhende Unvermögen einer Jury, außerhalb der Grafschaft, aus der die ihr angehörenden Ge-

---

[322] Um rein innerenglische Distanztaten handelt es sich auch, wenn die Tat zum Teil im Jurisdiktionsbereich der Admiralität, zum Teil in dem der Common Law Gerichte verwirklicht wurde, weil nur die Erstreckung der englischen Strafgewalt in Frage steht.

[323] Coke, Institutes, 2nd part, cap. 29, p. 51, versucht, diesen Rechtszustand mit dem räumlichen Geltungsbereich des englischen Strafrechts zu erklären und stützt sich auf „per legem terrae" in ch. 29 der Magna Charta: „And aptly it is said in this act per legem terrae, that is, by the law of England: for into those places, where the law of England runneth not, other laws are allowed in many cases... And so, if two Englishmen doe goe into a foreine kingdome, and fight there, and the one murder the other, lex terrae extendeth not hereunto."

[324] Coke, Institutes, 3rd part, cap. 7, p. 48; Hawkins, Vol. I, p. 186 (ch. 31, sect. 11).

[325] Coke, a. a. O., und Hawkins, a. a. O., verweisen aber in diesem Zusammenhang auf die Zuständigkeit des mittelalterlichen Court of the Constable and Marshal, der Civil Law anwandte (Plucknett, p. 205) und Gerichtsbarkeit ausübte über Auslandstaten „arising in matters of arms and deeds of war". Einen ständigen Gerichtshof dieser Art hat es allerdings seit 1521 nicht mehr gegeben: Blackstone-Kerr, Commentaries, Vol. IV, p. 308.

schworenen berufen sind, Ermittlungen über bestimmte, strafrechtlich erhebliche Tatsachen anzustellen und die so gewonnenen Kenntnisse für eine Anklage vor den königlichen Richtern zu verwerten, vereitelte zunächst die Verfolgung und Aburteilung von solchen Delikten, die nicht eindeutig im Gebiet einer einzigen Grafschaft begangen waren. Das galt einmal für die rein innerenglischen Distanztaten, die insgesamt nur innerhalb von England und Wales in der Weise begangen wurden, daß der Tatbestand zum Teil in einer Grafschaft, zum Teil in einer anderen oder verschiedenen anderen Grafschaften verwirklicht wurde. Von diesen Fällen unterschieden sich im Ergebnis zunächst nicht die Distanzdelikte mit internationalem Charakter, deren Täter entweder im Ausland handelnd, eine Rechtsgutverletzung in England verursachte oder umgekehrt seine persönliche deliktische Tätigkeit in England entfaltete, den Eintritt eines tatbestandsmäßigen Erfolges aber außerhalb Englands hervorrief[326].

Trotz dieses einheitlichen Ergebnisses besteht zwischen den beiden Fallgruppen indessen ein bemerkenswerter Unterschied. Für die Anklage innerenglischer Distanztaten ergab sich eine besondere Schwierigkeit aus der Tatsache, daß kein „local venue“ bestand. Wurde als "venue“ ursprünglich[327] das Gebiet bezeichnet, aus dem die Geschworenen einer bestimmten Anklagejury berufen wurden, so hat dieser Begriff später die allgemeine Bedeutung des Gerichtsstandes erhalten[328], also des räumlich abgegrenzten Bereiches, auf den sich die örtliche Zuständigkeit eines Gerichts zur Aburteilung von anklagbaren (indictable) Straftaten beschränkt. Die Angabe dieses venue ist ein wesentlicher Bestandteil der Anklageschrift[329].

Von dieser Frage der örtlichen Zuständigkeit eines bestimmten englischen Gerichts[330] ist das Problem der Jurisdiktion der englischen

---

[326] Als eine dritte Kategorie, die ihre Stellung systematisch zwischen diesen beiden Fallgruppen haben müßte, könnte man die Distanztaten bezeichnen, die zum Teil innerhalb Englands, also im Geltungsbereich des Common Law, und zum Teil innerhalb der Jurisdiktion der Admiralität begangen werden. Wegen der neueren Rechtsentwicklung — vgl. Kap. 1 — haben sie jedoch an Bedeutung verloren. Um ein solches Distanzdelikt handelte es sich in der Entscheidung R. v. Coombes, (1786) 1 East P. C. 367.

[327] Vgl. Kap. 2, Anm. 316.

[328] Halsbury, Laws, Vol. 10, p. 325.

[329] Stephen, History, Vol. 1, pp. 275, 276; vgl. für das geltende Recht den „Indictments Act, 1915“ (5 & 6 Geo. 5, c. 90) und die dazu erlassenen Indictment Rules, 1915, r. 2, bei Halsbury, Statutes, Vol. 5, p. 993 und Halsbury Laws, Vol. 10, p. 325.

[330] Die Begriffe selbst werden nicht immer klar unterschieden. In der Entscheidung Reg. v. Ellis, (1898) 19 Cox C. C. 210 (214) heißt es: „In England itself the jurisdiction as between two countries where the false representations were made in one country and goods obtained in another ...“

Gerichte schlechthin, mithin die Erstreckung der englischen Strafgewalt, klar zu unterscheiden[331]. Vom Bestehen oder Nichtbestehen der Jurisdiktion hängt es aber im Einzelfall ab, ob wegen einer Distanztat mit internationalem Charakter in England angeklagt werden kann. In diesem Zusammenhang kommt es nicht in erster Linie darauf an, ob ein bestimmtes, mit der Strafsache bereits befaßtes Gericht zuständig ist, ob also insoweit ein venue gegeben ist, sondern ob überhaupt irgendein englisches Gericht die Tat aburteilen darf. Da im englischen Recht zwischen der Jurisdiktion und dem Geltungsbereich des materiellen Rechts nicht scharf unterschieden wird, liegt in der Entscheidung über die Jurisdiktion gleichzeitig auch ein Urteil über die Geltung des sachlichen Rechts. Diese Frage ist im Zusammenhang mit dem law of venue ausgeschlossen.

Aus diesem Grunde müssen bei der Betrachtung des Begehungsortes im internationalen Strafrecht Englands diejenigen gesetzlichen Bestimmungen und Rechtsgrundsätze des Common Law ausscheiden, die sich lediglich auf die Lokalisierung von innerenglischen Distanztaten beziehen und für diese die Frage des venue lösen.

Trotzdem soll der Untersuchung des Problems unter dem Gesichtspunkt des internationalen Strafrechts ein kurzer Überblick über die Rechtsgrundsätze vorangestellt werden, die zum Zwecke der Erweiterung der örtlichen Zuständigkeit der englischen Gerichte in Strafsachen eine großzügige Lokalisierung von innerenglischen Distanztaten ermöglichen. Das Ergebnis dieser Entwicklung weist vielfältige Parallelen zu der sowohl im Strafprozeßrecht als auch im internationalen Strafrecht Deutschlands gefundenen Lösung des Problems auf, unterscheidet sich aber andererseits so sehr von der Behandlung der Frage im internationalen Strafrecht Englands, daß deren Regelung um so deutlicher dargestellt werden kann.

1. Der Begehungsort nach Common Law

Die Konsequenzen, die sich aus der Beschränkung der Tätigkeit einer Jury auf das Gebiet einer bestimmten Grafschaft ergaben, wurden vom Common Law für misdemeanours[332] in der Weise gemildert,

---

Unter Jurisdiktion eines englischen Gerichts wird also hier dessen örtliche Zuständigkeit verstanden.

[331] Lord Halsbury in der Entscheidung British South Africa Company v. Companhia de Mocambique, (1898) A. C. 602 (630): „No two questions can be more distinct than the question whether a matter is in the jurisdiction of the English Courts at all and whether a matter undoubtedly within the jurisdiction of the Courts shall be assigned for trial to particular Courts in England“.

[332] Die„indictable offences“ werden nach englischem Recht in drei Kategorien eingeteilt:

1. Treason (Hoch- und Landesverrat),

daß Distanztaten sowohl in der Grafschaft angeklagt und abgeurteilt werden konnten, wo der Täter gehandelt hat, als auch dort, wo der Erfolg der strafbaren Handlung eintrat. Eines besonderen Gesetzes bedurfte es dazu nicht. Ein Beispiel für diese Weiterentwicklung des Common Law ist die Entscheidung "The King against Sir Francis Burdett"[333]. In ihrer Begründung vertrat noch einer der beteiligten Richter den Standpunkt, daß eine Jury wegen der eigentlichen Tatbestandsmerkmale[334] nur in ihrer eigenen Grafschaft ermitteln könne. Sei eines dieser Tatbestandsmerkmale dort nicht verwirklicht worden, bestehe für das in Betracht kommende Delikt kein venue. Die Mehrheit des Gerichts entwickelte jedoch den Grundsatz, daß diese Beschränkung nur für felonies gelte. Die aus mehreren Tatbestandsmerkmalen zusammengesetzten[335] misdemeanours mußten vielmehr hinsichtlich des venue überall dort als begangen anzusehen sein, wo eines dieser Merkmale verwirklicht wurde, da sonst die Möglichkeit bestehe, daß keines von mehreren Gerichten zuständig und mithin ein Versagen der Strafjustiz nicht zu vermeiden ist[336].

Dieses Prinzip wurde auch auf "conspiracy" angewandt[337], da dieses Delikt ein misdemeanour[338] nach Common Law ist[339]. In den betreffenden Entscheidungen kommt die partielle Anerkennung des Ubiquitätsgrundsatzes noch deutlicher zum Ausdruck. In R. v. Brisac[340]

---

2. felonies (schwere Straftaten),
3. misdemeanours (leichtere Straftaten, zu denen aber auch zahlreiche Vergehen im Sinne des deutschen Rechts rechnen);

im einzelnen dazu KENNY-TURNER, pp. 116—123.

[333] (1820) 4 B. & Ald. = 106 E. R. 873. Der Angeklagte hatte in der Grafschaft Leicestershire einen beleidigenden Brief geschrieben und diesen dem Verletzten durch einen Boten in der Grafschaft M. aushändigen lassen.

[334] „for what constitutes the crime itself".

[335] „... compounded of distinct parts..."

[336] Vgl. auch die Entscheidungen R. v. Williams, (1810) 14 Dig. 144 (1171) und R. v. Watson, (1808) 14 Dig. 145 (1182) sowie Richter BRUCE in Reg. v. ELLIS, (1898) 19 Cox C. C. 210 (218):
„The rule of common law restraining jurors from inquiry into facts arising beyond the limits of the county was not at any time so strictly observed in misdemeanour as in felonies. It seems to me that in the case of a misdemeanour the offence can be properly dealt with in the county where the offence is completed, not with standing that some act constituing a material circumstance may have happened altogether beyond the jurisdiction."

[337] ARCHBOLD, § 4052: Conspiracy ist eine Verabredung zwischen zwei od. mehreren Personen, eine strafbare Handlung zu begehen.

[338] HALSBURY, Laws, Vol. 10, p. 315.

[339] Die Strafbarkeit einiger bestimmter conspiracies beruht auf Gesetzesrecht, z. B. conspiracy to murder, Offences against the Person Act, 1861 (24 & 25 Vict., c. 100), s. 4.

[340] (1803) 102 E. R. 792.

wird argumentiert, conspiracy sei die tatbestandsmäßige Zusammenfassung mehrerer strafrechtlich relevanter Willensbetätigungen[341], und es spreche kein sachlicher Grund dagegen, das ganze Delikt dort anzuklagen, wo auch nur eine dieser Willensbetätigungen lokalisierbar sei.

Auch für treason (Hoch- und Landesverrat) wurde schon vom Common Law anerkannt, daß dieses Delikt als in jeder Grafschaft begangen gilt, in der ein "overt act"[342] stattgefunden hat. Wurde mithin der Tatbestand durch mehrere Einzelakte verwirklicht, die auf einem einheitlichen hochverräterischen Vorsatz beruhten und in ihrer Gesamtheit die deliktische Handlung ausmachten, dann konnte in jeder Grafschaft angeklagt werden, in der einer dieser Einzelakte lokalisierbar war[343].

Wesentlich schwieriger erwies sich für das Common Law die Bestimmung des Begehungsortes zur Begründung der örtlichen Zuständigkeit eines Gerichts bei felonies. Für manche Vermögensdelikte wurde eine Lösung dadurch gefunden, daß ein bestimmter Tätigkeitsakt im Rahmen einer strafbaren Handlung als Wesenselement (gist) des Verbrechens herausgestellt und für die Lokalisierung der Straftat insgesamt als entscheidend bezeichnet wurde. Im Fall von "obtaining by false pretences" (Betrug) wurde das für die Bestimmung des Begehungsortes maßgebliche Tatbestandsmerkmal im Empfang des Geldes oder der Vermögensobjekte gesehen, nicht in der Täuschungshandlung[344]. Wurde demnach das Geld auf Grund einer vom Täter brieflich verübten Täuschung aus einer Grafschaft in eine andere Grafschaft durch die Post gesandt, mußte konsequenterweise der Begehungsort dort sein, wo das Geld vom Betrogenen abgeschickt worden war, weil die Post insoweit als ein "agent" des Täters angesehen wurde[345].

Bei "embezzlement"[346], begangen durch einen Angestellten, der in verschiedenen Grafschaften für seinen in London domizilierenden

[341] „... conspiracy ist a matter of inference, deduced from certain criminal acts of the parties accused, done in pursuance of an apparent criminal purpose in common between them..."

[342] Zu dem Begriff „overt act" ausführlich ARCHBOLD, § 3019.

[343] Vane's Case, (1662) 84 E. R. 1084; R. v. BOWES, (1787) 102 E. R. 795; R. v. BRISAC, (1803) 102 E. R. 792; ARCHBOLD, §§ 92, 3023; HALSBURY, Laws, Vol. 10, p. 329.

[344] R. v. ELLIS, (1898) 19 Cox C. C. 210. Die Entscheidung befaßt sich zwar mit einer Frage des internationalen Strafrechts, in den Entscheidungsgründen wird aber dieses Prinzip unter Hinweise auf die unveröffentlichte Entscheidung R. v. BUTTERY dargestellt.

[345] Reg. v. JONES, (1880) 4 Cox C. C. 198.

[346] Strafbar als statutory offence seit dem Gesetz 39 Geo. 3, c. 85; nunmehr nach Larceny Act, 1916 (6 & 7 Geo. 5, c. 50) s. 17, subs. 1: „Every person who, being a clerk or servant...
(b) fraudulently embezzles the whole or any part of any chattel, money

Prinzipal Forderungen einzukassieren und die empfangenen Gelder außerhalb Londons für sich ausgegeben hat, wurde der für die Lokalisierung der Straftat und mithin für die Begründung des Gerichtsstandes maßgebliche „material part" des Verbrechens in dem Leugnen des Angestellten in London gesehen, das Geld erhalten zu haben oder in der in London unterlassenen korrekten Abrechnung, zu der er dort verpflichtet war[347].

Eine besondere Doktrin hat das Common Law für den Begehungsort bei larceny (Diebstahl) entwickelt[348]. Da dieses Delikt sich aus der Wegnahme der Sache (taking) und dem Fortbringen (carrying away) mit animo furandi zusammensetzt[349], ist seine spezielle Ausprägung als Distanztat, die sich über mehrere Grafschaften erstrecken kann, nicht leicht vorstellbar. Trotzdem wird der Diebstahl vom Common Law als ein Dauerdelikt behandelt, das an jedem Ort erneut verwirklicht wird, an den der Täter das Diebesgut bringt, weil der rechtmäßige Besitz (legal possession) des Bestohlenen begrifflich trotz der Straftat fortdauert und deshalb auch immer wieder verletzt werden kann[350]. Diese Betrachtungsweise hat zur Folge, daß der Begehungsort des Diebstahls und mithin auch ein venue in jeder Grafschaft liegt, in der sich der Dieb mit seiner Beute aufhält oder aufgehalten hat[351]. Die Doktrin ist allerdings streng beschränkt auf den einfachen Diebstahl (simple larceny). Ein schwerer Diebstahl[352] konnte deshalb nur am eigentlichen, tatsächlichen Begehungsort angeklagt werden, wo der

---

or valuable security delivered to or received or taken into possession by him in the name or on the account of his master or employer... (HALSBURY, Statutes, Vol. 5, p. 1021).

347 The King v. Taylor, (1803) 127 E. R. 322; Reg. v. Murdock, (1851) 5 Cox C. C. 360 (der Angestellte gestand, das Geld für sich ausgegeben zu haben); R. v. Rogers, (1877) 15 Cox C. C. 22. Abweichend R. v. Hobson (1803) i. Anm. bei Reg. v. Murdock, a. a. O.; danach soll der Begehungsort i. d. Grafsch. sein, wo d. Geld mit dem Willen, es zu unterschlagen, empfangen wurde.

348 Nach MEILI, Lehrb., S. 254 u. KOHLER, Intern. Strafrecht, S. 131, beruht diese Doktrin auf der Bartolinischen Theorie. Dazu sehr ausführl. KOHLER, S. 127 ff.

349 BLACKSTONE-KERR, Vol. IV, pp. 359—363; KENNY-TURNER, pp. 253 254.

350 EAST, Treatise, Vol. II, p. 771: „. . . because the legal prossession still remaining in the true owner, every moment's continuance of the trespass and felony amounts to a new caption and asportation."

351 R. v. Parkin, (1824) 14 Dig. 146 (1192); R. v. Rogers, (1868) 11 Cox C. C. 38; Griffith v. Taylor, (1876) 14 Dig. 146 (1195).

352 Compound or mixed larceny, vgl. BLACKSTONE-KERR, Comment., Vol. IV, p. 274, umfaßte nach Common Law als qualifizierte Fälle von simple larceny den Einbruchsdiebstahl und Raub.

Täter entweder aus einem Gebäude oder durch Anwendung von Gewalt gegen eine Person bewegliche Sachen weggenommen hatte. Dagegen wurde die Begründung eines zusätzlichen, nur begrifflich konstruierten Begehungsortes lediglich für den dem Raub oder dem Einbruchsdiebstahl zugrundeliegenden einfachen Diebstahl aufrecht erhalten[353].

II. Der Begehungsort nach Gesetzesrecht

In zahlreichen Einzelgesetzen finden sich Bestimmungen, welche die örtliche Zuständigkeit der englischen Gerichte in Strafsachen über den durch das Territorialitätsprinzip gezogenen engen Rahmen hinaus erweitern. Das ist zum Teil in der Weise geschehen, daß für bestimmte Delikte ohne Rücksicht auf ihren Begehungsort jeder "court of oyer and terminer or goal delivery" in England für zuständig erklärt wurde[354]. Obwohl insoweit die Anknüpfung an den Begehungsort in Wirklichkeit aufgegeben wurde, bleibt bemerkenswert, daß sich der Gesetzgeber nicht völlig von den alten Vorstellungen der Territorialität der Strafjustiz zu lösen vermochte und deshalb die Fiktion aufstellte, diese Delikte könnten durch jedes ordentliche Gericht der bezeichneten Art überall in England abgeurteilt werden in der gleichen Art und Weise, als sei die Tat in der Grafschaft begangen worden, für die das Gericht an sich zuständig ist.

Bedeutsame gesetzliche Regelungen für das durch den Begehungsort bestimmte law of venue enthält dagegen der "Criminal Law Act" von 1826[355].

Sowohl felonies als auch misdemeanours können nach s. 12 dieses Gesetzes, wenn sie als Distanztaten in einer Grafschaft begonnen und in einer anderen vollendet werden, in jeder der beiden in Betracht kommenden Grafschaften angeklagt und abgeurteilt werden[356]. Für

---

[353] Hale, Vol. 1, p. 507 und Vol. 2, p. 163; Hawkins, Vol. 1, ch. 33, sect. 52—54; East, Vol. 2 p. 772; R. v. Thomas, (1794) 14 Dig. 146 (1203)); R. v. Millar, (1837) 14 Dig. 146 (1196). Vgl. auch R. v. Charles Fenley and Others, (1903) 20 Cox C. C. 252:
„... for, in contemplation of law, there is such a taking and carrying away as constitute the offence of larency at common law in every place through which at any distance of time the goods were carried by him. The larceny itself is ambulatory, but the aggravated circumstances are fixed and stationary."

[354] Z. B. Incitement to Mutiny Act, 1797 (37 Geo. 3, c. 70) s. 2 bei Halsbury, Statutes, Vol. 5, p. 574; Unlawful Oaths Act, 1812 (52 Geo. 3, c. 104) s. 7 bei Halsbury, Statutes, Vol. 5, p. 609.

[355] 7 Geo. 4, c. 64 bei Halsbury, Statutes, Vol. 5, p. 629.

[356] Eine Entscheidung, die sich mit der Anwendung dieser Vorschrift befaßt, ist Reg. v. Leech, (1856) 7 Cox C. C. 100.

misdemeanours war dieser Grundsatz schon vom Common Law entwickelt, deshalb hat das Statut für diese Gruppe von Straftaten nur deklaratorische Bedeutung[357]. Dagegen bedurfte die Erstreckung des Ubiquitätsprinzips im Rahmen der örtlichen Zuständigkeit auf felonies dieser besonderen gesetzlichen Grundlage[358].

Die Schwierigkeiten, die sich für die Begründung der örtlichen Zuständigkeit englischer Gerichte zur Aburteilung von Straftaten ergaben, die auf Verkehrsmitteln im Verlaufe einer Fahrt oder Reise durch das Gebiet mehrerer Grafschaften begangen werden, berücksichtigt s. 3 dieses Gesetzes. Wegen der unter Umständen kaum zu beantwortenden Frage, ob ein auf diese Weise verwirklichtes felony oder misdemeanour in der Grafschaft A oder B zu lokalisieren ist, werden die Gerichte aller Grafschaften für örtlich zuständig erklärt, deren Gebiet von dem Verkehrsmittel durchquert oder berührt worden ist, auf dem während der Fahrt die Straftat begangen wurde[359]. Auch bei dieser Erweiterung hat das Gesetz sich der Fiktion bedient, daß die Straftaten in jeder Grafschaft so abgeurteilt werden können, als seien sie dort tatsächlich begangen worden.

Die örtliche Zuständigkeit der englischen Gerichte in Strafsachen hat schließlich durch den "Criminal Justice Act" von 1925[360] eine zusätzliche Ausdehnung in der Weise erfahren, daß neben der auf dem Begehungsort begründeten Zuständigkeit auch der Gerichtsstand des Ergreifungsortes, des Haftortes (county in which the person is in custody) und des Zusammenhangs (subs. 2) anerkannt wurde. Der Begehungsort hat daher viel von seiner ursprünglichen Bedeutung für das law of venue verloren. Als Ergebnis einer langen, sowohl von den Grundsätzen des Common Law als auch von Eingriffen durch Gesetzesrecht gesteuerten Entwicklung kann aber festgestellt werden, daß sich für die Lokalisierung innerenglischer Distanztaten zum

[357] Für Strafverfahren vor den Magistrates' Courts ist s. 12 durch den Magistrates' Courts Act, 1952, (15 & 16 Geo. 6 & 1 Eliz. 2, c. 55), s. 132 ausdrücklich aufgehoben und durch s. 3 dieses Gesetzes ersetzt worden, in deren subs. 2 das Ubiquitätsprinzip unverändert beibehalten worden ist.

[358] s. 12 enthält außerdem noch eine besondere Regelung für Grenzdelikte, die entweder auf der Grenzlinie zwischen zwei Grafschaften oder weniger als 500 yards von dieser Grenze entfernt begangen werden. Sie können in jeder der beiden durch die Grenze getrennten Grafschaften lokalisiert und abgeurteilt werden.

[359] Z. B. R. v. French, (1859) 8 Cox C. C. 252: Assault in einem Eisenbahnzug auf der Fahrt von Brighton nach New Cross.

[360] 15 & 16 Geo. 5, c. 86, s. 11 bei Halsbury, Statutes, Vol. 14, p. 935. Abs. 1 und 2 dieser Bestimmung gelten allerdings nicht mehr für Strafverfahren vor den Magistratsgerichten (Magistrats' Courts). Sie sind insoweit ersetzt worden durch „The Magistrates' Court Act", 1952, 15 & 16 Geo. 6 & Eliz. 2, c. 55, ss. 2, 9; vgl. dazu Wilshere, Criminal Procedure, p. 49.

Zwecke der Begründung des Gerichtsstandes das Ubiquitätsprinzip in vollem Umfange durchgesetzt hat.

4. KAPITEL

Die Bedeutung des Erfolges für die Lokalisierung internationaler Distanztaten

Für die internationalen Distanzdelikte, deren tatbestandsmäßige Handlung außerhalb Englands begangen wird, deren Erfolg sich aber in England lokalisieren läßt, besteht keine allgemeine Regelung, die etwa dem Criminal Justice Act (1826) s. 12, oder dem vom Common Law entwickelten Ubiquitätsgrundsatz für misdemeanours im Zusammenhang mit der örtlichen Zuständigkeit englischer Gerichte entspricht. Die Lösung der mit der Feststellung des Begehungsortes verbundenen Probleme ist aber wiederholt Gegenstand von Entscheidungen der Gerichte gewesen, und auch vereinzelte Gesetzesbestimmungen beziehen sich auf die Lokalisierung solcher Straftaten. Trotzdem ist im englischen Schrifttum bisher kaum der Versuch unternommen worden, allgemein geltende Grundsätze für die Bestimmung des Begehungsortes internationaler Distanztaten zu fixieren[361], die als Handlungs- oder Erfolgsprinzip oder als eine Kombination beider Prinzipien eine Aussage darüber enthalten, welches Tatbestandselement einer Distanztat für den englischen Begehungsort und mithin für die Jurisdiktion der englischen Gerichte maßgeblich ist.

Erst in neuerer Zeit wird bisweilen die Behauptung aufgestellt, auch im englischen Strafrecht sei das „objective territorial principle" anerkannt, das die Jurisdiktion der englischen Gerichte auch auf solche Straftaten erstreckt, die außerhalb des Geltungsbereichs des englischen Strafrechts begonnen, aber in England vollendet werden[362]. Diese Versuche einer Systematisierung bedürfen aber schon deshalb einer genauen Nachprüfung unter Berücksichtigung der bisherigen Rechtsprechung und Gesetzgebung, weil sie nicht klar erkennen lassen, ob

[361] Einige Autoren beschränken sich auf eine Zusammenstellung der gesetzlichen Bestimmungen und der Entscheidungen zu diesem Problem, z. B. Archbold, §§ 70—88; Halsbury, Laws, Vol. 10, pp. 317—319 (579—581); Kenny-Turner, pp. 534—536; Wilshere-Palmer, pp. 50—51; in den wichtigen Werken zum materiellen Strafrecht wird die Frage überhaupt nicht behandelt, z. B. Russel on Crime; Williams, Criminal Law, General Part.

[362] Fitzgerald, Criminal Law and Punishment, p. 166; Research in International Law under the Auspices of the Faculty of the Harvard Law School, Part II: Draft Convention on Jurisdiction with Respect to Crime, American Journal of International Law, Vol. 29, 1935, Supplement p. 488; anscheinend auch Beckett in British Yearbook of Intern. Law (1926), pp. 53—54; de Asua, Tratado, Tomo II, p. 833.

die objektive Ausprägung des Territorialitätsprinzips generell für das englische Strafrecht oder nur für einzelne Tatbestände desselben gelten soll. Wird diese Betrachtungsweise dem Begehungsort der Tötungsdelikte zugrundegelegt, wie Grünhut[363] meint, dann können aus dieser Erkenntnis allein noch keine Rückschlüsse auf die Lokalisierung von Vermögensdelikten gezogen werden, deren bloßer Erfolg sich in England verwirklicht. Es erscheint daher zweckmäßig, das Problem zunächst in bezug auf einzelne Straftatbestände des englischen Rechts zu untersuchen und nach den gewonnenen Ergebnissen dann festzustellen, ob für die Bestimmung des Begehungsortes ein für das ganze englische Strafrecht gültiges, allgemeines Prinzip besteht.

I. Tötungsdelikte

1. Der Begehungsort nach Common Law

Bis zur Mitte des 18. Jahrhunderts galten nach dem Common Law Englands Tötungen, deren bloßer Erfolg entweder im Gebiet einer englischen Grafschaft oder im Jurisdiktionsbereich der Admiralität eintrat, nicht als im Inland begangen, wenn die Ursache für den Todeserfolg auf einer nur außerhalb der englischen Jurisdiktion lokalisierbaren Handlung oder Unterlassung beruhte[364]. In der gleichen Weise wurden Tötungen beurteilt, die innerhalb der Admiralitätsjurisdiktion begonnen wurden, aber erst auf dem englischen Festland durch den Eintritt des Todes ihre Vollendung erfuhren[365].

Der umgekehrte Fall einer vom englischen Festland bewirkten vorsätzlichen Tötung, deren Erfolg auf einem Schiff innerhalb des Jurisdiktionsbereichs der Admiralität eintrat, wurde in Rex v. Coombes[366] entschieden. Das Opfer dieser Straftat war ein Matrose auf einem Schiff, das etwa 100 yards von der englischen Küste entfernt auf eine Sandbank aufgelaufen war. Er wurde von einem Schmuggler,

---

[363] Grünhut, Das Ausländische Strafrecht der Gegenwart, Bd. 3, S. 182.

[364] Coke, Institutes, 3rd part, cap. 7, p. 48; Hawkins, Vol. I, p. 186 (ch. 31, sect. 11).

[365] Coke, a. a. O., p. 48; Hale, History, Vol. II, p. 163; Lacy's Case bei Hale, Vol. II, pp. 16—19: Ambrose Lacy hatte bei Scarborough einen Menschen in dem Teil des Küstengewässers erschlagen, das sich zwischen Hoch- und Niedrigwassermarke erstreckt. Der tödliche Schlag war bei Hochwasser geführt worden; mithin bestand zu diesem Zeitpunkt die Jurisdiktion der Admiralität. Der Tod war bei Niedrigwasser eingetreten, als dieses Gebiet demnach der Jurisdiktion der Common Law-Gerichte unterlag. Die Tat konnte weder von der Admiralität noch von den ordentlichen Gerichten abgeurteilt werden. Vgl. dazu auch Beckett in 8 Brit. Yearb. Intern. Law (1927), p. 116.

[366] East, Treatise, Vol. I, p. 367; Hawkins, Vol. I, ch. 37, s. 17; 14 Dig. 134 (1068); ausführl. Darst. b. Beckett, a. a. O.

der an der englischen Küste stand, durch einen Gewehrschuß getroffen und starb auf dem Schiff. Die Frage, ob die Tat an Bord des Schiffes begangen war, wo der tödliche Erfolg verwirklicht wurde, und mithin eine Aburteilung durch die Admiralität in Betracht kam, oder ob der Begehungsort auf dem englischen Festland lag und deshalb ein ordentliches Gericht zuständig war, wurde zu Gunsten der Admiralität beantwortet. Dabei vertrat das Gericht die Auffassung, daß ein tödlicher Schlag oder Schuß im Rechtssinne (in contemplation of law) als dort bewirkt gelte, wo er unmittelbar auf das Opfer trifft (where it actually takes effect). Bei einer vorsätzlichen Tötung müsse unterstellt werden, daß die Ursache für die Rechtsgutverletzung, z. B. der Schlag oder Schuß, von der verbrecherischen Absicht begleitet werde, die diesen Kausalablauf ausgelöst habe, bis zu dem Augenblick des Eintritts der Verletzung. In dieser Betrachtungsweise liegt unausgesprochen die Fiktion einer Anwesenheit (constructive presence) des Täters am Ort des ersten Erfolges, der allerdings nicht identisch sein muß mit dem Ort des tatbestandsmäßigen Erfolges. Wäre der Matrose in Rex v. Coombes erst später in einem fremden Hafen seinen Verletzungen erlegen, dann wäre dort der für den Tatbestand des Mordes notwendige Tod eingetreten. Die Anerkennung eines solchen Erfolgsortes als Begehungsort hat aber keineswegs in der Absicht des Gerichts gelegen, dessen Auffassung vielmehr deutlich der auch im deutschen Rechtsdenken nachweisbaren[367] Vorstellung einer „verlängerten Hand" des Täters entspricht[368].

Der Entscheidung lag zwar kein wirkliches Problem des internationalen Strafrechts zugrunde, weil die Distanztat insgesamt innerhalb der englischen Jurisdiktion und im Geltungsbereich des Common Law begangen war, das seit 1536 auch von der Admiralität in Strafsachen anzuwenden war[369]. Es handelt sich mithin um ein Delikt, das in den räumlich getrennten Wirkungsbereichen von zwei verschiedenen Gerichtsbarkeiten verwirklicht wurde, die beide gemeinsam die englische Jurisdiktion ausmachen. Deshalb erscheint es bedenklich, wenn Beckett[370] meint, die Entscheidung betreffe nur ein Problem des venue. In Wirklichkeit war mehr zu entscheiden als lediglich die Frage der örtlichen Zuständigkeit, denn das Verhältnis der Common Law-Gerichte zur Admiralität wurde jedenfalls zu jener Zeit nicht durch Vorschriften über die örtliche Zuständigkeit, sondern durch echte Jurisdiktionsnormen abgegrenzt.

---

[367] oben Teil II, 2. Kapitel, unter II.

[368] Diese Betrachtungsweise wird kritisiert von Lord Halsbury in Bad. Anilin & Soda Fabrik v. Basle Chemical Works, Bindschedler, (1898) A. C. 200 (204).

[369] oben Teil III, 1. Kap.

[370] 8 Brit. Yearbook Intern. Law (1927), p. 116.

Trotz dieser ursprünglich beschränkten Bedeutung des Falles nur für die Abgrenzung der Admiralitätsjurisdiktion gegenüber der auf das Common Law gegründeten Gerichtsbarkeit wird der in ihm entwickelte Grundsatz für die Bestimmung des Begehungsortes von Distanztaten, soweit es sich um vorsätzliche Tötungen handelt, als ein Prinzip des Common Law seitdem auch für wirkliche internationale Distanztaten anerkannt, deren Täter von einem Ort außerhalb der englischen Jurisdiktion handelt und einen tödlichen Erfolg im Geltungsbereich des Common Law bewirkt[371].

Das kommt deutlich zum Ausdruck in der Entscheidung Reg. v. Keyn[372]. Die englische Strafgewalt über die durch den Schiffszusammenstoß verursachte fahrlässige Tötung eines Passagiers an Bord der Strathclyde war von der Anklage aus der Tatsache abgeleitet worden, daß sich die Kollision weniger als drei Meilen von der englischen Küste entfernt ereignet hatte. Dieser Teil des Meeres sei, so wurde argumentiert, als zu den englischen Territorialgewässern gehörend anzusehen, über die sich die Jurisdiktion der Admiralität, ausgeübt vom Central Criminal Court, erstrecke. Mit einer Mehrheit von sieben gegen sechs Stimmen[373] verwarf das Gericht diese Auffassung als mit dem geltenden Recht Englands unvereinbar[374].

Außerdem mußten sich die Richter mit dem zweiten Argument der Anklage auseinandersetzen, daß die strafbare Handlung jedenfalls auch an Bord der Strathclyde begangen sei, weil dort mit dem Untergang des Schiffes der Tod des Passagiers eingetreten war. Wäre nämlich die Tat auf dem Schiff in dieser Weise lokalisierbar, dann hätte die Strafgewalt der mit der Sache befaßten englischen Gerichte außer Zweifel gestanden, weil sich die Admiralitätsjurisdiktion auf alle an Bord englischer Schiffe begangenen Straftaten erstreckt.

Nur zwei Richter entschieden in diesem Sinne, während sieben eine solche Lokalisierung ausdrücklich ablehnten[375]. Ihre Diskussion des

---

[371] Halsbury, Laws, Vol. 10, p. 318 (r), der aber diesen Grundsatz in gleicher Weise auch in die Common Law-Regeln über venue einbezieht: p. 329 (f); Kenny-Turner, p. 536 (§ 648); anscheinend auch Archbold, § 70.

[372] (1876) 13 Cox C. C. 403.

[373] An der Verhandlung des Court of Criminal Appeal nahmen 14 Richter teil, einer von ihnen starb vor der Urteilsverkündung.

[374] Erst nach dieser Entscheidung wurde durch den Territorial Waters Jurisdiction Act, 1878, 41 & 42 Vict. c. 73 (Halsbury, Statutes, Vol. 5, p. 892) die Admiralitätsjurisdiktion auf die sog. Dreimeilenzone ausgedehnt.

[375] Vier Richter gaben keine eindeutige Entscheidung zu dieser Frage. Das war mindestens bei Amphlett, Grove und Lindley nicht erforderlich, weil sie bereits die erste von der Anklage vorgetragene Begründung für das Bestehen der englischen Jurisdiktion wegen der Kollision innerhalb der Dreimeilenzone als zutreffend anerkannt hatten. Ausführlich zu den verschiedenen Stimmenmehrheiten Beckett a. a. O.; pp. 114/115.

Problems gibt einen umfassenden Einblick in die Möglichkeiten, die das Common Law für die Bestimmung des Begehungsortes von internationalen Tötungsdistanzdelikten gewährt. Dabei bestand bei allen Richtern, die sich zu dieser Frage äußerten, Einigkeit darüber, daß der Erfolgsort der Straftat auch als ihr Begehungsort angesehen werden müßte, wenn es sich um eine vorsätzliche Tötung gehandelt hätte, weil dann entsprechend dem in Rex v. Coombes entwickelten Prinzip die Fiktion möglich gewesen wäre, daß die verbrecherische Absicht das Angriffsmittel bis zu dessen gewollter erster Einwirkung auf das Opfer begleitet hätte[376].

Ausdrücklich wollte Denman diese Betrachtungsweise auch auf die Fälle fahrlässiger Tötung (manslaughter) anwenden, da nach seiner Auffassung "the negligence operates just as much as the intention at the place where it takes effect". Deshalb vermochte er keinen entscheidenden Unterschied gegenüber dem der Entscheidung Rex v. Coombes zugrundeliegenden Sachverhalt anzuerkennen. Diese Argumentation war allerdings kaum mehr mit der bildhaften Vorstellung vereinbar, daß der Täter auch noch am Ort des ersten Erfolges kraft seiner verbrecherischen Absicht präsent sei, denn die in "negligence" liegende Pflichtwidrigkeit, die den Täter den Eintritt des schädigenden Erfolges nicht voraussehen läßt, mithin gerade das Fehlen der zumutbaren Sorgfalt, kann man sich nicht mehr als mit dem Angriffsmittel verbunden vorstellen[377].

Die Mehrheit der Richter sah sich deshalb auch außerstande, auf eine fahrlässige Distanztat das Prinzip der „verlängerten Hand" oder „konstruierten Anwesenheit" (constructive presence) des Täters anzuwenden. Insbesondere den Ausführungen von Cockburn C. J. ist aber deutlich, wenn auch nur in zwei Nebensätzen seines dictum geäußert, zu entnehmen, daß er der wirklichen Anwesenheit des Täters innerhalb des englischen Jurisdiktionsbereichs im Zeitpunkt der Begehung der Straftat dessen konstruierte Anwesenheit gleichstellt:

„... the party guilty of such negligence is neither actually, nor in intention, and thus constructively, in the ship on which the death takes place"[378].

„... But the defendant certainly was not actually, nor do I think — no intention on his part having accompanied the act — he can be said, to have been, in any sense, constructively, on board of the Strathclyde"[379].

---

376 Phillimore, p. 416; Denman, p. 442; Brett, p. 447; Bramwell, p. 478; Coleridge, p. 484; Cockburn, p. 539.

377 Zu den Begriffsmerkmalen von „negligence" vgl. Russell, Vol. I, p. 46; Williams, p. 100; Lord Atkin in Rex v. Adams, (1937) 30 Cox C. C. 576 (581).

378 Chief Justice Cockburn, p. 541.

379 ibid., p. 542.

Zu der allgemeinen Betrachtungsweise, daß eine Distanztat jedenfalls im Falle von Tötungsdelikten auch dann als in England begangen anzusehen ist, wenn dort lediglich der Erfolg eingetreten ist, ohne Rücksicht auf die tatsächliche oder konstruierte Anwesenheit des Täters innerhalb des räumlichen Geltungsbereiches des englischen Rechts, ist die Mehrheit der Richter nicht gelangt. Eine neuere Entscheidung, in der dieses Erfolgsprinzip für Tötungsverbrechen anerkannt worden sein könnte, ist nicht feststellbar. Deshalb kann für das Common Law nicht mehr ausgesagt werden, als daß der Erfolgsort am Ort der Begehung der Straftat nur im Falle von vorsätzlichen Tötungsdelikten gilt. Unter Erfolg wird in diesem Zusammenhang nicht der nach dem Tatbestand erforderliche, endgültige Tod des Opfers verstanden, sondern nur die erste, für den unter Umständen erst später eintretenden Tod kausale Verletzung durch das benutzte Angriffsmittel. Die Einbeziehung dieser Straftaten in den Geltungsbereich des Common Law wird ermöglicht durch die Vorstellung der „verlängerten Hand" oder „konstruierten Anwesenheit" des Täters. Diese Betrachtungsweise markiert gleichzeitig die Grenzen für die Anwendung eines so verstandenen Erfolgsprinzips.

2. *Der Begehungsort nach Gesetzesrecht*

Die Grundsätze des Common Law für die Bestimmung des Begehungsortes von im Ausland verübten Tötungen, deren Erfolg in England eintritt, werden durch den „Offences against the Person Act, 1861", s. 10, in dem Sinne ergänzt, daß murder and manslaughter auch in der Grafschaft Englands als begangen gelten und mithin angeklagt und abgeurteilt werden können, in der lediglich das Opfer infolge des verbrecherischen Angriffs stirbt:

„Where any person being feloniously stricken, poisoned or otherwise hurt upon the sea, or at any place out of England or Ireland, shall die of such stroke, poisoning, or hurt in England ore Ireland, ... every offence committed in respect of any such case, whether the same shall amount to the offence of murder or of manslaughter ... may be dealt with, inquired of, tried, determined and punished in the county or place in England or Ireland in which such death ... shall happen, in the same manner in all respects as if such offence had been wholly committed in that county or place."[380]

Diese Vorschrift rechtfertigt scheinbar die Annahme, daß wenigstens für Tötungsdelikte im englischen Recht die objektive Ausprägung des Territorialitätsprinzips kraft Gesetzes gelte und der bloße Erfolgs-

[380] 24 & 25 Vict. c. 100 (Halsbury, Statutes, Vol. 5, p. 786). Durch dieses Statut wurde der „Offences against the Person Act", 1828, 9 Geo 4, c. 31, ersetzt. Dazu Queen v. Giuseppi Azzopardi, (1843) 1 Cox C. C. 28. Section 10 des geltenden Gesetzes entspricht inhaltlich der section 8 des früheren Gesetzes von 1828: Clark-Marshall, Treatise, p. 133, n. 46.

ort als Begehungsort anzusehen sei. Eine solche Auslegung des „Offences against the Person Act“ ist aber in der Entscheidung Reg. v. Lewis[381] ausdrücklich abgelehnt worden. Ein deutscher Matrose war an Bord eines amerikanischen Schiffes auf der Reise von New York nach Liverpool durch die Grausamkeiten anderer Besatzungsmitglieder so schwer verletzt worden, daß er in einem Hospital in Liverpool starb. Ein naturalisierter Amerikaner wurde deswegen vor den Liverpool Assizes wegen manslaughter angeklagt. Die Frage, ob überhaupt die Jurisdiktion der englischen Gerichte zur Aburteilung dieser Straftat bestehe, verneinte der Court of Criminal Appeal, weil s. 8 des „Offences against the Person Act“ von 1828[382] nur auf britische Bürger anwendbar sei. Die Bestimmung müsse unmittelbar im Zusammenhang mit s. 7 des gleichen Gesetzes[383] interpretiert werden, welche die Strafgewalt der englischen Gerichte auch dann auf murder und manslaughter erstreckt, wenn diese Straftat von britischen Bürgern im Ausland begangen werden[384]. Damit der Zweck des Gesetzes auch dann erreicht werde, wenn ein Brite eine Tötungshandlung im Ausland begeht, der Tod aber in England selbst eintritt, sei durch s. 8 für solche Fälle der Erfolgsort zum Begehungsort erklärt worden. Keineswegs sollte durch s. 8 ein murder oder manslaughter der englischen Jurisdiktion allein deshalb unterstellt werden, weil der Tod in England eintrat. Vielmehr müsse immer vorausgesetzt werden, daß auf die Tat auch dann englisches Srafrecht anwendbar sein würde, wenn der Tod am Ort der strafrechtlich erheblichen Willensbetätigung eingetreten wäre. Das sei aber hinsichtlich im Ausland verübter Tötungsverbrechen nur für britische Staatsbürger der Fall.

Das ist eine bemerkenswert enge Interpretation des Gesetzes. Sie widerlegt eindeutig die bisweilen geäußerte Auffassung[385], daß Tötungen der Aburteilung nach englischem Strafrecht sowohl dann unterliegen, wenn die Tat in England begangen und der Tod im Ausland eingetreten ist, als auch im umgekehrten Fall, wenn die Handlung im Ausland stattfand, der Tod aber in England sich einstellte. Der Grund für ein solches Mißverständnis mag in der Tatsache liegen, daß s. 10 des „Offences against the Person Act“ von 1861 sich zwar auf den Begehungsort von Tötungsdelikten bezieht und insofern scheinbar das Territorialitätsprinzip erweitert. In Wirklichkeit aber ist diese Vorschrift durch ihre Auslegung und ihre sinngemäße Verbindung mit

---

381 (1857) 7 Cox C. C. 277, Court of Crim. Appeal.

382 Wegen der inhaltlichen Übereinstimmung gelten diese Feststellungen des Gerichts auch für die section 10 des geltenden Gesetzes v. 1861: Halsbury, Statutes, Vol. 5, p. 791, Anm. zu s. 10; Archbold, § 70.

383 Diese Vorschrift entspricht section 9 des Gesetzes von 1861.

384 Vgl. dazu R. v. De Mattos, (1836) 14 Dig. 141 (1146).

385 Grünhut a. a. O.

s. 9 des gleichen Gesetzes in die rechtliche Grundlage für das uneingeschränkte Personalitätsprinzip im Falle von murder und manslaughter verwandelt worden.

II. Straftaten gegen das Vermögen

1. Obtaining by false pretences

Neben den Tötungsdelikten läßt sich besonders deutlich an einigen Straftatbeständen, die das Vermögen schützen, nachweisen, ob und in welchem Umfang der Erfolgsort bei der Lokalisierung von strafbaren Handlungen im englischen Recht berücksichtigt wird. Dem Betrug des deutschen Strafrechts im Sinne von § 263 StGB entspricht jedenfalls zum Teil das „obtaining by false pretences", das nunmehr als gesetzlicher Tatbestand in s. 32 des „Larceny Act" (1916), enthalten ist[386].

Da sich dieses Delikt zusammensetzt aus einer Täuschungshandlung des Täters (false pretences, statements) und der dadurch bewirkten Vermögensverfügung des Geschädigten, die ein „obtaining" auf seiten des Täters oder eines Dritten[387] zur Folge haben muß, läßt sich klar unterscheiden zwischen der verbrecherischen Willensbetätigung einerseits und dem tatbestandsmäßigen Erfolg andererseits. Mithin ist im Falle von Betrugsdelikten, die nur zum Teil in England verwirklicht werden, weil der Täter im Ausland vorsätzlich einen Irrtum erregt hat, das „obtaining" aber innerhalb des englischen Jurisdiktionsbereichs stattfand, oder umgekehrt, für die Lösung des Problems der Lokalisierung einer solchen Distanztat eine Ausgangssituation gegeben, die scheinbar zu einer klaren Stellungnahme im Sinne der Handlungs-, Erfolgs- oder Ubiquitätstheorie zwingt. Das englische Recht hat sich zwar konsequent für eine Betrachtung entschieden, die den Betrug am Ort des Erfolges für begangen hält. Dieses Ergebnis beruht aber im wesentlichen auf einer zweckbestimmten Auslegung des Betrugstatbestandes. Eine Aus-

[386] 6 & 7 Geo 5, c. 50. Section 32 ist wesentlich enger gefaßt als § 263 StGB., ihre Anwendungsmöglichkeit deshalb auch vergleichsweise beschränkt. Daneben gibt es aber eine Reihe weiterer Tatbestände, die ebenfalls Handlungen mit Strafe bedrohen, welche im deutschen Recht unter § 263 StGB. subsumiert werden können, z. B. „cheat" nach Common Law, vgl. R. v. Morris, (1950) 2 All E. R. 965; Winning money, etc., by fraud at Gaming, Gaming Act, 1845, (8 & 9 Vict. c. 109) s. 17; vgl. auch Moneylenders Act, 1900, (63 & 64 Vict. c. 51), s. 4; Prevention of Fraud (Investments) Act, 1939, (2 & 3 Geo 6 c. 16), s. 12. National Insurance (Industrial Injuries) Act, 1946, (9 & 10 Geo. 6, c. 62), s. 67. Die versch. Tatbestände lassen sich zusammenfassen unter d. Bezeichnung „Obtaining property by fraud": Halsbury, Laws, Vol. 10, pp. 819—836.

[387] s. 32 (1) ... or causes or procures any money to be paid, or any chattel or valuable security to be delivered to himself or to any other person for the use or benefit of himself or any other person.

einandersetzung mit der allgemeinen Frage, ob für die Lokalisierung einer Distanztat die Handlung, der Erfolg, oder beide Tatbestandsmerkmale nebeneinander maßgeblich sind, ist dabei vermieden worden.

Dafür ist beispielhaft die Entscheidung Reg. v. Ellis[388]. Ein Tuchhändler in Durham (England) war vom dortigen Assisengericht wegen „obtaining goods in England by false pretences made in Scotland" verurteilt worden, weil er von einer Firma in Glasgow Tuch auf Kredit in Durham erhalten hatte, nachdem er gegenüber einem leitenden Angestellten der Lieferfirma bewußt falsche Angaben über seine Kreditwürdigkeit in Glasgow abgegeben hatte.

Das Appellationsgericht begründete die englische Jurisdiktion damit, daß die im Ausland[389] abgegebenen falschen Aussagen zwar als ein Tatbestandselement des Vergehens (element in the crime) aufzufassen seien, weil ohne dieselben die geschädigte Firma nicht die Vermögensdisposition getroffen haben würde, daß sie aber dem „obtaining the goods" zeitlich vorangegangen seien. Deshalb sei es erforderlich, sie begrifflich klar von dem „obtaining" zu unterscheiden, in dem das wesentliche und entscheidende Merkmal der Straftat liege (gist and kernel of the offence). Da der widerrechtliche Empfang der nur durch eine Täuschung ausgelieferten Waren in England stattgefunden habe, sei die Straftat insgesamt in England begangen worden[390].

Diese Argumentation ermöglichte es dem Gericht, die Straftat als Ganzes und nicht nur ihren Erfolg in England zu lokalisieren. Damit verlor sie weitgehend ihren Charakter als Distanzdelikt, und die entscheidende Frage nach dem Begehungsort von Distanztaten konnte unbeantwortet bleiben. Eine etwas abweichende, zur Anerkennung des Erfolgsprinzips tendierende Begründung klingt lediglich in den dicta von Richter Bruce[391] an, wenn er auf den Ort abstellt, wo die Tat vollendet wurde, allerdings nur für misdemeanours:

> „It seems to me that in the case of a misdemeanour the offence can be properly dealt with in the country where the offence is completed, notwithstanding that some act constituting a material circumstance may have happened altogether beyond the jurisdiction."[392]

---

[388] (1898) 19 Cox C. C. 210.

[389] Hinsichtlich des Geltungsbereichs des englischen Strafrechts gilt Schottland gegenüber England als Ausland.

[390] The gist and kernel of the offence is the obtaining the goods by inproper means whereby goods were obtained, and there was therefore an entire offence within the one country, though the circumstance which stamped it with illegality took place beyond the jurisdiction."

[391] 19 Cox C. C. 218.

[392] In Rex v. Munton, (1793) 14 Dig. 127 (994) finden sich sogar Ansätze einer solchen Betrachtungsweise für felonies. Sie hat sich aber offensichtlich nicht durchgesetzt.

Bemerkenswert ist aber trotzdem die so dezidierte Betonung des Erfolges, die es möglich macht, einen Betrug vollständig als in England begangen anzusehen, auch wenn die Täuschungshandlung im Ausland stattfand. Denn noch in der Entscheidung Reg. v. Holmes[393] hatte das gleiche Gericht sowohl die Täuschungshandlung als auch den Empfang der Vermögensobjekte als notwendige und offensichtlich gleichwertige Bestandteile (the two necessary ingredients of the offence) der strafbaren Handlung bezeichnet und war so zu dem Schluß gekommen, die Tat sei in Nottingham begangen worden, weil dort sowohl die Abgabe der „false pretences" als auch das „obtaining" stattgefunden habe[394].

Die Lokalisierung von Betrugstaten an dem Ort, wo der Vermögenserwerb als gist oder kernel der Straftat eintrat, ist seitdem im englischen Recht beibehalten worden[395], auch wenn das zur Folge hatte, daß die Jurisdiktion der englischen Gerichte für solche Betrugsfälle abgelehnt werden mußte, bei denen die Täuschung ausschließlich in England begangen, der Vermögenserwerb aber im Ausland eingetreten war[396].

2. *Falsification of Accounts*

Ein besonderer, dem deutschen Recht in dieser Art nicht bekannter Straftatbestand ist durch „The Falsification of Accounts Act", 1875, s. 1 geschaffen worden[397]. Angestellte, die vorsätzlich und mit betrügerischer Absicht die Rechnungen, Handelsbücher etc. ihres Principals fälschen, mit unwahren Eintragungen versehen etc., machen sich eines misdemeanour schuldig[398].

[393] (1883) 15 Cox C. C. 343. Der Angeklagte hatte einen Brief mit täuschenden Behauptungen aus Nottingham nach Frankreich geschickt. Der Empfänger stellte darauf einen in Nottingham zahlbaren Scheck aus u. sandte ihn dem Angekl., der ihn in N. einlöste. Die Verurteilung in N. wurde vom Appellationsgericht aufrecht erhalten.

[394] So ebenfalls im Ergebnis, aber ohne die ausführl. Darlegungen zur Frage des Begehungsortes, Reg. v. Peters, (1886) 16 Cox C. C. 36 im Falle einer Verurteilung wegen „obtaining goods" im Werte von mehr als 20 £ durch einen „undischarged bankrupt", der sich aus Irland ein Pferd nach England auf Kredit liefern ließ und dabei verschwieg, daß über sein Vermögen das Konkursverfahren eröffnet worden war.

[395] Z. B. R. v. Stoddart, (1909) 2 Cr. App. Rep. 217.

[396] King v. Godfrey, (1922) 1923 1 K. B. 24; Reg. v. Harden, (1962) 2 W. L. R. 553. Dazu i. einzelnen Kap. 5.

[397] 38 & 39 Vict. c. 24 (Halsbury, Statutes, Vol. 5, p. 878).

[398] Durch das Gesetz soll die Bestrafung von Angestellten ermöglicht werden, die Geld ihres Prinzipals unterschlagen oder stehlen, ohne daß ihnen die Unterschlagung oder Veruntreuung einer ganz bestimmten Summe nachgewiesen werden muß: Halsbury, Statutes, Vol. 5, p. 878, Anm. zur Präambel.

Auch dieser Tatbestand kann durch eine Distanztat verwirklicht werden, wie die Entscheidung Rex v. Oliphant[399] zeigt. Das Gericht mußte über die Frage des Bestehens der englischen Jurisdiktion entscheiden und dabei berücksichtigen, daß die strafrechtlich erhebliche Willensbetätigung des Angeklagten, nämlich die vorsätzlich unterlassene Ausstellung von Empfangsbescheinigungen und deren Weitergabe nach London, ausschließlich in Paris stattgefunden hatte, der tatbestandsmäßige Erfolg aber, die dadurch bewirkte Unrichtigkeit des in London geführten Geschäftsbuches, in London eingetreten war. Die besondere Eigenart des Falles bestand darin, daß die Fälschung durch ein Unterlassen bewirkt wurde. Ihr begegnete das Gericht mit der Überlegung, daß es für die rechtliche Beurteilung nicht entscheidend sei, ob der Täter ausdrücklich behauptet, nur das von ihm auch quittierte Geld empfangen zu haben, oder ob er über einen in Wirklichkeit erhaltenen Rechnungsbetrag keine Empfangsbescheinigung an das Londoner Stammhaus übersendet und durch dieses Unterlassen den Eindruck erweckt, er habe ausschließlich die von ihm mitgeteilten Summen eingezogen. Für die Frage der Kausalität wurde so das Unterlassen in ein aktives Tun umgedeutet.

Obwohl die durch das Unterlassen verletzte Rechtspflicht des Angeklagten darin bestand, aus Paris lückenlose Mitteilungen zur Führung des Londoner Geschäftsbuches zu geben, wurde die Straftat als in London begangen angesehen, weil dort die Geschäftsbücher unrichtig geworden waren und so eine Entdeckung der Unterschlagung des Angeklagten erschwerten. Der Ort des Erfolgseintritts wurde dadurch zum Begehungsort erklärt. Besonders den Ausführungen von Lord Alverstone C. J. ist dabei deutlich zu entnehmen, daß die Vorstellung einer konstruierten Anwesenheit des Täters in London bei der Urteilsfindung mitgewirkt hatte:

"I can draw no distinction between writing and sending a telephonie message."

Liegt der Gedanke an „constructive presence" bei einem Telefongespräch besonders nahe, so erscheint es bei der Übermittlung unwahrer Berichte durch Briefe richtiger, den Vergleich mit einer „verlängerten Hand" des Täters zu benutzen. Diese Betrachtungsweise ist allerdings

---

[399] (1905) 21 Cox C. C. 192. Der Angekl. O. war bei einem Londoner Schneider beschäftigt, der eine Niederlassung in Paris unterhielt. O. hatte in Paris für seinen Arbeitgeber Rechnung zu kassieren. Die erhaltenen Beträge vermerkte er auf besonderen Zetteln, die er nach London schickte. Dort wurde ihr Inhalt in ein besonderes Gesch.-Buch eingetragen, daß O. bei seinen regelmäßigen Besuchen in London kontrollierte. O. unterschlug Geld, das er für seinen Prinzipal in Paris erhalten hatte u. unterließ die erforderl. Eintragungen auf den Zetteln, so daß dadurch das Gesch.-Buch in London unrichtig wurde.

[400] 21 Cox C. C. 192 (194).

nur dann möglich, wenn der Tatbestand durch ein aktives Tun verwirklicht wird. Wahrscheinlich erklärt sich daraus das wiederholte Bemühen von Lord Alverstone C. J., das Unterlassen in eine konkludente Handlung umzudeuten.

Die Entscheidung darf allerdings nicht überbewertet werden, da es sich um die Lokalisierung eines misdemeanour handelt. Für diese Gruppe von Delikten war im Gegensatz zu felonies schon im Zusammenhang mit der Bestimmung des Venue vom Common Law das Ubiquitätsprinzip anerkannt, und auch in Reg. v. Ellis deutet Bruce[401] an, daß die Fixierung des Begehungsortes von misdemeanours im internationalen Strafrecht großzügiger gehandhabt werden könne als im Falle von felonies.

III. Straftaten durch Benutzung eines „innocent agent"

Die in diesem Kapitel bisher behandelten Entscheidungen befassen sich überwiegend mit Distanztaten, deren tatbestandsmäßiger Erfolg innerhalb des englischen Jurisdiktionsbereiches eingetreten ist. Für die Möglichkeit ihrer Lokalisierung hat die Fiktion der konstruierten Anwesenheit des Täters eine erhebliche Bedeutung. Dieses Vorstellungsbild ist aber nicht aus den besonderen Notwendigkeiten des internationalen Strafrechts und der im Zusammenhang damit erforderlichen Bestimmung des Begehungsortes einer strafbaren Handlung erwachsen. Sein Ursprung liegt vielmehr in dem spezifischen Täterbegriff des englischen Rechts und seiner Abgrenzung gegenüber anderen an einer Straftat beteiligten Personen.

Nach Common Law wird als Täter (principal) einer strafbaren Handlung angesehen, wer an der Verwirklichung des Tatbestandes unmittelbar beteiligt und im Zeitpunkt der Begehung der Tat am Tatort anwesend ist[402]. Ein Täter kann „principal in the first degree" oder „principal in the second degree" sein. Zu der ersten Gruppe gehören diejenigen Personen, die durch eigenes Handeln an der Begehung der Straftat beteiligt sind[403], während Delinquenten, die zwar im Zeitpunkt der Begehung der Tat anwesend sind, aber nicht eigenhändig tätig werden, sondern nur Hilfe und Vorschub leisten, als „principals in the second degree" bezeichnet werden[404].

---

[401] 19 Cox C. C. 218.

[402] R. v. Sheppard, (1839) 14 Dig. 75 (435); R. v. Harrington, (1851) 5 Cox C. C. 231; ARCHBOLD, §§ 4121, 4122; HALSBURY, Laws, Vol. 10, p. 296 (551); KENNY-TURNER, § 67 (105).

[403] HALE, History, Vol. I, pp. 233, 615: „A principal in the first degree is one who is the actor, or actual perpetrator of the fact." Vgl. auch Reg. v. Harley, (1830) 15 Dig. 836 (9177).

[404] HALE, History, Vol. I, p. 439; Du Cros v. Lambourne, (1907) 1 K. B. 40; Lord Goddard C. J. in Sayce v. Coupe, (1952) 2 All E. R. 715

Das wesentliche Merkmal des principal ist mithin seine Anwesenheit bei der Begehung der Tat, das Charakteristikum des „principal in the first degree“ im besonderen sein aktives Mitwirken bei der Verwirklichung des Tatbestandes. Eine zulässige Ausnahme von diesem Erfordernis persönlicher Anwesenheit und eigenhändiger Tätigkeit ist für den Fall anerkannt, daß sich der Täter eines „innocent agent“ bedient, um den von ihm gewollten rechtswidrigen Erfolg zu bewirken. Die Tätigkeit dieses Werkzeuges wird ihm dann so zugerechnet, als sei er selbst gegenwärtig gewesen und habe bei der Rechtsgutverletzung mitgewirkt, seine Anwesenheit wird mithin gedanklich konstruiert oder fingiert[405].

Die Parallele zum Institut der mittelbaren Täterschaft des deutschen Strafrechts ist offensichtlich. Der Begriff des „innocent agent“ geht aber insofern über den des „Werkzeugs“ oder „Tatmittlers“ im deutschen Recht hinaus, als er nicht nur Personen umfaßt, sondern auch Gegenstände, die aus sich selbst heraus eine Wirkung hervorzubringen vermögen[406]. Andererseits kommen Tatmittler, die ihrerseits selbst strafrechtlich verantwortlich sind und z. B. wegen Beihilfe zu der strafbaren Handlung des mittelbaren Täters belangt werden können, als „innocent agents“ nicht in Betracht[407].

Diese Betrachtungsweise ermöglicht es dem englischen Recht, auch solche Personen als „principals in the first degree“ zu behandeln, die am Tatort nicht körperlich anwesend sind und das Verbrechen nicht eigenhändig begehen, sofern sie nur über den erforderlichen Vorsatz verfügen und diesem entsprechend auf das „innocent agent“ einzuwirken vermögen. Eine so konstruierte Anwesenheit hat aber gleichzeitig zur Folge, daß der Begehungsort von den in dieser Weise verwirklichten Straftaten dort ist, wo das Werkzeug handelt, auch wenn sich der Täter möglicherweise körperlich außerhalb des Jurisdiktionsbereichs der englischen Gerichte aufhält[408].

---

(718); zu der Abgrenzung im einzelnen vgl. ARCHBOLD, §§ 4122—4124 und HALSBURY, Laws, Vol. 10, p. 297 (554).

[405] HALE, Vol. I, p. 555; HAWKINS, Vol. I, c. 31, s. 7; Queen v. Valler, Enrico and Harrison, (1844) 1 Cox C. C. 84; Queen v. Manley, (1844) 1 Cox C. C. 104; Queen v. Bull and Schmidt, (1845) 1 Cox C. C. 281; Reg. v. Butcher, (1858) 8 Cox C. C. 77; R. v. Butt, (1884) 15 Cox C. C. 564; KENNY-TURNER § 67; RUSSEL, Vol. I, pp. 135/136.

[406] Z. B. rechnen KENNY-TURNER, § 67 auch Tiere zu den innocent agents und nennen als Beispiel einen Hund, der darauf abgerichtet ist, Fleisch bei einem Schlachter zu stehlen und seinem Herrn zu bringen. Zu den Begriffsmerkmalen im einzelnen vgl. STRAUB, Täterschaft und Teilnahme, S. 23—25.

[407] Dazu Einzelheiten in Kap. 7.

[408] HALSBURY, Laws, Vol. 10, p. 296 (c); R. v. Brisac, (1803) 102 E. R. 792; R. v. Garrett, (1853) 6 Cox C. C. 260 (Lord Campbell C. J. p. 265).

Deshalb wurde auch in der Entscheidung Reg. v. Bull and Schmidt[409] die den Angeklagten vorgeworfene Fälschung (forgery) als in London begangen angesehen, obwohl sich einer von ihnen zur Zeit der Begehung auf dem Kontinent aufhielt. Er hatte von dort mit B. verabredet, eine Druckplatte fälschen zu lassen. Den Auftrag dazu gab B. an einen Handwerker als „innocent agent" in London. Als S. vom Kontinent nach London kam, holte er zusammen mit B. die Platte bei dem „agent" ab. B. und S. wurden als Mittäter verurteilt, da es nach Auffassung von Richter Alderson nicht darauf ankam, wo sie sich zum Zeitpunkt der Tat aufhielten:

„If a person does an act of this kind, with a guilty intent, he is not the agent of any one. If he does it innocently, he is the agent of some person or persons, and if two have agreed to employ him, he is the agent of both. In this case therefore, it is a question for the jury whether the prisoners were jointly acting in procuring this plate to be made. If they were, then the engraver acts on behalf of both. It makes no difference whether they were in England ore elsewhere; when they have once agreed to do the thing, the act of one is the act of all, although the rest be absent at the time."[410]

Eine besonders herausragende Bedeutung hat die durch ein „innocent agent" vermittelte „constructive presence" des Täters für die Lokalisierung von Straftaten, zu deren Begehung die Post oder ein ähnliches Beförderungsmittel benutzt wird. Schickt ein im Ausland sich aufhaltender Täter Briefe mit beleidigendem oder drohendem Inhalt nach England, dann gilt die so verübte Straftat als in England begangen, weil die Post als „innocent agent" dort den Brief, das Telegramm, die Zeitung etc. ausliefert[411]. Der gleiche Grundsatz dürfte gelten, wenn aus dem Ausland vergiftete Lebensmittel oder ein Sprengstoffpaket mit Tötungsabsicht nach England geschickt werden.

Liegt daher der Ort des Erfolgseintritts in England, dann wird dieser nach englischem Recht regelmäßig als Begehungsort aufzufassen sein, sofern sich die Anwesenheit des tatsächlich außerhalb des Jurisdiktionsbereichs der englischen Gerichte befindlichen Täters in England gedanklich konstruieren oder fingieren läßt.

5. KAPITEL

Die Bedeutung der Handlung für die Lokalisierung internationaler Distanztaten

Die objektive Ausprägung des Territorialitätsprinzips (objective territorial principle) schafft die Möglichkeit, auch solche Straftaten als

[409] (1845) 1 Cox C. C. 281.

[410] 1 Cox C. C., p. 282.

[411] Rex v. Johnson, (1805) 103 E. R. 26; Rex v. De Marny, (1906) 21 Cox C. C. 371; Kenny-Turner, p. 535 (§ 647); Russel, Vol. I, p. 136.

im Inland begangen anzusehen, deren bloßer Erfolg inerhalb des Jurisdiktionsbereichs der nationalen Gerichte eintritt. Der Grundsatz ist im internationalen Strafrecht Englands nicht in vollem Umfang verwirklicht. Diese Erkenntnis muß ergänzt werden durch die Feststellung, in welcher Weise Distanztaten vom Standpunkt des englischen Rechts zu beurteilen sind, deren tatbestandsmäßiger Erfolg nicht im räumlichen Geltungsbereich des englischen Strafrechts eintritt, obwohl dort der Täter gehandelt und die Ursache für den Eintritt des Erfolgen geschaffen hat. Damit wird die Frage aufgeworfen, ob im englischen Strafrecht die subjektive Ausprägung des Territorialitätsprinzips (subjective territorial principle) gilt[412].

1. Tötungsdelikte

Im älteren Common Law bestand nicht die Möglichkeit, Anklage wegen einer Tötung zu erheben, wenn die Tötungshandlung innerhalb, der Erfolg aber außerhalb des Jurisdiktionsbereiches eines bestimmten Gerichtes eingetreten war. Die Aussagen von Coke[414] und Hale[413] beziehen sich zwar auf solche Fälle, die lediglich das Gebiet von zwei englischen Grafschaften berühren, also nur die Frage des „venue" und nicht die Jurisdiktion betreffen. Die Jury der Grafschaft A konnte einen Täter nicht wegen eines dort geführten tödlichen Schlages strafrechtlich zur Verantwortung ziehen, wenn das Opfer in der Grafschaft B. gestorben war, weil sie von Tatsachen außerhalb des Bereiches ihrer örtlichen Zuständigkeit und mithin auch vom Tod des Opfers nicht Kenntnis nehmen durfte[415]. Diese Beschränkung der Jury auf das Gebiet ihrer eigenen Grafschaft läßt es aber als nahezu sicher erscheinen, daß sie aus den gleichen Gründen nicht über Tötungshandlungen befinden konnte, wenn deren Erfolg nicht in einer anderen Grafschaft, sondern überhaupt außerhalb der Jurisdiktion englischer Gerichte eingetreten war[416].

Für diese Auffassung spricht auch die Entscheidung Rex v. Coombes[417], in der mit Hilfe der Fiktion einer konstruierten Anwesenheit des Täters auf dem Schiff die Admiralitätsjurisdiktion begründet wurde. In Wirklichkeit stand der Täter im Zeitpunkt seiner strafrechtlichen relevanten Willensbetätigung auf dem englischen Festland, auf das sich die Jurisdiktion der Common Law-Gerichte erstreckte. Hätte nach

---

[412] Zur Fragestellung speziell für das englische Recht vgl. Beckett in 8 Brit. Yearbook of Intern. Law (1927), p. 121 n. 1.

[413] Institutes, 3rd part, p. 48.

[414] History, Vol. II, p. 163.

[415] Vgl. dazu im einzelnen Hauptteil III, Kap. 2.

[416] Clark-Marshall, Treatise, p. 134.

[417] East, Treatise, Vol. I, p. 367; Hawkins, Vol I, ch. 37, s. 17; 14 Dig. 134 (1068).

Common Law allein die den Tod verursachende Handlung ausgereicht, um die Tat als auf dem Festland begangen anzusehen, dann hätte es nicht der mühsamen Konstruktion einer gedachten Anwesenheit des Täters auf dem Schiff bedurft.

In neuerer Zeit sind allerdings die Folgen, die sich aus dem vom Common Law entwickelten Prinzip ergeben, daß eine verbrecherische Willensbetätigung allein nicht ausreicht, um die englische Jurisdiktion zu begründen, durch eine natürlichere Betrachtungsweise gemildert worden. In Reg. v. Armstrong[418] hatte ein englischer Matrose auf einem britischen Schiff im Bonny-Fluß (Goldküste) den Kapitän des Schiffes vorsätzlich über die Reling gestoßen. Vor dem Eintauchen in den Fluß schlug das Opfer mit dem Kopf auf ein Boot und verletzte sich offensichtlich schwer. Die Leiche konnte aus dem Fluß nicht geborgen werden. Der Täter wurde in Liverpool wegen Mordes angeklagt[419].

Die durch diesen Fall aufgeworfenen Rechtsfragen wurden von Archibald J. leider kaum erörtert. Die Erstreckung der englischen Strafgewalt auf die Tat wurde allein daraus abgeleitet, daß diese an Bord eines britischen Schiffes begangen worden sei. Den Einwand der Verteidigung, der Begehungsort könne nicht innerhalb der Admiralitätsjurisdiktion liegen, weil der Tod außerhalb des Schiffes eingetreten sei, wies der Richter mit der Begründung zurück, es sei nicht erforderlich, daß die Tat auf dem Schiff vollendet werde, da der Erfolg eine unmittelbare Folge des Angriffs sei:

„... that the crime had been committed on board a British ship and on the high seas, and it was not necessary that the act should have been completed on board as it was a direct consequence of the felonious assault."[420]

Allein aus dieser Entscheidung eine Tendenz zur Anerkennung der subjektiven Ausprägung des Territorialitätsprinzips folgern zu wollen[421], erscheint aber nicht gerechtfertigt, weil der Ort, wo vermutlich der Tod eintrat, so dicht bei dem britischen Schiff lag, daß eine andere Entscheidung nicht hätte überzeugen können. Der Ausdruck „direct consequence" ist wohl in eine örtliche und zeitliche Beziehung zur

---

[418] (1875) 13 Cox C. C. 184.

[419] Die Anklage wurde einmal auf die Tatsache gestützt, daß die Tat an Bord eines britischen Schiffes begangen worden sei, auf das sich die Admiralitätsjurisdiktion erstreckt, daneben auf das Statut 17 & 18 Vict. c. 104, s. 267, das durch den Merchant Shipping Act von 1894, 57 & 58 Vict. c. 60, s. 687, ersetzt worden ist und die Jurisdiktion der englischen Gerichte über die Straftaten von Seeleuten auf britischen Schiffen beträchtlich erweitert; vgl. Hauptt. III, Kap. 1.

[420] Mithin heißt es im Tenor der Entscheidung: „The murder need not be consummated or wholly completed on board such ship to give jurisdiction."

[421] So offensichtlich Beckett, a. a. O.

Angriffshandlung zu setzen. Es kann kaum angenommen werden, daß der Richter lediglich nach dem Common Law auch zu dieser Entscheidung gekommen wäre, wenn der Kapitän gerettet und erst an Land seinen Verletzungen erlegen wäre.

Der „Offences against the Person Act“, 1861, s. 10, durch den ein Begehungsort in England auch für solche Straftaten begründet wird, deren bloßer Erfolg in England eintritt, ohne Rücksicht auf eine „constructive presence“ des Täters, hat gleichzeitig der englischen Jurisdiktion die Distanztötungen als Inlandstaten unterstellt, deren tatbestandsmäßige Handlung in England stattfindet, während ihr Erfolg nur außerhalb des Jurisdiktionsbereichs der englischen Gerichte lokalisierbar ist[422].

Im Anschluß an die Entscheidung Reg. v. Lewis[423], welche die Anwendung dieser Bestimmung für den Fall einer ausländischen Tötung mit Inlandserfolg auf britische Staatsangehörige beschränkt, wird allgemein die Auffassung vertreten, daß s. 10 insgesamt nur für britische Staatsbürger gilt[424].

Dieser Standpunkt kommt auch bei Cockburn C. J. in Reg. v. Lewis[425] zum Ausdruck:

> „Taking the two sections together, they seem to provide — first, for the cases where the offence is wholly committed out of the jurisdiction; and secondly, for those in which the blow being given out of the jurisdiction the death happens within it, or, vice versa, where the blow being given within the death happens without; but there is no ground for saying that either provision applies to other than British subjects.“

Das bedeutet, daß aus s. 10 des Gesetzes von 1861 nicht die Möglichkeit einer Lokalisierung von inländischen Tötungshandlungen mit außerenglischem Erfolg abgeleitet werden kann, wenn der Täter Aus-

---

422 „Where any person being feloniously stricken, poisoned, or otherwise hurt upon the sea, or at any place out of England or Ireland, shall die of such stroke poisoning or hurt in England or Ireland, or, being feloniously stricken, poisoned or otherwise hurt in England ore Ireland, shall die of such stroke, poisoning, or hurt upon the sea, or at any place out of England or Ireland, every offence, committed in respect of any such case, whether the same shall amount to the offence of murder or manslaughter, ... may be dealt with ... tried, determined and punished in the county or place in England or Ireland in which such death, stroke, poisoning or hurt shall happen, in the same manner in all respects as if such offence had been wholly committed in that county or place.“

423 (1857) 7 Cox C. C. 277.

424 So ausdrücklich Archbold, § 70; Halsbury, Laws, Vol. 10, p. 317 (577 u); Clark-Marshall, Treatise, pp. 135—136. Dagegen beschränken sich Halsbury, Statutes, Vol. 5, p. 791, Anm. zu s. 10, lediglich auf die Wiedergabe des Leitsatzes aus Reg. v. Lewis, ohne zu dem entgegengesetzten Fall einer Inlandstötung mit Auslandserfolg Stellung zu nehmen.

425 Allerdings nicht im „Judgment“ vorgetragen.

länder ist. Insoweit wird der vom Common Law entwickelte Begehungkort von Tötungsdelikten also durch den „Offences against the Person Act" nicht erweitert. Gleichzeitig unterstreicht dieses Ergebnis die Annahme[426], daß sich s. 10 zwar ihrem Wortlaut nach auf die Frage nach dem Begehungsort bezieht, nach ihrem Sinn aber zusammen mit s. 9 lediglich das Personalitätsprinzip für Tötungsgelikte statuiert.

Diese Beschränkung von s. 10 insgesamt auf britische Staatsangehörige kann allerdings nicht unmittelbar der von Willes J. in Reg. v. Lewis entwickelten Begründung entnommen werden. Der Entscheidung lag eine außerenglische Tötungshandlung zugrunde, deren Erfolg in England eingetreten war. In diesem Zusammenhang wurde s. 10 so ausgelegt, daß sie einen solchen Fall der englischen Jurisdiktion nicht schon dann unterstelle, wenn der Tod des Opfers in England stattgefunden habe. Voraussetzung sei vielmehr, daß auf die Tat auch dann noch englisches Strafrecht zur Anwendung kommen könnte, wenn der Ort des Todeseintritts mit dem der Tötungshandlung zusammenfiele, wenn die Tötung mithin an Bord des ausländischen Schiffes auf hoher See begangen worden wäre.

Für den umgekehrten Fall einer von einem Ausländer in England vorgenommenen Tötungshandlung mit einem Erfolg außerhalb des räumlichen Geltungsbereichs des englischen Strafrechts kann dieses Erfordernis nicht charakteristisch sein, weil die Anwendbarkeit des englischen Strafrechts auf ein in England begonnenes und dort auch vollendetes Delikt sich von selbst versteht. Vielmehr ist es wahrscheinlich, daß in einem solchen Fall die Jurisdiktion der englischen Gerichte davon abhängt, daß englisches Recht auch dann zur Anwendung kommen könnte, wenn die Tötungshandlung am Ort des Erfolgseintritts begangen worden wäre. Das ist noch nicht entschieden worden, ergibt sich aber aus einer konsequenten Fortentwicklung der in Regina v. Lewis für richtig befundenen Auslegung des Offences against the Person Act.

2. *Obtaining by false pretences*

Der vom Common Law entwickelte Grundsatz[427], daß im Falle von „obtainig by false pretences" allein das „obtaining" als wesentliches Tatbestandsmerkmal (gist and kernel of the offence) aufzufassen sei und deshalb den Begehungsort bestimme, hat zur Folge, daß wegen einer in England verübten Täuschungshandlung, die ein rechtswidriges „obtaining" im Ausland ermöglicht hat, die Jurisdiktion der englischen Gerichte ausgeschlossen ist. Wenn der Vermögenserwerb im Ausland stattgefunden hat, kann eine vollendete Straftat nach englischem Strafrecht nicht konstruiert werden. Eine dem Ubiquitätsprinzip entspre-

---

[426] Vgl. oben Kapitel 4, S. 85/86.

[427] Vgl. Hauptteil III, Kapitel 4.

chende Auslegung, daß die Tat sowohl dort begangen ist, wo der Täter die erforderliche Täuschungshandlung verübt hat, als auch dort, wo durch die Vermögensverfügung der Schaden beim Betrogenen eingetreten ist, wird vom englischen Recht nicht anerkannt.

In der Entscheidung Reg. v. Nillins[428] hatte Nillins, wahrscheinlich ein Engländer, Briefe mit gefälschten Wechseln aus Southhampton nach Hamburg an deutsche Kaufleute geschickt, die dadurch veranlaßt wurden, Waren an Order von N. in Hamburg auszuliefern. Gegen Nillins wurde in England kein Strafverfahren wegen „obtaining by false pretences", sondern seine Auslieferung an die deutschen Behörden eingeleitet. Das dagegen von N. eingeleitete Rechtsmittel[429] wurde vom zuständigen englischen Gericht mit der Begründung zurückgewiesen, die Straftat sei in Deutschland begangen worden, auch wenn sich der Täter im Zeitpunkt der Begehung dort nicht aufgehalten habe.

Zu dem gleichen Ergebnis kam 1922 die King's Bench Division im Falle Godfrey[430]. Der Engländer G. wurde als „fugitive from justice" an die Schweiz ausgeliefert, weil er seinen dort lebenden Geschäftspartner von England aus veranlaßt hatte, in der Schweiz falsche Tatsachen vorzuspiegeln und auf diese Weise widerrechtlich Vermögen zu erwerben. Obwohl G. weder zur Zeit der Tat noch später in der Schweiz gewesen war, wurde seine strafbare Handlung als dort begangen angesehen, weil in der Schweiz der widerrechtliche Vermögenserwerb stattgefunden hatte.

Die in diesen Entscheidungen zum Ausdruck kommende Ablehnung, die subjektive Ausprägung des Territorialitätsprinzips anzuerkennen, hat 1962 ihre jüngste Bestätigung in der Entscheidung R. v. Harden[431] erfahren. H. war wegen obtaining by false pretences in acht Fällen verurteilt worden. Als Direktor und Hauptaktionär einer englischen Gesellschaft vertrieb er Kühlschränke auf der Grundlage von Kaufmietverträgen (hire-purchase). Die Verträge wurden von einer in Jersey[432] registrierten Gesellschaft in der Weise finanziert, daß H. die von den Kunden unterzeichneten Vertragsformulare durch die Post nach Jersey schickte und Zug um Zug dafür auf dem gleichen Wege von der Finanzierungsgesellschaft entsprechende Schecks erhielt. In mehreren Fällen hatte H. fingierte Verträge übermittelt und auch dafür Schecks in Empfang genommen.

Der Court of Criminal Appeal hob die Verurteilung durch das Gericht erster Instanz auf, weil das obtaining als das für die Bestim-

---

[428] (1884) 24 Dig. 989 (7) und 11 Journal de Droit Int. Privé (Clunet), 1884, p. 523.

[429] „writ of habeas corpus"

[430] The King v. Godfrey, (1923) 1 K. B. 24.

[431] (1962) 2 W. L. R. 553.

[432] Jersey gehört zwar zum Vereinigten Königreich, aber nicht zu England: Halsbury, Laws, Vol. 10, p. 318 (580).

mung des Begehungsortes maßgebliche Tatbestandselement in Jersey stattgefunden habe. Ob bei einem Versenden von Schecks durch die Post der Vermögenserwerb bereits mit der Einlieferung der die Schecks enthaltenen Briefe bei der Post eintritt, oder erst mit deren Übergabe an den Empfänger, ist im Zusammenhang mit Fragen des internationalen Strafrechts von den englischen Gerichten nicht immer einheitlich entschieden worden[433]. Im Falle Harden ließ sich aber eindeutig feststellen, daß H. mit der Finanzierungsgesellschaft vereinbart hatte, die Einlieferung bei der Post in Jersey solle bereits als Übergabe an H. gelten. Deshalb mußte das Gericht das „obtaining" in Jersey lokalisieren und die Jurisdiktion der englischen Gerichte über diese Tat verneinen.

3. Uttering of forged documents

Ein schon vom Common Law entwickelter Tatbestand[434], der durch den Forgery Act, 1913, s. 6, subs. 2[345] Gesetzesrecht geworden ist, erfaßt das „uttering" (in Verkehr bringen) von gefälschten Urkunden etc. Die Begehung dieser Straftat kann dadurch einen gewissen internationalen Charakter erhalten, daß gefälschte Urkunden von England durch die Post oder durch Boten zu betrügerischen Zwecken in das Ausland befördert werden. Für diese Fälle ist von der Rechtsprechung eindeutig klargestellt worden, daß die bloße Übergabe an die Post in England, auch wenn der Brief für einen Adressaten im Ausland bestimmt ist, ausreicht, um die strafbare Handlung als in England begangen anzusehen[436].

Diese Erkenntnis erlaubt aber keine Rückschlüsse auf die Beantwortung der Frage, welche Bedeutung der innerhalb Englands ausgeübten tatbestandsmäßigen Willensbetätigung bei der Lokalisierung internationaler Distanztaten zukommt. Dem Forgey Act, 1913, s. 6 (2) kann man ohne Schwierigkeiten entnehmen, daß „uttering of forged documents" ein schlichtes Tätigkeitsdelikt ist, welches nicht als einen zusätzlichen tatbestandsmäßigen Erfolg etwa die Annahme der gefälschten

---

[433] Vgl. R. v. Jones, (1850) 4 Cox C. C. 198; Reg. v. Holmes, (1883) 15 Cox C. C. 343.

Diese Begründung zeigt deutlich, daß auch dann, wenn die tatbestandsmäßige Handlung insgesamt nur in England stattfindet, keine Möglichkeit besteht, das vollendete Delikt als in England begangen anzusehen und so die Anwendung des englischen Strafrechts zu rechtfertigen, wenn der tatbestandsmäßige Erfolg im Ausland eingetreten ist.

[434] Halsbury, Laws, Vol. 10, p. 839 (1616).

[435] 3 & 4 Geo. 5, c. 27 bei Halsbury, Statutes, Vol. 5, p. 987.

[436] R. v. Giles, (1827) 14 Dig. 76 (445); R. v. Finkelstein and Truscovitch, (1886) 16 Cox C. C. 107; Board of Trade v. Owen and Seth-Smith, (1956) 41 Cr. App. Rep. 11 (22—23, Court of Criminal Appeal).

Urkunden durch eine dritte Person voraussetzt[437]. Findet bei einem solchen Tatbestand die deliktische Tätigkeit in England ihren Abschluß, dann kann aus der Annahme des Begehungsortes in England nicht die Anerkennung der subjektiven Ausprägung des Territorialitätsprinzips gefolgert werden, weil der im Ausland eingetretene Erfolg völlig außerhalb des Tatbestandes liegt[438].

4. Conspiracy

Dieser aus dem Common Law stammende Tatbestand[439] erfordert, daß zwei oder mehr Personen verabreden, entweder eine rechtswidrige Handlung zu begehen oder durch rechtswidrige Mittel einen an sich vom geltenden Recht gebilligten Erfolg herbeizuführen[440]. Er gehört mithin zu den „preliminary"[441] oder „inchoate"[442] crimes, das sind Taten, die allein für sich strafbar sind, obwohl die endgültige Rechtsgutverletzung als Erfolg, der durch die verbrecherische Handlung herbeigeführt werden soll, nicht eingetreten ist. Neben conspiracy gehören dazu attempt und incitement.

Die tatbestandsmäßige Handlung erschöpft sich demnach in einer bestimmten Verabredung. Sofern diese innerhalb des Geltungsbereichs des englischen Rechts getroffen wird, ist der Tatbestand scheinbar verwirklicht und kein Anlaß mehr gegeben, den Fall unter dem Gesichtspunkt des internationalen Strafrechts zu betrachten[443]. Dabei ist aber

---

437 „A person utters a forged document etc., who ... uses, offers, publishes, delivers, disposes of, tenders in payment or exchange, exposes for sale or exchange, exchanges, tenders in evidence, or puts off ..."

438 In Board of Trade v. Owen and Seth-Smith erklärte der Lord Chief Justice (pp. 22—23):

„It was contended for the appellants that the posting of a letter enclosing a forgend document does not constitute an uttering of the document within the meaning of the act and that the uttering (if any) occurs when the letter is received and opened by the addressee ... Apart from authority, the statutory definition already quoted is in sufficiently wide terms to include within its scope the posting of a letter containing a forged document."

439 Vgl. Hauptt. III, Kap. 3.

440 R. v. West, (1948) 1 K. B. 709; R. v. Newland, (1953) 2 All E. R. 1067; Crofter Hand Woven Harris Tweed Co. v. Veitch, (1942) 1 All E. R. 142.

441 Kenny-Turner, p. 93 (§ 56); Russell, Vol. I, pp. 182—83.

442 Stephen, History, Vol. II, p. 229.

443 Mulcahy v. R., (1868) 15 Dig. 624:

„There is no doubt that a conspiracy is indictable here if an agreement is made within the jurisdiction to do an unlawful act, or to do a lawful act by unlawful means, in either case within the jurisdiction, whether the agreement is carried into effect or not."

zu berücksichtigen, daß ein bestimmter Erfolg, auch wenn sein Eintritt nicht zum Tatbestand gehört, der Verabredung erst den für sie typischen Unrechtsgehalt verleiht. Conspiracy wird bestraft im Hinblick auf einen von den Tätern erstrebten Erfolg, der in einer Rechtsgutverletzung bestehen kann (to do an unlawful act) oder in der Bewirkung eines an sich rechtmäßigen Zustandes durch rechtswidrige Mittel (to do a lawful act by unlawful means). Zielt die in England getroffene Verabredung auf einen solchen Erfolg außerhalb des Jurisdiktionsbereichs der englischen Gerichte, kann zwar offensichtlich die tatbestandsmäßige Handlung des „conspiracy“ nicht außerhalb Englands lokalisiert werden. Es bleibt aber die Frage, ob es sich dann noch um eine strafbare conspiracy handelt, ob mithin ein fremdes Rechtsgut von den englischen Gerichten schon durch die Bestrafung der bloßen Vorbereitungshandlung eines dagegen geplanten Verbrechens geschützt wird.

Damit wird die Parallele deutlich zum Problem der Lokalisierung von Distanztaten, deren tatbestandsmäßige Handlung in England stattfindet und einen Erfolg außerhalb des Jurisdiktionsbereichs der englischen Gerichte bewirkt. Verbunden mit einer Bestimmung des Begehungsortes ist in diesen Fällen regelmäßig die Entscheidung, ob und in welchem Umfang die englische Rechtsordnung von den aus dem räumlichen Geltungsbereich des englischen Strafrechts tasächlich geführten oder nur geplanten Angriffen gegen fremde Rechtsgüter Kenntnis nimmt.

Die englische Rechtsprechung hat sich mit diesem Problem wahrscheinlich zum ersten Male in der Entscheidung R. v. Kohn[444] auseinandergesetzt. Der angeklagte Ausländer K. hatte mit dem Kapitän und Eigentümer eines preußischen Schiffes in Ramsgate vereinbart, dieses zu versenken, um von einer belgischen Versicherungsgesellschaft die Versicherungssumme zu erhalten. Der Plan wurde auf hoher See außerhalb der Jurisdiktion der englischen Gerichte ausgeführt. Eine Anklage wegen des vollendeten Deliktes (destroying or casting away the vessel) war in England nicht möglich, weil der Angeklagte Ausländer und das Schiff nicht in England registriert war und weil die Tat außerhalb des räumlichen Geltungsbereichs des englischen Strafrechts begangen worden war. Deshalb mußte sich K. wegen der in Ramsgate eingegangenen, auf diese Straftat gerichteten conspiracy verantworten, die nach Auffassung von Willes J. eine strafbare Handlung nach englischem Recht darstellte:

> „The offence of conspiracy would be committed by any persons conspiring together to commit an unlawful act to the prejudice or injury of others, if the conspiracy was in this country, although the overt acts were abroad.“

Trotzdem ist die Bedeutung dieser Entscheidung für die weitere Rechts-

[444] (1864) 14 Dig. 114 (830) und in Board of Trade v. Owen and Seth-Smith, (1957) 41 Cr. App. Rep. 11 (48—50).

entwicklung nur gering. Die Jury befand den Angeklagten für „not guilty", ohne daß feststellbar ist, auf welchen Erwägungen dieser Spruch beruht[445]. Außerdem hielt es das Gericht für erwiesen, daß die Verabredung nicht auf eine Straftat abzielte, die auf jeden Fall außerhalb des Jurisdiktionsbereichs der englischen Gerichte begangen werden sollte, sondern entweder vor dem Hafen von Ramsgate (noch innerhalb der englischen Jurisdiktion) oder auf hoher See. Deshalb war die Rechtsfrage nicht darauf beschränkt, ob eine in England getroffene Verabredung zur Verwirklichung eines strafrechtlichen Tatbestandes außerhalb des räumlichen Geltungsbereichs des englischen Strafrechts als eine in England strafbare conspiracy angesehen werden kann.

Dieses Problem ist erst 1957 in dem Fall Board of Trade v. Owen and Seth-Shmith[446] bindend entschieden worden. Das House of Lords bestätigte die Erkenntnis des Court of Criminal Appeal, daß die in England geplante Begehung einer strafbaren Handlung an einem bestimmten Ort im Ausland nur dann eine nach englischem Recht strafbare conspiracy sei, wenn auf das geplante Verbrechen selbst, seine Verwirklichung unterstellt, das englische Strafrecht zur Anwendung kommen könnte.

Zwei der Angeklagten in diesem Verfahren waren Direktoren einer Londoner Handelsgesellschaft, ein dritter Hauptgeschäftsführer einer irischen Firma. Sie hatten im Jahre 1953 den Plan entwickelt, bestimmte Metalle in der Bundesrepublik Deutschland einzukaufen und in Länder des Ostblocks weiter zu exportieren. Dabei handelte es sich um solche Güter, die von den zuständigen Behörden der Bundesrepublik als strategisch wichtig angesehen und nicht für den Export in Ostblockstaaten zugelassen wurden. Deshalb legten die Angeklagten der Bundesstelle für den Warenverkehr der gewerblichen Wirtschaft Dokumente zum Beweis dafür vor, daß die Metalle angeblich ausschließlich nach Irland eingeführt werden sollten. Alle Urkunden stammten von einem berufsmäßigen Fälscher aus Dublin.

Zu der Einschränkung der Strafbarkeit von conspiracies ist das House of Lords durch die Überlegung gelangt, daß mit der an diesen Tatbestand geknüpften Strafdrohung in erster Linie der innerenglische Rechtsfrieden gesichert werden sollte:

> „The gist of the offence being the agreement whether or not the object is attained, it may be asked why should it not be indictable if the object is situate abroad. I think the answer to this is that it is necessary to recognise the offence to aid in the preservation of the Quenn's peace

[445] LORD TUCKER in Board of Trade, a. a. O., p. 48: „... though it is by no means easy to determine from the report what was or was not decided expressly or by inference by Willes J."

[446] (1957) 41 Cr. App. Rep. 11 (Urteil des Court of Criminal Appeal und des House of Lords). Entscheidung erster Instanz: (1956) 40 Cr. App. Rep. 103 (Central Criminal Court).

and the maintenance of law and order within the realm, with which, generally speaking, the criminal law is alone concerned."[447]

Das komme auch in der geschichtlichen Entwicklung des Deliktes zum Ausdruck, die eng verbunden sei mit der des Versuchs:

„... it seems to me that the whole object of making such agreements punishable is to prevent the commission of the substantive offence before it has even reached the stage of an attempt and that it is all part and parcel of the preservation of the Queens's peace wihin the realm. I cannot, therefore, accept the view that the locality of the acts to be done and of the object to be attained are matters irrelevant to the criminality of the agreement."[448]

Mit dieser Begründung verwarf das Gericht die Auffassung, daß es nur darauf ankomme, ob das „agreement" in England oder außerhalb Englands stattgefunden habe. Werde eine Auslandstat in England verabredet, sei vielmehr entscheidend, ob das englische Strafrecht auch auf diese Haupttat anwendbar sein würde, wenn sie zur Ausführung gelangt wäre. Nur unter dieser Voraussetzung könne der innerenglische Rechtsfrieden auch schon durch die entsprechende conspiracy in England gefährdet werden. Die Feststellung, daß alle in England eingegangenen Verabredungen zur Verwirklichung einer strafbaren Handlung im Ausland als nach dem englischen Recht strafbare conspiracies zu behandeln seien, liege außerhalb der richterlichen Möglichkeiten. Diese Entscheidung könne nur durch ein Gesetzt getroffen werden.

Eine ausdrückliche gesetzliche Bestimmung enthält „Offences against the Person Act", 1861, s. 4 für conspiracy to commit murder[449]. Sie ermöglicht die Bestrafung von britischen Staatsbürgern, die im Inland oder im Ausland[450] die Verübung eines Mordes im Ausland verabreden. Ob s. 4 auch für in England zustandegekommene conspiracies von Ausländern gelten soll, die auf die Begehung einer Haupttat im Ausland gerichtet sind, ist noch nicht ausdrücklich entschieden worden und erscheint zweifelhaft. Dagegen spricht, daß selbst eine im Ausland verübte Tötung nach englischem Recht nicht bestraft werden könnte, wenn die Täter Ausländer sind. Das gilt sogar dann, wenn die Tötungshandlung in England begangen, der Tod des Opfers aber außerhalb des Jurisdiktionsbereiches der englischen Gerichte eintreten würde. Andererseits kann s. 4 aber gerade als eine gesetzliche Durchbrechung der in Board of Trade v. Owen and Seth-Smith festgestellten Grundsätze

[447] (1957) 41 Cr. App. Rep., p. 43.

[448] a. a. O., p. 44.

[449] Halsbury, Statutes, Vol. 5, p. 789: „All persons who shall conspire, confederate, and agree to murder any person, whether he be a subject of Her Majesty or not, and whether he be within the Queen's dominions or not, ...

[450] Das kann aus Offences against the Person Act, s. 4 in Verbindung mit s. 9 entnommen werden.

verstanden werden. Eine solche Möglichkeit wurde vom House of Lords ausdrücklich anerkannt[451]. Diese Auffassung wird von Kenny-Turner[452] vertreten unter Hinweis auf die Entscheidung Reg. v. Most[453], in der sich der Court of Criminal Appeal allerdings nur mit der Frage auseinanderzusetzen hatte, ob auch der in einer Londoner Zeitung veröffentlichte Aufruf zu Gewalttätigkeiten gegen bestimmte Ausländer ohne Erwähnung des Begehungsortes als „encourage" und „endeavour to persuade" im Sinne von s. 4 des Offences against the Person Act anzusehen sei. Zu der besonderen, aus dem internationalen Strafrecht herrührenden Problematik wurde nicht Stellung genommen. Die Anwendbarkeit von s. 4 auf innerenglische conspiracies, die auf die Begehung einer Tötung im Ausland abzielen, kann aus dieser Entscheidung kaum abgeleitet werden.

5. *Die Bestrafung von internationalen Distanzdelikten mit einem tatbestandsmäßigen Erfolg außerhalb Englands als Versuch nach englischem Recht*

Sieht man von der durch den Offences against the Person Act, s. 10 für britische Staatsbürger statuierten Ausnahme ab, läßt sich kein Nachweis für die Anerkennung der subjektiven Ausprägung des Territorialitätsprinznps im englischen Strafrecht erbringen. Die Ausführungen von Lord Tucker in Board of Trade v. Owen and Seth-Smith machen deutlich, daß nach englischer Rechtsauffassung das englische Strafrecht in erster Linie den inneren Rechtsfrieden zu schützen hat, der regelmäßig nicht berührt wird durch innerstaatliche Angriffshandlungen, die auf die Bewirkung eines Erfolges außerhalb des räumlichen Geltungsbereiches des englischen Strafrechts abzielen. Der Schutz fremder Rechtsgüter, auch wenn sie nicht spezifisch fremdstaatlichen Charakter haben, durch unmittelbare Anwendung des englischen Strafrechts im Sinne einer Bestrafung des Täters einer solchen Distanztat findet nicht statt. Den Entscheidungen Reg. v. Nillins und Reg. v. Harden[454] ist zu entnehmen, daß allenfalls eine Auslieferung des Täters in Betracht kommt[455].

---

[451] Lord Tucker in 41 Cr. App. Rep. 11 (54): „... and if it is in the public interest that such conspiracies should be triable and punishable here, it is, I think, for the legislature so to determine."

[452] Outlines, p. 535 (§ 645).

[453] (1881) 14 Cox C. C. 583. Ob der Angeklagte britischer Staatsbürger oder Ausländer war, ist der Entscheidung nicht zu entnehmen.

[454] (1884) 24 Dig. 189 (7).

[455] Im Gegensatz zu den meisten kontinentaleuropäischen Staaten wird in Großbritannien der Grundsatz vertreten, hinsichtlich der Auslieferung eigene Staatsangehörige ebenso zu behandeln wie Ausländer und sie im Rahmen d. bestehenden Verträge auszuiiefern, in den meisten Fällen selbst

Kann demnach der in England tatbestandsmäßig handelnde Täter einer internationalen Distanztat, deren Erfolg außerhalb Englands eintritt, nach englischem Recht nicht wegen des vollendeten Deliktes bestraft werden, bleibt doch die Frage, ob die tatbestandsmäßige Willensbetätigung in England nicht ein strafbarer Versuch (criminal attempt) sein kann, auf den sich die Jurisdiktion der englischen Gerichte erstreckt. Eine solche Möglichkeit lehnte der Court of Criminal Appeal in Reg. v. Harden[456] ausdrücklich ab. Das betrügerische Handeln des Angeklagten in England, das ein „obtaining" in Jersey zur Folge hatte, könne deshalb nicht als Versuch rechtlich qualifiziert werden, weil die Straftat tasächlich, wenn auch außerhalb des Jurisdiktionsbereichs der englischen Gerichte, vollendet worden sei[457].

In einer Anmerkung billigt Smith[458] die Entscheidung insoweit im Ergebnis, versucht aber gleichzeitig mit überzeugenden Argumenten nachzuweisen, daß die Begründung des Appellationsgerichts nicht richtig sei. Nach englischem Recht gelte das Delikt „obtaining by false pretences" als nicht vollendet, weil innerhalb des Geltungsbereichts des englischen Rechts kein „obtainig" stattgefunden habe. Ob der Angeklagte nach dem in Jersey geltenden Recht einen vollendeten Betrug begangen habe, sei vom Standpunkt des englischen Rechts nicht relevant.

Den wirklichen Grund für die Unmöglichkeit, die von Harden in England verübte Handlung als Versuch zu bestrafen, sieht Smith vielmehr in der Tatsache, daß die Willensbetätigung auch unter voller Berücksichtigung des vom Täter erreichten Erfolges nach englischem Recht nicht tatbestandsmäßig ist, da nicht einmal die Handlung und der außerenglische Erfolg zusammen einen Straftatbestand des englischen Rechts verwirklichen[459]. Wäre dagegen die vom Court of Criminal Appeal gegebene Begründung richtig, hätte Harden wegen Versuchs bestraft werden müssen, wenn die Finanzierungsgesellschaft in Jersey die Schecks an ihn nicht abgeschickt hätte.

---

dann, wenn insoweit nicht d. Gegenseitigkeit garantiert ist. Dazu ausführl. Rafuse, The Extradition of Nationals, ch. 1.

[456] (1962) 2 W. L. R. 553 (559—560).

[457] „... but as the offences were in fact completed the alternative verdict of guilty of an attempt is not open to us under s. 9 of the Criminal Procedure Act, 1851."

[458] (1962) Criminal Law Review 250.

[459] Williams, Criminal Law, pp. 633—634: „For if the legislature has not seen fit to prohibit the consummated act, a mere approach to consummation should a fortiori be guiltless. Any other view would offend against the principle of legality; in effect the law of attempt would be used to manufacture a new crime, when the legislature has left the situation outside the ambit of the law."

Das bedeutet, daß entsprechend dem in Board of Trade v. Owen and Seth-Smith entwickelten Gedanken, die in England lokalisierbare Handlung einer internationalen Distanztat mit Auslandserfolg nur dann ein strafbarer Versuch ist, wenn das vollendete Delikt selbst eine in England verfolgbare strafbare Handlung wäre[460]. Da in einem solchen Fall aber regelmäßig schon wegen der vollendeten Tat in England angeklagt werden könnte, ist es ausgeschlossen, die nach englischer Rechtsauffassung im Ausland begangenen Straftaten auf einem Umweg teilweise doch in England dadurch zu lokalisieren, daß die tatbestandsmäßige Handlung als Versuch bewertet und in England bestraft wird.

6. KAPITEL

Die Erweiterung der Begehungsorte durch besondere Straftatbestände

Die vom Common Law zur Erweiterung der örtlichen Zuständigkeit der englischen Gerichte in Strafsachen entwickelte Doktrin[461], daß ein Diebstahl als Dauerdelikt an jedem Ort erneut begangen wird, an den der Täter die gestohlenen Sachen bringt, blieb auf rein innerenglische Taten beschränkt. Deshalb bestand nach dem Common Law keine Möglichkeit, den Täter eines im Ausland begangenen Diebstahls, der mit dem Diebesgut in England gefaßt wurde, in England zu bestrafen. Das gleiche gilt für einen Hehler, der bewegliche Sachen, die durch eine im Ausland begangene strafbare Handlung erlangt waren, in England erhielt. Aus diesen Gründen wurde im Fall Debruiel[462] der Angeklagte, der in Guernsey gestohlen hatte und mit seiner Beute nach England gekommen war, weder wegen „larceny" noch wegen „having stolen goods in possession" verurteilt. Der Larceny Act von 1861[463] ermöglichte eine Verurteilung nur hinsichtlich im United Kingdom begangener Diebstahlshandlungen, zu dem Guernsey nicht gehört. Mithin war eine nach englischem Recht strafbare Handlung, die Voraussetzung für die Anwendung der Common Law Doctrin ist, nicht festzustellen[464].

Dieser durch das Common Law und den Larceny Act im Sinne des strikten Territorialitätsprinzips abgegrenzte Rahmen für die Jurisdiktion der englischen Gerichte zur Aburteilung von Diebstahl und Heh-

---

[460] SMITH, a. a. O.

[461] Vgl. Hauptteil III, Kap. 3.

[462] Reg. v. Debruiel and Another, (1861) 11 Cox C. C. 207.

[463] 24 & 25 Vict. c. 96 (HALSBURY, Statutes, Vol. 5, p. 727).

[464] Vgl. in diesem Zusammenhang auch Coleridge C. J. in Reg. v. Carr and Wilson, (1882) 15 Cox C. C, 129 (136).

lerei wurde wesentlich erweitert durch ein Gesetzt von 1896[465]. Section 1 dieses Gesetzes ist inhaltlich im wesentlichen unverändert als section 33 (4) in den Larceny Act von 1916[466] übernommen worden. Danach begeht eine Straftat in England, wer dort Sachen erlangt oder in Besitz hat, von denen er weiß, daß sie außerhalb des United Kingdom gestohlen oder auf eine Weise erworben wurden, die, wenn der Erwerb in England stattgefunden hätte, den Tatbestand eines felony oder misdemeanour erfüllen würde[467]. Durch diese Bestimmung ist das gleiche Ergebnis erzielt worden, als wenn die vom Common Law entwickelte Behandlung von larceny als Dauerdelikt auch auf internationale Straftaten ausgedehnt worden wäre. Der wesentliche Unterschied besteht in der vom Gesetzgeber gewählten Methode, zu einer solchen Ausdehnung des Begehungsortes zu gelangen. Die ursprüngliche, außerhalb des United Kingdom begangene Straftat wird nicht durch die Fiktion eines Dauerdeliktes auch innerhalb des United Kingdom lokalisiert. An ihrem Charakter als reiner Auslandstat wird nichts verändert. Vielmehr wird der Erwerb oder der Besitz einer durch eine solche strafbare Handlung erlangten Sache in England zu einem ganz neuen, selbständigen Delikt erklärt:

„Subs. (4) of S. 33 creates a special offence to deal with a special situation“[468]

Diese Konstruktion des Gesetzes hat einmal zur Folge, daß unter formeller Einhaltung des Territorialitätsprinzips auch ausländische Sachverhalte von den englischen Gerichten wertend berücksichtigt werden können. Außerdem ist die aus dem Common Law stammende Frage,

---

[465] 59 & 60 Vict., c. 52 (Law Reports, Statutes, 1896, p. 435):

„An Act to amed the law with respect to the jurisdiction exerciseable in cases relating to the receipt or possession of stolen property.“

Zur Anwendung dieses Gesetzes vgl. die Entscheidungen R. v. Panse, (1897) 15 Dig. 964 (10 771) und R. v. Graham, (1901) 15 Dig. 964 (10 772). In beiden Fällen war eine Verurteilung in England ausgesprochen worden wegen des Besitzes von Diebsgut, obwohl die ursprünglichen Straftaten, durch die der widerrechtliche Besitz begründet wurde, außerhalb des United Kingdom begangen worden waren.

[466] 6 & 7 Geo. 5, c. 50 (Halsbury, Statutes, Vol. 5, p. 1011).

[467] S. 33 (4): Every person who, without lawful excuse, knowing the same to have been stolen or obtained in any way whatsoever under such circumstances that if the act had been committed in the United Kingdom the person committing it would have been guilty of felony or misdemeanour, receives or has in his possession any property so stolen or obtained outside the United Kingdom, shall be guilty of an offence of the like degree (whether felony or misdemeanour) ...

[468] Regina v. Smith, (1962) 2 W. L. R. 1145; (1962) 2 All E. R. 200. Der Angeklagte war in London verhaftet worden mit in Cap d'Antibes (Frankreich) gestohlenen Juwelen.

ob eine Anklage wegen „receiving stolen property" die bereits erfolgte Verurteilung des ursprünglichen Täters voraussetzt[469], für die Anwendung von Larceny Act, s. 33 (4) deshalb gegenstandslos, weil dieser selbständige Tatbestand kein solches Erfordernis enthält:

„There was, in the view of this court, no need at all for the principal offender to be brought to justice or convicted in this country, or, indeed, anywhere, before a charge could properly be preferred under subs. (4) of s. 33 of the Larceny Act 1916. Subs. (4) of s. 33 creates a special offence to deal with a special situation, and if the ingredients set out in that subs. are established, it is immaterial whether the person who originally stole the goods has been brought to justice or not."[470]

7. KAPITEL

Der Begehungsort der Teilnahmedelikte

Vom Common Law sind die verschiedenen Formen der strafrechtlich erheblichen Teilnahme (participation) an einer strafbaren Handlung nach bestimmten Gesichtspunkten typisiert worden, die mit den Begriffen „Anstiftung" und „Beihilfe" nicht umschrieben werden können. Ein Gehilfe im Sinne des deutschen Rechts kann z. B. nicht nur ein „accessory before the fact", sondern auch ein „pricipal in the second degree" sein. Eine klare Abgrenzung der Anstiftung von der Beihilfe findet im englischen Recht nicht statt, die Unterscheidung der accessories (Teilnehmer) von den principals (Tätern) beruht ausschließlich auf objektiven Merkmalen. Deshalb ist es erforderlich, der Untersuchung des Begehungsortes der Teilnahmedelikte einen Überblick über die verschiedenen Tatbestände und ihren spezifischen Inhalt voranzustellen.

I. Die Teilnahme nach Common Law

Der Gegensatz zwischen den principals einer Straftat einerseits und den accessories before or after the fact andererseits besteht nur für die

[469] Vgl. East, Treatise, Vol. II, p. 744: „For till the stat. 1 Ann. the receiver could not be prosecuted or punished at all before the principal thief was tried and convicted." Vgl. auch Stephen, History, Vol. II, p. 238. Da aber „receiving goods stolen abroad" kein Delikt nach Common Law ist, für welches das von East zitierte Statut gilt, wurde von der Verteidigung in Reg. v. Smith eingewendet, die Anwendung von s. 33 (4) setze die Verurteilung des ursprünglichen Täters voraus: „The argument proceeds that, because in effect this form of receiving is akin to the position of accessories after the fact, the old principle is still relevant and applicable: that until the principal offender, namely, the man who has stolen abroad, has been convicted or brought to justice, there is no room for a conviction of the receiver under subsection (4).

[470] Reg. v. Smith (1962) 2 W. L. R. 1145 (1152). Vgl. auch die Anmerkung zu dieser Entscheidung von Smith in (1962) Crim. Law Review, 390.

Gruppe von Delikten, die als felonies bezeichnet werden. Sowohl im Falle von treason als auch von misdemeanours[471] wurde schon im älteren Common Law der Grundsatz vertreten[472], daß eine Abstufung der an diesen strafbaren Handlungen beteiligten Personen nach principals und accessories nicht in Betracht kommt. Treason wurde als ein so schweres Verbrechen angesehen, daß jeder Teilnehmer ohne Rücksicht auf die Bedeutung seines Tatbeitrages als principal behandelt werden müsse. Dagegen erscheint der Unrechtsgehalt der misdemeanours regelmäßig als zu unbedeutend, um die Unterscheidung zwischen principals und accessories aufrechtzuerhalten. Die Auffassung ist vom Common Law beibehalten worden[473].

1. *Principals in the first and in the second degree*

Wer an der Verwirklichung eines Straftatbestandes selbst aktiv teilnimmt und mithin im Zeitpunkt der Begehung der Straftat am Begehungsort anwesend ist, wird als „principal in the first degree" bezeichnet[474]. Die persönliche Anwesenheit kann auch „konstruiert" sein, wenn sich der Täter eines innocent agent bedient, um den tatbestandsmäßigen Erfolg herbeizuführen[475]. Tritt dieser Erfolg nicht unmittelbar nach Abschluß der deliktischen Tätigkeit ein, dann ist die Präsenz des „principal in the first degree" im Zeitpunkt des Erfolgseintritts nicht erforderlich[476], sondern es genügt, wenn er bei der Begehung der tatbestandsmäßigen Handlung zugegen war.

Auch für den „principal in the second degree" ist die tasächliche oder fingierte Anwesenheit bei der Begehung des Verbrechens ein wesentliches Begriffsmerkmal. Vom Täter ersten Grades unterscheidet er sich aber dadurch, daß sein Tatbeitrag lediglich in der Gewährung

[471] Hinsichtlich der im summarischen Verfahren aburteilbaren Straftaten vgl. „Summary Jurisdiction Act", 1848, 11 & 12 Vict. c. 43, s. 5 (Halsbury, Statutes, Vol. 14, p. 776).

[472] Coke, Inst., 3rd part, p. 138; Hale, Vol. I, p. 613; Hawkins, 8th ed., Bk. 2, ch. XXIX, sect. 1; Lisle's (Lady Alice) Case, (1685) 14 Dig. 74 (422); Accessory Case, (1612) 77 E. R. 1359.

[473] R. v. Greenwood, (1852) 5 Cox C. C. 521;; R. v. Burton, (1875) 13 Cox C. C. 71; Reg. v. Waudby, (1895) 18 Cox C. C. 194; Benfield v. Simms, (1898) 19 Cox C. C. 141; Du Cros v. Lambourne, (1907) 1 K. B. 40; Gould & Company Ltd. v. Houghton, (1921) 1 K. B. 25; Williams, Criminal Law, General Part, p. 346; Kenny-Turner, p. 103 (§ 66); Stephen, History, Vol. II, p. 231.

[474] Hale, Vol. I, p. 615: „So that regularly no man can be a principal in felony unless he be present ..."; R. v. Harrington, (1851) 5 Cox C. C. 231.

[475] Vgl. Teil III, 4. Kapitel, in Nr. III.

[476] Hale, Vol. I, p. 615; Hawkins, 8th ed., Bk. 2, ch. 29, sect. 11; Halsbury, Laws, Vol. 10, p. 296 (553).

von Hilfe und Unterstützung während der Verwirklichung des Tatbestandes besteht[477]. Seine Präsenz muß allerdings bestimmt sein von der Absicht, der Begehung der Straftat Vorschub zu leisten[478], eine rein zufällige Anwesenheit reicht nicht aus.

2. *Accessories before the Fact*

Im Gegensatz zu den principals ist es für die accessories charakteristisch, daß sie bei der eigentlichen Verwirklichung eines Straftatbestandes nicht zugegen sind[479]. Die Handlung eines accessory before the fact erschöpft sich in der Leistung von physischer oder psychischer Unterstützung des Haupttäters vor der Begehung der strafbaren Handlung, sie kann auch in dem Hervorrufen des Tatentschlusses bei dem principal gesehen werden. Der accessory before the fact entspricht also, je nach den Umständen des Einzelfalles, einem Anstifter oder Gehilfen im Sinne des deutschen Rechts. "An accessory before, is he, that being absent at the time of the felony committed, doth yet procure, counsel, command, or abet another to commit a felony."[480]

3. *Accessories after the Fact*

Diese Form der Teilnahme wird verwirklicht, wenn jemand in Kenntnis der Tatsache, daß ein anderer ein felony begangen hat, diesem Unterkunft gewährt (receives), ihm Hilfe leistet (comforts) oder unterstützt (assists), um ihn der Bestrafung zu entziehen:

> „This kind of accessory after the fact is, where a person knowing the felony to be committed by another receives, relieves, comforts, or assists the felon."[481]

Bei der Vortat muß es sich um ein felony, entweder nach common law oder nach Statute Law, handeln, ein misdemeanour genügt nicht[482]. Der „accessory after the fact" ist demnach vergleichbar mit dem Täter einer persönlichen Begünstigung im Sinne von § 257 StGB[483]. Dagegen wurde der Tatbestand nach Common Law nicht verwirklicht, wenn jemand lediglich die mittels einer strafbaren Handlung erlangten

---

477 Hale, Vol. I, p. 615; Kenny-Turner, p. 107 (§ 68); Stephen, History, Vol. II, p. 230.

478 R. v. Coney, (1882) 15 Cox C. C. 46; Wilcox v. Jeffery, (1951) 1 All E. R. 464; Sayce v. Coupe, (1952) 2 All E. R. 715.

479 Der principal in the second degree wurde deshalb früher auch als „accessory at the fact" bezeichnet.

480 Hale, Vol. I, p. 615; ähnlich Hawkins, 8th ed., Bk. 2, ch. 29, sect. 16—19; zu den Begriffsmerkmalen ausführlich Archbold, § 4141; Halsbury, Laws, Vol. 10, pp. 300—302 (558—560); Russell, pp. 159—173.

481 Hale, Vol. I, p. 618; vgl. auch Hawkins a. a. O., sect. 26—35.

482 Kenny-Turner, p. 113 (§ 70).

483 Stephen, History, Vol. II, p. 240.

Sachen an sich brachte, es sei denn, dies geschah, um dem Haupttäter die Flucht zu ermöglichen[484].

II. Die Bedeutung der Gesetzgebung für das Teilnahmerecht

Die vom Common Law entwickelten Merkmale für die Abgrenzung der „principals" von den „accessories" sowie für die Unterscheidung der „principals in the first degree" von den „principals in the second degree" einerseits und der „accessories before the fact" von den „accessories after the fact" andererseits sind durch das Gesetzesrecht nicht geändert worden. Die im „Accessories und Abettors Act" von 1861[485] enthaltenen Begriffsbestimmungen einzelner Teilnahmeformen haben lediglich das zu diesem Zeitpunkt schon geltende materielle Recht jedenfalls zum Teil konsolidiert. Die eigentliche Bedeutung dieses Gesetzes liegt vielmehr auf dem Gebiete des Prozeßrechts. Die schon zu Beginn des 18. Jahrhunderts begonnene Tendenz, die prozessuale Akzessorietät der Teilnahmedelikte von der Haupttat einzuschränken, hat in dem „Accessories and Abettors Act" ihren vorläufigen endgültigen Niederschlag und Abschluß gefunden.

Der vom Common Law wahrscheinlich aus dem römischen Recht übernommene Satz[486] „accessarius sequitur naturam principalis sui" wurde nicht nur im Sinne einer materiellen, sondern auch einer prozessualen Abhängigkeit verstanden. Das hatte zur Folge, daß ein Teilnehmer nicht abgeurteilt werden konnte, wenn nicht bereits der principal selbst wegen der von ihm begangenen Haupttat bestraft worden war[487]. Starb mithin der Haupttäter vor seiner Verurteilung, wurde er begnadigt oder erlangte er den „benefit of clergy"[488], dann konnte der Teilnehmer entweder gar nicht angeklagt oder, wenn das gegen ihn gerichtete „indictment" mit der Anklage gegen den Haupttäter verbunden war, nicht verurteilt werden:

---

[484] Hale, Vol. I, p. 619.

[485] 24 & 25 Vict. c. 94 bei Halsbury, Statutes, Vol. 5, p. 724.

[486] Stephen, History, Vol. II, p. 232.

[487] Blackstone-Kerr, Vol. IV, p. 377; Hale, Vol. I, p. 623; Hawkins, 8th ed., Bk. 2, ch. 29, sect. 36; Stephen, History, Vol. II, p. 235.

[488] „Benefit of clergy" war ein besonderes Privileg, außerhalb der Jurisdiktion der ordentlichen Gerichte zu stehen und nur von einem geistlichen Gericht angeklagt werden zu können. Es war ursprünglich auf die geistlichen Amtsträger beschränkt, wurde aber unter Heinrich III (1216—1257) auf alle des Lesens kundigen Personen ausgedehnt. Das Privileg wurde durch den Criminal Law Act von 1827, s. 6 (7 & 8 Geo 4, c. 28 bei Halsbury, Statutes, Vol. 5, p. 636) aufgehoben. Vgl. im einzelnen Blackstone-Kerr, Vol. IV, p. 426 et seq.; Holdsworth, History, Vol. I, p. 615; Plucknett, Concise History pp. 439—441; Pollock-Maitland, History, Vol. I, p. 441 et seq.; Kenny-Turner, p. 90 (§ 55).

„... and it might so happen, that the accessory should be convicted one day, and the principal acquitted the next, which would be absurd. However, that absurdity could only happen, where it was possible that a trial of the principal might be had subsequent to that of the accessory; and therefore at common law the accessory could not be tried so long as the principal remained liable to be hereafter."[489]

Diese prozeßrechtliche Abhängigkeit ist im Verhältnis des „principal in the second degree" zum Haupttäter vom Common Law überwunden worden, ohne daß es dazu eines besonderen Gesetztes bedurfte. In ständiger Rechtsprechung wurde es als zulässig angesehen, ein Strafverfahren gegen den „aider and abettor" auch dann einzuleiten und bis zu dessen Verurteilung fortzusetzen, wenn der Haupttäter nicht festzustellen war oder wenn er wegen der nur in seiner Person begründeten Eigenschaften oder Verhältnisse freigesprochen wurde[490].

Dagegen ist die im Strafverfahren ihren Ausdruck findende Akzessorietät der Tat eines „accessory before or after the fact" von der strafbaren Handlung des Haupttäters nur schrittweise durch die Gesetzgebung aufgehoben worden. Die Entwicklung begann mit dem Statut „1 Anne ch. 9" von 1702[491] und wurde fortgesetzt durch 7 Geo 4, c. 64, ss. 9, 11 und 11 & 12 Vict. c. 46[492]. Diese Gesetze sind zwar formell nicht mehr in Kraft[493], die in ihnen enthaltenen Bestimmungen, die das Prozeßrecht für accessories reformiert haben, sind aber nunmehr in dem „Accessories and Abettors Act" enthalten[494]. Danach kann ein „accessory before the fact" (s. 1) in jeder Hinsicht angeklagt, verurteilt und bestraft werden wie ein Haupttäter[495]. Demnach ist es möglich, ihn entweder (s. 2) wegen eines selbständigen Verbrechens (substantive felony) anzuklagen und zu verurteilen, ohne Rücksicht darauf, ob der Haupttäter verurteilt worden ist oder verurteilt werden kann, oder ihn, entsprechend den subsidiär fortgeltenden Grundsätzen des Common Law, als einen „accessory before the fact" zusammen mit dem Haupttäter oder nach dessen Aburteilung anzuklagen. Das gleiche gilt nach s. 3 für „accessories after the fact", die allerdings nicht wie prin-

---

[489] Blackstone-Kerr, Vol. IV, p. 377.

[490] R. v. Wallis, (1703) 91 E.R. 294; R. v. Taylor and Shaw, (1785) 14 Dig. 94 (647); R. v. Towle, (1816) 146 E.R. 217; R. v. Burton, (1875) 13 Cox C.C. 71; Morris v. Tolman, (1923) 27 Cox C.C. 345; R. v. Bourne, (1952) 36 Cr. App. Rep. 125.

[491] Bei Blackstone-Kerr, Vol. IV, p. 377.

[492] Vgl. Stephen, History, Vol. II, pp. 235—236; Blackstone-Kerr, Vol. IV, p. 378.

[493] Das Gesetz 7 Geo. 4, c. 64, gilt zwar noch zum Teil, die ss. 9 und 11 sind aber außer Kraft getreten; vgl. Halsbury, Statutes, Vol. 5, p. 630.

[494] Halsbury, Statutes, Vol. 5, p. 724, Anm. zu s. 1.

[495] Vgl. dazu Reg. v. James, (1890) 17 Cox C.C. 26.

cipals behandelt werden, da eine s. 1 entsprechende Bestimmung für „accessories after the fact“ nicht besteht[496].

III. Behandlung der Teilnahmedelikte bei der Bestimmung der örtlichen Zuständigkeit[497]

Der das Teilnahmerecht des Common Law beherrschende Grundsatz der prozessualen Akzessorietät hatte eine besondere Konsequenz für solche innerenglische Straftaten, an deren Verwirklichung mehrere Personen als principals und accessories beteiligt sind, die ihre deliktische Tätigkeit innerhalb verschiedener Gerichtsbezirke entfalten. Wenn jemand als accessory before the fact in der Grafschaft A. einem anderen Gift verschaffte und ihn zu einem Mord überredete, der von diesem in der Grafschaft B. begangen wurde, dann konnte wegen der ursprünglich strengen territorialen Beschränkung der englischen Gerichte die Jury der Grafschaft B. zwar über den Mord als die Tat des principal in the first degree befinden, nicht aber über die Tätigkeit des accessory, weil diese in einer anderen Grafschaft stattgefunden hatte. Aus den gleichen Gründen war es einem Gericht der Grafschaft A. verwehrt, die Haupttat abzuurteilen. Das hatte aber zur Folge, daß sie auch nicht ohne weiteres über die Teilnahme richten konnte, obwohl diese innerhalb der räumlichen Grenzen ihres Zuständigkeitsbereiches begangen war, weil wegen der für eine Teilnahme begrifflich notwendigen Haupttat keine Ermittlungen angestellt werden konnten, und die Tatsache der Verurteilung des Haupttäters vom Gericht nur mittelbar festzustellen war. Die Behandlung von Distanzdelikten dieser Art wurde demnach direkt beeinflußt von dem Problem der materiellen und prozessualen Akzessorietät der Teilnahme von der Haupttat.

Während von Hale[498] die Auffassung vertreten wurde, daß bei einem in dieser Weise begangenen Distanzdelikt die Teilnahme nach dem Common Law überhaupt nicht bestraft werden könne, hielt Hawkins[499] die Möglichkeit einer Bestrafung zwar für zweifelhaft, verwies aber andererseits auf den Fall einer Verurteilung eines accessory in der Grafschaft, wo er seine Teilnahmehandlung begangen hatte. Das Gericht hatte vorher an die Richter der Grafschaft geschrieben, in der die

---

[496] Deshalb ist im Falle einer Anklage als principal eines felony keine Verurteilung wegen accessory after the fact möglich: R. v. Falon, (1862) 9 Cox C. C. 242; vgl. auch R. v. Watson, (1916) 25 Cox C. C. 470 und R. v. Richards, (1877) 13 Cox C. C. 611.

[497] Diese Frage gehört systematisch zu Kapitel 3. Da sie sich aber aus den Teilnahmeproblemen ergibt, wird sie aus Zweckmäßigkeitsgründen an dieser Stelle erörtert.

[498] Vol. I, p. 623.

[499] 8th ed., Bk. 2, ch. 29, sect. 48.

Haupttat begangen war und sich Gewißheit darüber verschafft, ob dort der „principal" angeklagt sei[500].

Durch das Statut 2 & 3 Edw. 6, c. 24 von 1548[501] wurde die örtliche Zuständigkeit zur Aburteilung des accessory bei dem Gericht begründet, in dessen Grafschaft der Teilnehmer seinen Tatbeitrag bewirkt hat[502]. Um auf die aus der Abhängigkeit der Teilnahme von der Haupttat resultierenden Erfordernisse nicht verzichten zu müssen, wurde den mit dem Teilnahmedelikt befaßten Richtern die Möglichkeit eingeräumt, sich durch ein Schreiben an das für die Verhandlung der Haupttat zuständige Gericht darüber zu informieren, ob der „principal be atteinted, convicted, or otherwise discharged of such principal felony"[503].

Mit der Beseitigung der prozessualen Akzessorietät durch den Accessories and Abettors Act ist in s. 7 dieses Gesetzes[504] das für die strafbaren Handlungen der principals bereits seit dem Criminal Law Act von 1826[505] geltende Ubiquitätsprinzip auch auf die Straftaten der accessories before or after the fact erstreckt worden. Demnach besteht für die Teilnahmedelikte gleichrangig nebeneinander einmal die örtliche Zuständigkeit des Gerichts, in dessen Bereich die Haupttat begangen worden ist und außerdem des Gerichts, in dessen Bezirk der Teilnehmer seinen strafrechtlich relevanten Tatbeitrag geleistet hat[506].

IV. Die Behandlung der Teilnahmedelikte bei der Bestimmung der Jurisdiktion der englischen Gerichte

Die auf dem Territorialitätsprinzip des Common Law beruhenden rechtlichen Hindernisse, die Zuständigkeit eines englischen Gerichts für

---

[500] Year Book of Edw. 4. 48. 1 bei Hawkins, a. a. O., sect. 48 (2).

[501] Bei Hawkins, a. a. O., sect. 50.

[502] „That where any murder or felony shall be hereafte· committed and done in one county, and another pearson, or more, shall be accessary or accessaries in any manner of wise to any such murder or felony in any other county, that an indictment found or taken against such accessary or accessaries upon the circumstances of such matter before the justices of peace, or other justices or commissioners to inquire of felonies in the county where such offences of accessary ... shall be committed or done, shall be as good and effectual in the law, as if the said principal offence had been committed or done in the same county where the same indictment against such accessary shall be found ..."

[503] Vgl. dazu „Sir Thomas Overburies Case" bei Coke, Institutes, 3rd part, pp. 49, 135.

[504] Die Frage der Jurisdiktion der englischen Gerichte wird von dieser Bestimmung nicht berührt: Reg. v. West, (1962) Crim. L. R. 556.

[505] Vgl. oben Kapitel 3.

[506] Außerdem wird durch s. 7 die örtliche Zuständigkeit noch unabhängig vom Begehungsort der Teilnahme oder Haupttat erweitert.

die Aburteilung von accessories zu begründen, die ihren verbrecherischen Willen nicht in der gleichen Grafschaft betätigt haben wie der Haupttäter, sind durch die Gesetzgebung beseitigt worden. Ein entsprechendes Statut, das generell die Erstreckung der englischen Jurisdiktion auf principals und accessories bewirkt, wenn nur die Haupttat oder nur die Teilnahme in England verwirklicht worden ist, besteht nicht. Die Beantwortung der Frage, wie diese Distanzdelikte vom Standpunkt des internationalen Strafrechts Englands zu behandeln sind, kann daher nur dem Common Law entnommen werden, unter Berücksichtigung der für einzelne Tatbestände bestehenden gesetzlichen Regelungen.

1. *Inländische Haupttat mit ausländischer Teilnahme*

Aus dem trotz des Accessories and Abettors Act fortgeltenden Erfordernis der materiellen Akzessorietät[507] entstehen für diese Fallgruppe keine Schwierigkeiten, da auf die strafbare Handlung des principal wegen des Territorialitätsprinzips englisches Strafrecht zur Anwendung kommt und mithin die für die Strafbarkeit der Teilnahme begrifflich erforderliche Haupttat festgestellt werden kann. Wegen des Gebietsgrundstzes ist es aber notwendig, daß die Tat des Teilnehmers jedenfalls auch als innerhalb des räumlichen Bereiches der englischen Jurisdiktion begangen angesehen werden kann[508]. Eine solche inländische Lokalisierung von im Ausland bewirkten Teilnahmehandlungen ist nach deutschem Recht möglich, weil die Begehung der Haupttat als ein Erfolg der Teilnahme und der Ort des Erfolgseintritts immer als einer von mehreren möglichen Begehungsorten verstanden wird. Im Common Law besteht aber eine so weitgehende Anerkennung des Erfolgsprinzips nicht[509]. Eine Distanztat, deren Erfolg in England eintritt, ist nur dann im Sinne des Territorialitätsgrundsatzes innerhalb der englischen Jurisdiktion lokalisierbar, wenn entweder die Anwesenheit des Täters in England konstruierbar ist (Prinzip der verlängerten Hand), oder wenn dort das wesentliche Tatbestandselement (gist, kernel of the offence) verwirklicht worden ist. Das hat für den im Ausland handelnden accessory zur Folge, daß seine Teilnahme nur dann als in England begangen gelten kann, wenn er sich in der Weise eines „innocent agent“ bedient, daß seine persönliche Anwesenheit bei

---

[507] R. v. Johnson & Jones, (1841) 14 Dig. 95 (660); R. v. Turner, (1832) 14 Dig. 395 (4156); R. v. Gregory, (1867) 10 Cox C. C. 459; R. v. Daily Mirror Newspaper Ltd., (1922) 2 K. B. 530; HALSBURY, Laws, Vol. 10, p. 304 (563).

[508] Eine Ausnahme ist lediglich für die ausländische Teilnahme eines britischen Staatsbürgers an einem der wenigen Delikte anzuerkennen, für die auch nach englischem Recht das Personalitätsprinzip gilt, z. B. Bigamie, Offences against the Person Act, 1861 (24 & 25 Vict. c. 100) s. 57.

[509] Vgl. oben Kapitel 4.

der Unterstützung des principal vor der Begehung der Haupttat fingiert werden kann. Das wäre bei einem „accessory befor the fact" z.B. denkbar, wenn das „aiding" oder „abetting" durch einen aus dem Ausland mit der Post an den principal in England geschickten Brief erfolgt. Bei einem „accessory after the fact" ist allerdings eine solche konstruierte Anwesenheit während der Begehung seiner Teilnahmehandlung in England kaum vorstellbar.

Läßt sich trotz dieser Betrachtungsweise eine Anwesenheit des im Ausland handelnden Teilnehmers in England nicht fingieren, besteht nach dem Common Law keine Möglichkeit einer Lokalisierung der Teilnahme innerhalb Englands. Daraus folgt, daß nicht nur die englische Jurisdiktion zur Bestrafung des Teilnehmers fehlt, sondern daß auch dessen Tatbeitrag keine strafbare Handlung nach englischem Recht ist. Dieses Ergebnis wird unterstrichen durch den Larceny Act, 1916, s. 33 (4). Der Besitz oder der Empfang von im Ausland gestohlenen Sachen konnte nur durch einen selbständigen, auf einem Statut beruhenden Tatbestand zu einer nach englischem Recht strafbaren Handlung werden[510].

Eine gesetzliche Ausnahme enthält nur scheinbar der Offences against the Person Act, 1861, s. 10. Danach ist accessory im Falle murder und manslaughter[511] auch eine im Ausland verübte Teilnahme, wenn die Tötung außerhalb Englands begonnen wird, der Tod aber in England eintritt, oder wenn das Opfer einer innerhalb Englands begangenen Tötungshandlung im Ausland stirbt. Der Entscheidung Reg. v. Lewis[512] muß aber entnommen werden, daß diese Vorschrift nur auf die ausländischen Teilnahmehandlungen von britischen Staatsbürgern anwendbar ist[513]. Dagegen folgt die Strafbarkeit der von britischen Staatsbürgern im Ausland begangenen Teilnahme an einer innerenglischen Tötung schon aus s. 9 des Offences against the Person Act.

2. *Inländische Teilnahme an ausländischer Haupttat*

Ist die Haupttat ausschließlich im Ausland begangen[514], dann ergeben sich schon wegen des Erfordernisses der materiellen Akzessorietät Schwierigkeiten, die innerhalb der englischen Jurisdiktion geleistete Anstiftung oder Beihilfe als eine strafbare Handlung nach englischem

---

510 Stephen, History, Vol. II, pp. 12—13.

511 Im Falle von „manslaughter" ist allerdings nur ein „accessory after the fact" begrifflich möglich.

512 (1857) 7 Cox C. C. 277 (Court of Criminal Appeal).

513 Vgl. oben Kapitel 5.

514 In Rex. v. de Marny, (1906) 21 Cox C. C. 371 hatte der principal zwar im Ausland gehandelt, seine Anwesenheit in England konnte aber konstruiert werden. Die strafbare Handlung galt deshalb als Inlandstat.

Recht zu qualifizieren. Diese Schwierigkeiten bestehen nicht, wenn durch die Auslandstat einer der Tatbestände verwirklicht wird, die auf britische Staatsangehörige anwendbar sind ohne Rücksicht auf den Begehungsort, z. B. Bigamie[515] und Mord[516]. Da in solchen Fällen eine nach dem Recht Englands strafbare Handlung gegeben ist, kann die dazu in England geleistete „accessory" ohne Verletzung des Akzessorietätsprinzips bestraft werden. Dabei ist es unerheblich, ob der Teilnehmer britischer Staatsangehöriger oder Ausländer ist.

Von diesen Ausnahmen abgesehen, ist ein nur im Ausland begangenes Delikt keine strafbare Handlung nach englischem Recht. Mithin ist die für den Tatbestand der Teilnahme begriffsnotwendige Voraussetzung einer mit Strafe bedrohten Handlung als Haupttat nicht erfüllt. Dieses auch für das deutsche Recht bestehende Problem ist durch das internationale Strafrecht Deutschlands in der Weise gelöst worden, daß die ausländische Haupttat keine Handlung sein muß, auf die deutsches Recht im Sinne einer Bestrafung zur Anwendung kommt, sondern eine nach deutschem Recht unter einen Straftatbestand subsumierbare Handlung[517].

Eine ähnliche Behandlung der inländischen Teilnahme an einer ausländischen Haupttat ist für das geltende Recht Englands nicht feststellbar. In dem Fall R. v. Bernard[518] war ein Ausländer als „accessory before the fact" an einem in Paris begangenen Mord im Zusammenhang mit der Orsini-Verschwörung gegen Napoleon III. angeklagt. Die damit aufgeworfene Rechtsfrage, ob diese Teilnahme an einer Auslandstat in England bestraft werden könne, sollte, falls erforderlich, dem Court of Crown Cases Reserved unterbreitet werden. Dazu ist es aber nicht gekommen, weil der Angeklagte von der Jury freigesprochen wurde. Das Problem ist offensichtlich auch in neuerer Zeit von keinem oberen Gericht Englands entschieden worden.

Trotzdem erscheint die Annahme berechtigt, daß eine in England verübte accessory zu einer nicht der englischen Jurisdiktion in Strafsachen unterliegenden Auslandstat keine Straftat nach englischem Recht ist. Dieses verhält sich gegenüber Auslandstaten grundsätzlich neutral[519], soweit eine Bestrafung durch englische Gerichte in Frage steht[520].

---

515 Offences against the Person Act, 1861, (24 & 25 Vict. c. 100), S. 57.

516 Offences against the Person Act, 1861, s. 9.

517 Vgl. oben Hauptteil II, Kapitel 5.

518 (1858) 15 Dig. 787 (8491); ausführliche Darstellung in der Entscheidung Board of Trade v. Owen and Seth-Smith, (1957) 41 Cr. App. Rep. 11 (47—48, Lord Tucker).

519 Stephen, History, Vol. II, p. 13.

520 Im Zusammenhang mit der Auslieferung müssen allerdings, ebenso wie im deutschen Recht, auch außerhalb des Jurisdiktionsbereiches englischer Gerichte begangene Straftaten nach englischem Strafrecht bewertet werden; vgl. Extradition Act, 1870, (33 & 34 Vict. c. 52 bei Halsbury, Statutes,

Das ergibt sich deutlich aus der Tatsache, daß in England betätigte Handlungen, die einen tatbestandsmäßigen Erfolg im Ausland hervorrufen, nicht als Straftaten im Sinne des englischen Rechts angesehen werden. Auch durch eine in England getroffene Vereinbarung, eine strafbare Handlung im Ausland zu begehen, wird nur dann der Tatbestand einer „conspiracy" verwirklicht, wenn die Haupttat, ihre spätere Begehung unterstellt, eine strafbare Handlung nach englischem Recht sein würde[521]. Deshab muß angenommen werden, daß eine inländische Teilnahme an einer im Ausland begangenen Straftat nur dann nach englischem Recht strafbar ist, wenn die Haupttat selbst als eine strafbare Handlung im Sinne des englischen Rechts gilt, die den englischen Rechtsfrieden verletzt, sofern nicht für einzelne Straftatbestände durch eine besondere gesetzliche Vorschrift eine andere Regelung getroffen ist.

Ausnahmen dieser Art lassen sich z. B. in dem Merchandise Marks Act von 1887[522], s. 11 und in dem Dangerous Drugs Act von 1920[523], s. 13 (1) nachweisen. In beiden Gesetzen wird die in England begangene Teilnahme an der ausländischen Haupttat ausdrücklich mit Strafe bedroht. Dabei ist bemerkenswert, daß in s. 11 des Merchandise Marks Act klar anerkannt wird, daß dieses Gesetz auf die ausländische Haupttat nicht anwendbar ist, und daß deshalb die inländische Teilnahme als ein sowohl im materiellen wie auch im prozessualen Sinne selbständiges Delikt zu behandeln ist[524]. In s. 13 (1) des Dangerous Drugs Act wird für die Tatbestandsmäßigkeit der ebenfalls rechtlich selbständigen inländischen Teilnahme nicht einmal vorausgesetzt, daß die ausländische Haupttat nach dem englischen Gesetz als eine strafbare Handlung bewertet werden kann, sondern daß sie einen ent-

Vol. 9, p. 874 seq.), ss. 9, 10 und insbes. s. 26: „Interpretation. — In this Act, unless the context otherwise requires, — ... The term „extradition crime" means a crime, which, if committed in England or within English jurisdiction, would be one of the crimes described in the first schedule to this Act."

521 Board of Trade v. Owen and Seth-Smith, pp. 11, 54.

522 50 & 51 Vict. c. 28 bei Halsbury, Statutes, Vol. 25, p. 1113.

523 10 & 11 Geo. 5 c. 46 in Verbindung mit The Dangerous Drugs and Poisons (Amendment) Act, 1923 (13 & 14 Geo. 5 c. 5) bei Halsbury, Statutes Vol. 15, p. 237 seq.

524 „Punishment of accessories. — Any person who, being within the United Kingdom, procures, counsels, aids, abets or is accessory to the commission, without the United Kingdom, of any act, which, if committed within the United Kingdom, would under this Act be a misdemeanour, shall be guilty of that misdemeanour as a principal, and be liable to be indicted, proceeded against, tried, and convicted in any county or place in the United Kingdom in which he may be, as if the misdemeanour had been there committed."

sprechenden Straftatbestand der betroffenen ausländischen Rechtsordnung erfüllt[525].

[525] „Any person who ...
d) in Great Britain aids ... the commission in any place outside Great Britain of any offence punishable under the provisions of any corresponding law in force in that place ... which, if committed in Great Britain would constitute an offence against this Act...

HAUPTTEIL IV

Der Begehungsort im Strafrecht der Vereinigten Staaten

1. KAPITEL

Wurzel und Bedeutung des Territorialitätsprinzips im Strafrecht der Vereinigten Staaten

Im Rahmen des Strafrechtsanwendungsrechts der Vereinigten Staaten wird dem Territorialitätsgrundsatz eine ähnlich fundamentale Bedeutung beigemessen wie im internationalen Strafrecht Englands. Sofern nicht im Einzelfall Ausnahmen zugelassen sind, können die Straftatbestände des amerikanischen Bundesstrafrechts nur durch die innerhalb des amerikanischen Hoheitsgebiets begangenen Taten verwirklicht werden[526]. In der Entscheidung „The Apollon“[527] hat Chief Justice Story dieses Prinzip besonders deutlich zum Ausdruck gebracht:

> „The laws of no nation can justly extend beyond its own territories, except so far as regards its own citizens. They can have no force to control the sovereignty or rights of any other nation, within its own jurisdiction. And however general and conprehensive the phrases used in our municipal laws may be, they must always be restricted in construction, to places und persons upon whom the legislature have an authority and jurisdiction.“

Diese Auffassung ist beibehalten worden[528], in neuerer Zeit allerdings mit der bemerkenswerten Beschränkung auf strafbare Handlungen „against private individuals or their property ..., which affect the peace and good order of the community“[529].

---

[526] Zur Anwendung auf Straftaten, die an Bord von Schiffen oder Flugzeugen begangen werden, s. u. Kap. 2.

[527] US Supr. Court 1824, 9 Wheaton 362; vgl. auch The Schooner Exchange v. McFaddon and others, US Supr. Court 1812, 7 Cranch 114 und „The Antelope;“ US Supr. Court 1825, 10 Wharton 66.

[528] U. S.-United States v. Rachael Baker, 136 F. Supp. 546 (1955); United States v. Chandler, 72 F. Supp. 230 (1947); Yenkichi Ito v. United States, 64 F. 2 d 73 (1933); United States v. Archer et al., 12 F. 2 d 137 (1926); United States v. Bowman, 43 S. Ct. 39 (1922).

[529] United States v. Bowman, a. a. O.; U. S. v. Rachael Baker, a. a. O.

Auch das Strafrecht der einzelnen Bundesstaaten ist in seiner Geltung durch diese territoriale Beschränkung auf das jeweilige Staatsgebiet gekennzeichnet:

„It may be assumed, as a general proposition, that the criminal laws of a state do not bind, and cannot affect, those out of the territorial limits of the State".[530]

Diese Auffassung vom Geltungsbereich des materiellen Strafrechts ist offensichtlich von Rechtsgrundsätzen beeinflußt worden, die im Rahmen des englischen Common Law entwickelt worden sind. Nach der politischen Trennung der nordamerikanischen Kolonien vom britischen Mutterland wurde das Common Law Englands ausdrücklich als in den Gliedstaaten der Union geltendes Recht mit Ausnahme von Louisiana übernommen, oder seine schon vorher ständig geübte Anwendung rechtlich sanktioniert[531]. Diese Übernahme umfaßte auch alle in England erlassenen, das Common Law ändernden oder ergänzenden Gesetze, allerdings mit der Einschränkung, daß einige amerikanische Bundesstaaten nur die englischen Gesetze rezipierten, die vor der Gründung der ersten Siedlung in Nordamerika (Jamestown 1607) in Kraft waren[532], während andere Staaten in diesem Zusammenhang auf den Zeitpunkt der Unabhängigkeitserklärung abstellten[533]. Dieses englische Recht wurde zum amerikanischen Common Law, sofern es sich um Rechtsgrundsätze allgemeiner Art handelte, die mit den örtlichen amerikanischen Verhältnissen vereinbar waren[534]; im Verhältnis zu den gesetzlichen oder gewohnheitsrechtlichen Bestimmungen der amerikanischen Einzelstaaten und der Union hat es allerdings nur subsidiäre Bedeutung. Die Rezeption des englischen Rechts hat ihre rechtliche Grundlage zum Teil in ausdrücklichen Vorschriften der Verfas-

---

[530] Stewart v. Jessup, 19 Am. Rep. 739 (Indiana, 1875); vgl. auch Ex parte McNeely, 14 S. E. 436 (West Virginia, 1892); State v. Cutshall, 15 S. E. 261 (North Carolina, 1892); State v. Hall et al., 19 S. E. 602 (North Carolina, 1894); State v. Kelly, 49 Am. Rep. 620 (Maine 1884); People v. Devine, 151 N. W. 646 (Michigan, 1915).

[531] Zur Anwendung d. engl. Common Law in Strafsachen schon vor der Unabhängigkeit der amerik. Kolonien vgl. Van Ness v. Pacard, 2 Peters (U. S.) 137; State v. Buchanan 9 Am. Dec. 534 (Maryland 1821); 14 Am. Jurisprudence 764. Dazu sehr kritisch BURDICK, Law of Crimes, Vol. I, pp. 33—44.

[532] Vgl. Lathrop v. Commercial Bank, 33 Am. Dec 481 (Kentucky 1839); Comm. v. Jones, 82 S. W. 643 (Kentucky 1904); Comm. v. Donoghue, 89 A. L. R. 819 (Kentucky 1933); Missouri, Revised Statutes 1959, ch. 1, sec. 010.

[533] Z. B. Maryland, Declaration of Rights 1867, art. 5.

[534] Dazu ausführliche Nachweise bei WENGLER, Das englische Recht in der amerikanischen Judikatur, Festschrift für Ernst Rabel, Band 1, S. 41 ff.

sungen[535], zum Teil in einfachen Gesetzen der amerikanischen Bundesstaaten oder Territorien[536].

Als ein wesentlicher und charakteristischer Bestandteil des so rezipierten Common Law gelangte die zu dieser Zeit bereits voll entwickelte Institution der Jury[537] in das System des amerikanischen Rechts. Sowohl durch die amerikanische Bundesverfassung[538] als auch durch die Verfassung der meisten Bundesstaaten[539] wurde das „trial by an impartial jury" in den Rang einer verfassungsrechtlichen Garantie erhoben. Das Verfahren vor einer Jury, das den Siedlern der nordamerikanischen Kolonien in zahlreichen Fällen von der englischen Regierung offensichtlich vorenthalten worden war[540], wurde als eine wichtige Sicherung gegen rechtswidrige hoheitliche Eingriffe in die Freiheitssphäre des Individuums verstanden. Gleichzeitig mit der Jury wurde auch das Erfordernis einer Berufung der Geschworenen aus der Grafschaft, in der die abzuurteilende Straftat begangen war, rezipiert. Im englischen Recht ist diese Eigentümlichkeit in der Entwicklung der Jury begründet. Da die Juroren ursprünglich nicht über die ihnen vorgelegten Beweismittel, sondern aus eigener Erfahrung und Wahrnehmung über die strafrechtlich erheblichen Vorfälle innerhalb ihrer Grafschaft urteilten, folgte die territoriale Beschränkung ihrer Zuständigkeit unmittelbar aus der ihnen übertragenen Funktion. Im Strafrecht der

[535] Z. B. Maryland, Declaration of Rights 1867, art. 5: That the Inhabitants of Maryland are entitled to the Common Law of England and the trial by Jury, according to the course of that law, and to he benefit of such of the English statutes as existed on the Fourth day of July, seventeen hundred, and seventy-six ... ähnlich New Hampshire, Constitution 1784, Part II, art. 90; Michigan, Const. 1909, Sched. sec. 1; New York, Const. 1895, art. I, sec. 14; West-Virginia, Const. 1872, art. VIII, sec. 21.

[536] Florida, Statutes 1961, ch. 775, sec. 1; Hawai, Revised Laws 1955, ch. 1, sec. 1; Kansas, Gen. Stat. Annot. 1949, ch. 77, sec. 109; Missouri, Revised Stat. 1959, ch. 1, sec. 010; Oklahoma, Stat. 1961, Title 12, § 2.

[537] Vgl. Hauptteil III, Kapitel 2.

[538] Constitution of the United States of America, Article III sec. 2 clause 3; Amendment VI.

[539] Indiana, Const. 1851, Art. I sec. 19: „In all criminal cases whatever the jury shall have the right to determine the law and the facts." Ähnlich Alabama, Const. 1901, Art. I sec. 11; Connecticut, Const. 1818, Declaration of Rights, sec. 21; Minnesota, Const. 1857, Art. I sec. 4; New Jersey, Const. 1947, Art. I Para 9, 10; Pennsylvania, Const. 1874, Art. I sec. 7; Rhode Island, Const. 1843, Art. I sec. 10.

[540] Declaration of Independence, July 4, 1776: „... The history of the present King of Great Britain is a history of repeated injuries and usurpations, ... He has combined with others to subject us to a jurisdiction foreign to our constitution and unacknowledged by our Laws; giving his Assent to their acts of pretended legislation: „... For depriving us in many cases, of the benefits of Trial by Jury."

Vereinigten Staaten wurde dagegen die ausschließliche Zuständigkeit einer Jury aus dem Distrikt des Begehungsortes der Straftat mit wesentlich neuen Zielsetzungen begründet. Sie wird als ein dem Angeklagten eingeräumtes Privileg angesehen, daß ihm ein Strafverfahren vor Richtern aus seiner Nachbarschaft ermöglicht, die er selbst kennt und die ihrerseits über die rechtserheblichen Tatsachen und die Glaubwürdigkeit von Zeugen am besten zu urteilen vermögen. Auf diese Weise soll die Rechtsstellung des Angeklagten im Verfahren gestärkt werden[541]. Deshalb wird die Aburteilung einer Straftat vor der Jury des Bezirks, in welchem sie begangen worden ist, in vielen Staaten von der konstitutionellen Garantie ausdrücklich erfaßt[542] oder auch, wenn eine Verfassung lediglich das Verfahren vor einer Jury anordnet, ohne deren territoriale Beschränkung deutlich zu machen, durch richterliche Autorität in diesem Sinne ergänzt[543].

Wenn auch in zahlreichen Bestimmungen nicht auf die „county", sondern den „district", die „vicinity" oder „neighbourhood" abgestellt wird, innerhalb deren eine Straftat begangen wurde, so ist damit doch die politische Gebietseinheit gemeint, die von der örtlichen Zuständigkeit eines bestimmten Gebietes umfaßt wird[544].

Darin kommt deutlich zum Ausdruck, daß die Zuständigkeit sowohl der Bundesgerichte als auch der Gerichte der verschiedenen Bundesstaaten grundsätzlich vom Begehungsort und mithin vom Territorialitätsprinzip bestimmt wird. Trotzdem ist es aber nicht möglich, in die-

---

[541] Massachusetts, Const., Part I, Art. XIII: „In criminal prosecutions, the verification of facts in the vicinity where they happen, is one of the greatest securities of the life, liberty, and property of the citizen." Vgl. auch Kisner v. State of Maryland, 122 A. 2 d 102 (1956). State v. Holloway, 146 P. 1066 (New Mexico 1914); State v. O'Brien, 90 P. 514 (Montana 1907); Comm. v. Jones, 82 S. W. 643 (Kentucky 1904); State of Washington v. Stentz, 63 L. R. A. 807 (Wash. 1902); Zanone v. State, 35 L. R. A. 556 (Tennessee 1896); State of South Carolina v. Gaymon, 31 L. R. A. 489 (South Carol. 1895); Watt v. People, 18 N. E. 340 (Illinois 1888).

[542] New Hampshire, Const. 1784, Bill of Rights, Art. 17th: „In criminal prosecutions, the trial of facts, in the vicinity where they happened, is so essential to the security of the life, liberty and estate, of the citizen, that no crime, or offence ought to be tried in any other country than that in which it is committed ...". Vgl. auch Minnesota, Const. 1857, Art. I sec. 6; Pennsylvania, Const. Art. I sec. 9; Virginia, Const. 1902, Art. I, sec. 8; Washington, Const. 1889, Art. I sec. 22; Wisconsin, Const. 1848, Art. I sec. 7.

[543] Z. B. California, Const. 1879, Art. I secs. 7, 13. Vgl. dazu die Entscheidung People v. McGowan, 14 P. 2 d 1036 (Calif. 1932); People v. Powell, 25 P. 481 (Calif. 1891).

[544] Karnes v. Comm., 99 S. E. 562 (Virginia 1919); State v. O'Brien, 90 P. 514 (Montana 1907).

sen Rechtsnormen die Grundlage für den im Zusammenhang mit dem internationalen Strafrecht geltenden Gebietsgrundsatz zu sehen, der einmal den Geltungsbereich des amerikanischen Bundesstrafrechts und zum anderen des Strafrechts der verschiedenen Bundesstaaten gegenüber dem Recht anderer Staaten bestimmt. Für Art. III, sec. 2, cl. 3 und das sechste Amendment der Verfassung der Vereinigten Staaten ist anerkannt, daß die darin enthaltenen Garantien sich nur auf die örtliche Zuständigkeit (venue) der amerikanischen Bundesgerichtsbarkeit in Strafsachen beziehen und für diese das „forum delicti commissi" begründen[545]. Der Umfang der Jurisdiktion selbst wird davon nicht berührt. Die verfassungsrechtlichen Vorschriften sind mithin nur anwendbar, wenn eine Straftat innerhalb des Staatsgebietes der Vereinigten Staaten begangen ist, beschränken aber die amerikanische Strafgewalt nicht auf solche strafbaren Handlungen. Das kann deutlich aus Art. III, sec. 2, cl. 3 der Verfassung entnommen werden, in deren drittem Halbsatz eine besondere Regelung für das Verfahren wegen Straftaten enthalten ist, die nicht im Gebiet eines amerikanischen Bundesstaates, mithin außerhalb der Vereinigten Staaten begangen sind[546].

Ein zusätzliches Argument dafür ergibt sich außerdem aus der früher zwar umstrittenen, in neuerer Zeit aber allgemein anerkannten Auffassung, daß die verfassungsrechtliche Garantie eines Strafverfahrens in dem Bezirk, wo die Tat begangen worden ist, ein dem Angeklagten eingeräumtes Privileg darstellt, auf das dieser wirksam verzichten kann[547]. Das gleiche gilt für die entsprechenden Garantien in den Verfassungen der Bundesstaaten[548]. Auf diese Weise ist in vielen Fällen ein „change of venue" möglich[549]. Eine Auslegung in diesem Sinne wäre aber ausgeschlossen, wenn es sich bei den Verfassungsvorschriften um echte Jurisdiktionsnormen handelte, welche die Strafgewalt der Staats- oder Bundesgerichtsbarkeit insgesamt abgrenzen[550].

---

[545] Holridge v. United States, 282 F. 2 d 302 (1960); U. S. v. Rachael Baker, 136 F. Supp. 546 (1955); Hibdon v. U. S., 204 F. 2 d 834 (1953).

[546] „... but when not committed within any state, the Trial shall be at such Place or Places as the Congress may by Law have directed."

[547] U. S. v. Bushwick Mills, 165 F. 2 d 198 (1947); U. S. v. Jones, 162 F. 2 d 72 (1947); Mahaffey v. Hudspeth, 128 F. 2 d 940 (1942); Hagner v. U. S., 54 F. 2 d 446 (1931).

[548] State ex rel. Raydel v. Raible, 117 N. E. 2 d 480 (Ohio 1959); State v. Langford, 73 S. E. 2 d 854 (S. Carol. 1953); Lockhart v. Smith, 43 N. W. 2 d 541 (Jowa 1950); State v. Hardamon, 186 P. 2 d 634 (Wash. 1947); State v. Page, 186 S. W. 2 d 503 (Missouri 1945); Brown v. State, 37 N. E. 2 d 73 (Indiana 1941).

[549] Dazu ausführlich m. umfangreichen Hinweisen auf die Rechtspr. 31 American Jurisprudence, § 68 u. 22 Corpus Juris Secundum, §§ 186 seq.

[550] Vgl. hier insbes. U. S. v. Bryson, 16 F. R. D. 431 (1954) mit einer umfassenden Übersicht der insoweit einhelligen Rechtsprechung.

Das im Rahmen des internationalen Strafrechts der Vereinigten Staaten eine überragende Bedeutung einnehmende Territorialitätsprinzip läßt sich mithin weder aus der Bundesverfassung noch aus den Staatsverfassungen unmittelbar ableiten. Die Entwicklung dieses Abgrenzungsmerkmals ist aber offensichtlich stark von dem Jury-Verfahren und der streng vom Begehungsort bestimmten Zuständigkeit der Geschworenen, demnach von den in den USA rezipierten Grundsätzen des englischen Common Law beeinflußt worden. Diese Auswirkung des englischen Rechtsdenkens auch auf das internationale Strafrecht der Vereinigten Staaten und mithin auf die Kriterien, nach denen der Geltungsbereich des Bundes- und Länderstrafrechts bestimmt wird, kommt allerdings weder in der Rechtsprechung noch in der Literatur eindeutig und unmittelbar zum Ausdruck. Die für das amerikanische Strafrecht typische Ausprägung des strengen Territorialitätsprinzips wird nicht als eine übernommene Betrachtungsweise aufgefaßt, die in dieser Form ihre Wurzeln im Common Law Englands hat, sondern als ein selbstverständlicher, dem positiven Recht gleichsam übergeordneter Grundsatz, als „well established rule“ oder „general proposition“[551].

Zum Zwecke einer dogmatischen Begründung ist wiederholt versucht worden, die Ausschließlichkeit des Territorialitätsprinzips und daher auch das Verbot extraterritorialer Jurisdiktion über Ausländer als eine notwendige Folge der staatlichen Souveränität darzustellen[552]. In Schooner Exchange v. McFaddon[553] erklärte Chief Justice Story:

> „The jurisdiction of the nation, within its own territory, is necessarily exclusive and absolute; it is susceptible of no limitation, not imposed by itself. Any restriction upon it, deriving validity from an external source, would imply a diminution of its sovereignty, to the extent of the restriction, and an investment of that sovereignty, to the same extent, in that power which could impose such restriction.“[554]

---

[551] Z. B. U. S. v. Rachael Baker, 136 F. Supp. 546; Yenkichi Ito v. U. S., 64 F. 2 d 73; Stewart v. Jessup, 19 Am. Rep. 739: „general proposition“; Ex parte McNeely, 14 S. E. 436: „axiom“; State v. Cutshall, 15 S. E. 261: „general rule“; State v. Hall et al., 19 S. E. 602: „general principle of universal acceptation“. Ebenso Beale, Conflict of Laws, Vol. II, p. 1349; Bishop, Criminal Law, Vol. I, § 109; Burdick, Law of Crime, Vol. I, §§ 151, 152; Clark-Marshall, Treatise, § 300; Wharton, Conflict of Laws, Vol. II, p. 1609; Wharton-Anderson, Crim. Law and Procedure, Vol. IV, § 1501. Gewisse Hinweise auf d. Entwicklung aus dem engl. Common Law dagegen bei Berge, Jurisdiction over Crime and the Territorial Principle, 30 Mich. Law Rev. 238; Dangel, Crim. Law, § 147; Levitt, Jurisdiction over Crime, 16 J. of the Am. Inst. 316.

[552] Vgl. Beale, Jurisdiction of Sovereign State, 36 Harvard Law Review 241.

[553] U. S. Supreme Court 1812, 7 Cranch 114.

[554] Vgl. auch American Banana Comp. v. United Fruit Comp., 29 S Ct. 511 (1908).

Darin ist deutlich der Ansatz für die Auffassung erkennbar, welche ausschließlich eine Abgrenzung der Strafjurisdiktion nach dem Territorialitätsprinzip für völkerrechtlich vertretbar hält. Die Ausdehnung des Geltungsbereichs des materiellen Strafrechts auf Handlungen oder auf die durch sie verursachten Rechtsgutverletzungen innerhalb eines fremden Hoheitsgebietes müßten danach eine Verletzung der fremden Souveränität zur Folge haben und gegen die Normen des Völkerrechts verstoßen[555]. Diese Anschauung, die sich auch bei der Lokalisierung internationaler Distanztaten kaum lösbaren Schwierigkeiten konfrontiert sieht[556], hat für das internationale Strafrecht der Vereinigten Staaten allerdings keine Bedeutung mehr.

Im Territorialitätsprinzip wird zwar noch immer das grundlegende Abgrenzungsmerkmal für den Geltungsbereich des nationalen Strafrechts gesehen. Daneben ist aber der aktive Personalitätsgrundsatz für eine ganze Anzahl von Straftatbeständen ausdrücklich anerkannt[557].

Neuerdings wird außerdem die Tendenz deutlich, das Realprinzip, das bisher nur unter formaler Wahrung des Erfordernisses einer Lokalisierbarkeit der Straftat innerhalb des Hoheitsbereichs der Vereinigten Staaten angewendet wurde, auch auf solche strafbaren Handlungen von Ausländern im Ausland auszudehnen, die sich gegen die Sicherheit, die territoriale Integrität oder politische Unabhängigkeit der Vereinigten Staaten richten.

In der für das internationale Strafrecht der Vereinigten Staaten höchst bedeutsamen Entscheidung U.S. v. Rodriguez[558] wurde die Verurteilung von Ausländern, die in einem anderen Staat durch vorsätzliche falsche Angaben die Einwanderungserlaubnis nach den USA erschlichen hatten, unter ausdrücklichem Hinweis auf den Schutzgrundsatz aufrecht erhalten:

> „... since, under the protective theory of jurisdiction, state has jurisdiction with respect to any crime committed outside of its territory by an alien against security, territorial integrity or political independence of state, provided that act or omission which constitutes crime was not committed in exercise of a liberty guaranteed alien by law of place where it was committed."

---

[555] Vgl. oben, Hauptteil I.

[556] Berge, Jurisdiction over Crime and the Territorial Principle, 30 Michigan Law Review 238.

[557] U. S. v. Rachael Baker, 136 F. Supp. 546 (1955); Skiriotes v. State of Florida, 61 S. Ct. 924 (1951); U. S. v. Chandler, 72 F. Supp. 230 (1947); U. S. v. Archer, 51 F. Supp. 708 (1943); U. S. v. Stephan, 50 F. Supp. 738 (1943); Blackmer v. U. S., 52 S. Ct. 252 (1931); U. S. v. Bowman, 43 S. Ct. 39 (1922).

[558] 182 F. Supp., 479 (1960).

2. KAPITEL

Die besondere Ausprägung des Territorialitätsprinzips im Strafrecht der Vereinigten Staaten

Das Strafrecht der Vereinigten Staaten im weiteren Sinne setzt sich zusammen aus der Gesamtheit der auf das Strafrecht bezogenen Normen aus den Rechtsordnungen der fünfzig Einzelstaaten und des „Federal District of Columbia", sowie aus den vom Kongreß als dem gesetzgebenden Organ des Bundes erlassenen Gesetzen strafrechtlichen Inhalts. Dieses Bundesrecht kann als das Strafrecht der Vereinigten Staaten im engeren Sinne im Gegensatz zu dem Strafrecht von Massachusetts, Florida usw. bezeichnet werden. Der Geltungsbereich sowohl des Bundesrechts als auch des Rechts der Einzelstaaten wird entscheidend durch das Territorialitätsprinzip bestimmt. Wegen des Dualismus von Bundes- und Staatenrecht einerseits und wegen der Vielzahl von einzelstaatlichen Strafrechtssystemen andererseits erscheint es zweckmäßig, der Untersuchung des Begehungsortes selbst eine kurze Darstellung dieser Abgrenzung des Geltungsbereichs nach territorialen Merkmalen im einzelnen voranzustellen.

I. Straftaten, die innerhalb des Staatsgebiets der Vereinigten Staaten begangen werden

Die Gesetzgebung auf dem Gebiet des Strafrechts und des Strafprozeßrechts gehört grundsätzlich in den Zuständigkeitsbereich der Bundesstaaten[559]. Diese haben durch eigene Gesetze das aus England übernommene Common Law abgeändert und ergänzt, so daß ein der Anzahl der Staaten entsprechender Kreis von selbständigen, zum Teil sehr unterschiedlichen Strafrechtsordnungen entstanden ist. Da ihre Existenz jeweils nur auf einen bestimmten Bundesstaat zurückgeführt werden kann, ist ihr Geltungsbereich auch auf das Territorium dieses bestimmten Staates beschränkt[560]. Das Verhältnis der Bundesstaaten auf dem Gebiet der Strafrechtspflege entspricht mithin dem von souveränen Staaten. Deshalb ist auch die Gerichtsbarkeit, die durch eigene Gerichte des jeweiligen Bundesstaates ausgeübt wird und sich ausschließlich in der Anwendung dieses staatlichen Strafrechts (state law) erschöpft, auf solche Straftaten begrenzt, die mindestens auch auf dem Gebiet des Bundesstaates begangen worden sind[561]. Diese Eigenständig-

---

559 Vgl. Thurlow v. Massachusetts, 5 How. (U. S.) 586.

560 Stewart v. Jessup, 19 Am. Rep. 739 (Indiana 1875); Ex parte McNeely, 14 S. E. 436 (West Virginia, 1892); State v. Cutshall, 15 S. E. 261 (North Carolina, 1892); State v. Hall et al., 19 S. E. 602; People v. Devine, 151 N. W. 646 (Michigan 1955).

561 State v. Youpee, 61 P. 2 d 832 (Montana, 1936); State v. Frach, 94 P. 2 d 143 (Oregon, 1939); State v. Breaux, 108 So. 773 (Louisiana, 1926);

keit der einzelnen Staaten wird in der Entscheidung U.S. v. Bailes[562] besonders einprägsam zum Ausdruck gebracht:

„The enforcement of the general criminal laws is a local matter with responsibility resting squarely upon the city, county and state officials. Federal courts have no jurisdiction over ordinary acts of violence, because such acts are not offenses against the Federal Government, which can be prosecuted in the Federal Courts ...".

Neben diesem Strafrecht der Staaten besteht ein besonderes Strafrecht des Bundes (federal law), das nur Gesetzesrecht ist und nicht durch Tatbestände des Common Law ergänzt wird[563]. Die Verwirklichung dieses materiellen Bundesrechts im Einzelfall liegt bei einer besonderen, von der Gerichtsbarkeit der Staaten unabhängigen Bundesgerichtsbarkeit, deren unterste Instanz die „District Courts of the United Staates" bilden[564].

Auch der Geltungsbereich des Bundesrechts und mithin die Jurisdiktion der Bundesgerichte wird durch den Gebietsgrundsatz bestimmt, doch hat dieses Abgrenzungsmerkmal für die einzelnen Tatbestände eine sehr unterschiedliche Bedeutung.

1. *Straftaten inerhalb der „special territorial jurisdiction" der Vereinigten Staaten*

Für zahlreiche Delikte des Federal Criminal Code[565] ergibt sich unmittelbar aus dem materiellrechtlichen Tatbestand der territoriale Geltungsbereich der Strafvorschrift. So setzt z. B. eine Bestrafung wegen Diebstahls nach Title 18, sec. 661, voraus, daß die strafbare Handlung innerhalb der „special maritime and territorial jurisdiction" der USA begangen worden ist.

„Whoever, within the special maritime and territorial jurisdiction of the United States, takes and carries away, with intent to steal or purloin, any personal property of another shall be punished as follows ..."

Entsprechende, den unmittelbaren Verweis auf den besonderen maritimen[566] und territorialen Jurisdiktionsbereich der USA enthaltende Straftatbestände bestehen nach dem Federal Criminal Code z. B. für arson (sec. 81), assault (sec. 113); murder (sec. 1111 b), manslaughter

---

Doras Hebert v. State of Louisiana, 48 A. L. R. 1102 (U. S. Supr. Court 1926).

[562] 120 F. Supp. 614 (1954).

[563] Hamburg-American Steam Packet Co. v. U. S., 250 F. 747 (1918); U. S. v. Miller, 236 F. 798; Burdick, Vol. I, § 43; Clark-Marshall, § 1.04; Wilgus, Arrest without a Warrant, 22 Mich. Law Review 541 (570).

[564] Vgl. F. C. A. 18, § 3231.

[565] Federal Code Annotated, Title 18, Crimes and Criminal Procedure as revised and enacted into positive law by Act, June 25, 1948, c. 645, 62 Stat. 683 (Federal Criminal Code).

[566] Vgl. dazu unten II.

(sec. 1112 b), rape (sec. 2031, carnal knowledge of female under 16 (sec. 2032), robbery (sec. 2111).

Der besondere territoriale Jurisdiktionsbereich der USA hat eine Legaldefinition in sec. 7 (3) Federal Criminal Code erhalten:

„Any lands reserved or acquired for the use of the United States, and under the exclusive or concurrent jurisdiction thereof, or any place purchased or otherwise acquired by the United States by consent of the legislature of the state in which the same shall be, for the erection of a fort, arsenal, dockyard, or other needful building."

Die verfassungsrechtliche Ermächtigung zu dieser auf den besonderen territorialen Jurisdiktionsbereich der Vereinigten Staaten bezogenen Gesetzgebung folgt direkt aus Art. 1, sec. 8, cl. 17 Constitution of the United States. Sie bewirkt gleichzeitig die ausschließliche Jurisdiktion der Bundesgerichte über diese Gebiete[567], die aus der Souveränität der Einzelstaaten, die Teile ihres Staatsgebietes an den Bund übertragen haben, abgeleitet wird. Deshalb ist das Bestehen einer ausschließlichen Jurisdiktion des Bundes im Einzelfall immer von der Gesetzgebung des Staates abhängig, der bei einer Abtretung von Gebietsteilen an den Bund entweder diesem auch die „exclusive jurisdiction" übertragen oder ihm lediglich das Eigentum verschaffen kann, ohne daß die ursprüngliche Jurisdiktion des Staates berührt wird[568].

2. *Straftaten außerhalb der „special territorial jurisdiction" der USA*

Bei der überwiegenden Mehrheit der Strafvorschriften des Bundesrechts fehlt allerdings eine ausdrückliche Beschränkung ihrer Geltung auf den Bereich der „special territorial jurisdiction" der Vereinigten Staaten. Diesen Tatbeständen kann vielmehr deutlich entnommen werden, daß sie allein auf solche Handlungen oder Unterlassungen anwendbar sind, die sich unmittelbar gegen die Vereinigten Staaten richten. Die strafrechtlichen Sanktionen des Bundesrechts werden nur dann verwirkt, wenn das verletzte Rechtsgut in einem speziellen Verhältnis zum amerikanischen Bund oder zu einem seiner Organe steht. Art und Umfang dieser besonderen Zuordnung ergeben sich regelmäßig aus dem in Betracht kommenden Straftatbestand des Bundesrechts. So wird z. B. durch F.C.A. 18 § 641 (embezzlement and theft) nur das Eigentum oder der Besitz geschützt an „... money, or thing of value of the United States or any department or agency thereof ...". Fehlt eine solche rechtliche Beziehung der gestohlenen Sache zu den Vereinig-

[567] Bowen v. Johnston, 59 S. Ct. 442 (1939); England v. United States, 174 F. 2 d 466 (U. S. 1949); Curry v. State, 12 S. W. 2 d 796 (Texas 1928); People v. Hillman, 159 N. E. 400 (New York 1927); Underhill v. State, 237 P. 628 (Oklahoma 1925).

[568] U. S. v. Au Young, 142 F. Supp. 666 (1956); Guith v. U. S., 230 F. 2 d 481 (1956); Bowen v. Johnston, 59 S. Ct. 442 (1939); U. S. v. Wurtzbarger, 276 F. 753 (1926); People v. Mouse, 265 P. 944 (California 1928).

ten Staaten, dann ist die Tat jedenfalls nach dem Bundesrecht nicht strafbar[569]. Ebenso kann der Tatbestand von F.C.A. 18 § 111 (assaulting, resisting or impeding certain officers or employees) nur verwirklicht werden, wenn der Widerstand etc. den in F.C.A. 18 § 1114 aufgezählten Beamten des Bundes in der Ausübung ihres Amtes geleistet wird. Dagegen wird das Bundesrecht von Widerstandshandlungen gegen Vollzugsbeamte der Einzelstaaten überhaupt nicht berührt.

Diese Strafgesetzgebung des Bundes, die auf der besonderen Ermächtigung durch art. I, sec. 8, cl. 18 Constitution of the United States beruht[570], hat zur Folge, daß für eine Anzahl tatbestandsmäßiger Handlungen eine ausschließliche (exclusive) Jurisdiktion der Bundesgerichte besteht. Wird z. B. vor Gerichten des Bundes oder vor den zur Abnahme von Erklärungen unter Eid nach Bundesrecht zuständigen Bundesbehörden ein Meineid (perjury) geleistet, dann erfüllt diese Tat ausschließlich einen Tatbestand des Bundesrechts[571], ihre Aburteilung kann deshalb auch nur durch die Bundesgerichte erfolgen, während die Gesetze des Bundesstaates, auf dessen Territorium das Eidesdelikt begangen worden ist, für diese strafbare Handlung nicht gelten:

„A witness who gives his testimony in a matter pending in a court of the United States or before a judicial tribunal of that sovereignty is accountable for the truth of his testimony only to the United States, and perjury in so testifying is a crime only against the laws of the United States, and the prosecution therefore is within the exclusive jurisdiction of its courts“[572].

Die gleichen Grundsätze gelten für die von Beamten oder Angestellten einer „Federal Reserve Bank“ begangenen strafbaren Handlungen im Sinne von F.C.A. 18, § 656, die nicht als Diebstahl, Unterschlagung oder Untreue nach dem Recht der Bundesstaaten zu beurtei-

---

[569] Rossi v. U. S., 278 F. 349 (1922). Vgl. auch State v. Frach, 94 P. 2 d 143 (Oregon 1939); Ex parte Groom, 287 P. 639 (Montana 1930).

[570] The Congress shall have Power ... To make all laws which shall be necessary and proper for carrying into Execution the foregoing Powers, and all other Powers vested by this Constitution in the Government of the United States, or in any Department or officer thereof.

[571] F. C. A. 18, § 1621.

[572] McIntosh v. Bullard, 129 S. W. 85 (Arkansas 1910); vgl. auch Thomas v. Loney, 10 S. Ct. 584 (1889); People v. Kelly, 99 Am. Dec. 360 (California 1869). Dagegen wurden Gerichtshöfe der Einzelstaaten, sofern sie im Einbürgerungsverfahren tätig werden, nicht als Organe des Bundes angesehen, obwohl ihnen die erforderliche Zuständigkeit vom Bund übertragen wird, so daß ein vor ihnen geleisteter Meineid als Straftat gegen den Staat gilt und mithin von den Gerichten der Einzelstaaten nach Länderstrafrecht abgeurteilt werden kann: U. S. v. Severino, 125 F. 949 (1903); State v. Whittemore, 9 AmR. 196 (New Hampshire 1870).

len sind und deshalb auch nicht der Jurisdiktion der Gerichte der einzelnen Staaten unterliegen[573].

Die Fälle ausschließlicher Jurisdiktion der Bundesgerichte müssen allerdings als Ausnahmen angesehen werden. In der Regel verletzt eine tatbestandsmäßige Handlung im Sinne des Bundesstrafrechts auch eine oder mehrere Strafvorschriften eines Einzelstaates, so daß eine echte Konkurrenz von Bundes- und Staatenstrafrecht eintritt[574]. Diese wird nicht in dem Sinne entschieden, daß entweder dem Bundesrecht oder dem Strafrecht eines Einzelstaates Vorrang beigemessen wird, sondern beide Rechtsordnungen gelten gleichrangig nebeneinander. So ist z. B. ein im Staate Oregon begangener Diebstahl von beweglichen Sachen, die Eigentum der Vereinigten Staaten sind, nicht nur ein Delikt nach dem Federal Criminal Code, sondern gleichzeitig eine tatbestandsmäßige Handlung nach dem Diebstahlsstatut von Oregon, die nach beiden Vorschriften bestraft werden, entweder von einem Bundesgericht unter Anwendung von Bundesstrafrecht oder von einem Gericht des Staates nach Landesstrafrecht:

„... the rule being that the statute of a state and an act of Congress may each prohibit the commission of the same offense, and prescribe the same or a different punishment therefore under which the party found guilty thereof must suffer the penalties provided by the laws of the United States and of the state."[575]

Dieser Dualismus von nationalen und einzelstaatlichen Rechtsordnungen bewirkt demnach in vielen Fällen, daß durch ein bestimmtes Handeln oder Unterlassen zwei klar zu unterscheidende Delikte konstituiert werden, von denen sich das eine gegen das Land und das

---

[573] Martin v. State, 61 S. W. 2 d 999 (Texas 1933); U. S. Fidelity & Guarantee Co. of Baltimore, Md. v. Hughes 40 F. 2 d 34 (U. S. 1930); State v. Thornton, 214 N. W. 279 (Minnesota 1927); Easton v. Iowa, 23 S. Ct. 288 (1902). — Handelt es sich allerdings um die Bank eines Staates, die lediglich dem „Federal Reserve System" angehört, dann besteht eine konkurrierende Jurisdiktion der Bundes- und Staatsgerichtsbarkeit: People v. Wilkins et al., 268 N. W. 779 (Michigan 1936); Burke v. U. S., 58 F. 2 d 739 (U. S. 1932).

[574] Vgl. dazu insbesondere State v. Breaux, 108 So. 773 (Louisiana 1926). Für einige Delikte ist nicht eindeutig geklärt, ob sie ausschließlich nach Bundesrecht oder ausschließlich nach Staatenstrafrecht zu bestrafen sind und ob mithin eine „exclusive jurisdiction" der Bundesgerichte oder der Staatengerichte besteht. Das gilt z. B. für das Entweichen eines auf Grund von Bundesrecht Inhaftierten. Für ausschließliche Jurisdiktion der Bundesgerichte: Trammel v. State, 20 So. 631 (Alabama 1896); für ausschließliche Jurisdiktion der Staatengerichte: People v. Ah Teung, 29 P. 577 (California 1891); für konkurrierende Anwendbarkeit von Bundes- und Landesstrafrecht: Ex parte Shores, 195 F. 627 (U. S. 1903).

[575] State v. Frach, 94 P. 2 d 143 (Oregon 1939).

andere gegen den Bund richtet[576]. Diese Betrachtungsweise ermöglicht es, in einer solchen doppelten Tatbestandsmäßigkeit keinen Verstoß gegen das durch die Verfassung garantierte Verbot der „double jeopardy“[577] zu sehen, da sich diese Verfassungsnorm nur auf die wiederholte Verurteilung wegen eines einzigen Verbrechens bezieht[578].

Der Geltungsbereich des Bundesstrafrechts, soweit einzelne Tatbestände nicht ausdrücklich auf die „special territorial jurisdiction“ beschränkt sind, wird demnach in seinem Verhältnis zum Strafrecht der Einzelstaaten durch den Inhalt der Strafvorschriften unmittelbar bestimmt, insbesondere durch eine klare Einschränkung des geschützten Rechtsgutes oder des Kreises der möglichen Täter[579]. Eine räumliche Abgrenzung zum Staatenstrafrecht, wie sie bei den auf den besonderen territorialen Jurisdiktionsbereich des Bundes bezogenen Tatbeständen durch den Gebietsgrundsatz erreicht wird, besteht nicht. Dagegen ist die Anwendbarkeit des amerikanischen Bundesstrafrechts gegenüber den Rechtsverordnungen fremdländischer Staaten ebenfalls durch das Territorialitätsprinzip gekennzeichnet[580].

---

576 Vgl. Doras Hebert v. State of Louisiana, 48 A. L. R. 1102 (U. S. Supr. Court 1926): „Where such manufacture“ (verbotene Herstellung von Trinkalkohol) „is thus doubly denounced one who engages therein commits two distinct offenses, one against the United States and one against the state, and may be subject to prosecution and punishment in the federal courts for one and in the state courts for the other ...“ Ebenso U. S. v. Lanza, 43 S. Ct. 141 (1922).

577 Constitution of the U. S., Amendment 5: „... nor shall any person be subject for the same offense to be twice put in jeopardy of life or limb.

578 Doras Hebert v. State of Louisiana, ibid. Das Problem erlangte besondere Aktualität im Zusammenhang mit der Prohibitionsgesetzgebung nach dem ersten Weltkrieg, die ihre Grundlage in Constitution of the U. S., Amendment 18, hat. Durch diese Ergänzung der Verfassung wurde sowohl dem Kongreß als auch den Einzelstaaten die Kompetenz zum Erlaß von Ausführungsgesetzen erteilt. Eine Zuwiderhandlung verletzte daher regelmäßig sowohl Bundes- als auch Landesrecht. Die Strafbarkeit unter diesem doppelten Aspekt wurde aber ganz einhellig als rechtmäßig angesehen: Vandell v. U. S., 6 F. 2 d 188 (1925); U. S. v. Mc. Cain, 1 F. 2 d 985 (1924); Singleton v. U. S., 287 F. 353 (1923); U S. v. Lanza, 43 S. Ct. 141 (1922); State v. Breaux, 108 So. 773 (Louisiana 1926); McCarty v. Com., 254 S. W. 887 (Kentucky 1923); Harris v. Superior Court of Sacramento County, 196 P. 895 (California 1921).

579 Vgl. auch F. C. A. 18, § 201: Aktive Bestechung eines Beamten od. Angestellten bei d. Wahrnehmung hoheitl. Aufgaben des Bundes. F. C. A. 18, § 202: Passive Bestechung von Bundesbeamten.

580 S. o. Kapitel 1.

II. Straftaten auf hoher See und in Territorialgewässern

Die in ihrer Geltung auf den besonderen territorialen Jurisdiktionsbereich der Vereinigten Staaten beschränkten Straftatbestände sind außerdem auf die innerhalb der „spezial admiralty and maritime jurisdiction“ der U.S.A. begangenen strafbaren Handlungen anwendbar. Dieser nicht nur den älteren[581], sondern auch den geltenden Gesetzen[582] zugrundegelegte Begriff der „Admiralitätsjurisdiktion“ ist ein deutlicher Ausdruck der Tatsache, daß das Rechtsanwendungsrecht der Vereinigten Staaten hinsichtlich der auf dem Meer oder der ihm rechtlich gleichgestellten Gewässer begangenen Straftaten aus dem englischen Institut der „Admiralität“ und der von ihr ausgeübten Gerichtsgewalt in Strafsachen entwickelt worden ist.

Während der Kolonialzeit bestanden, entsprechend dem englischen Statut 11 & 12 Will. 3, c. 7, in den nordamerikanischen Territorien Vizeadmiralitätsgerichte des englischen „High Court of Admiralty“ zur Abturteilung der auf See begangenen „piracy, felonies and robberies“[583]. Ihre Funktionen gingen mit der politischen Trennung der Kolonien vom britischen Mutterland zunächst auf die von den einzelnen nordamerikanischen Staaten errichteten Admiralitätsgerichte über, für die kraft Artikel IX der „Articles of Confederation“ ein gemeinsames Berufungsgericht der Konföderation bestand, das außerdem in erster Instanz die auf hoher See begangenen „piracies and felonies“ aburteilte[584]. Nach dem Inkrafttreten der amerikanischen Bundesverfassung verloren die Bundesstaaten sowohl die Gesetzgebungsbefugnis als auch die Rechtsprechung in allen Angelegenheiten der Admiralität zu Gunsten der Organe des Bundes. Die Institution von besonderen Admiralitätsgerichten in Strafsachen fand damit ein Ende. An ihre Stelle traten die Bundesgerichte, die allerdings auch funktionell insoweit nicht mehr als Admiralitätsgerichte angesehen werden können, weil für sie das von der Bundesverfassung garantierte Jury-Verfahren in Strafsachen zwingend vorgeschrieben ist[585]. Die vom englischen Recht

[581] Vgl. Act of April 30, 1790, c. 9, § 8 (1 Stat. 112, 113); Act of March 3, 1825, c. 65, § 4 (4 Stat. 115); zitiert in U. S. v. Flores, 53 S. Ct. 580 (1933).

[582] F. C. A. 18, § 7 (1).

[583] Willoughby, The Constitutional Law of the United States, Vol. III, pp. 1339, 1347; Stephen, History, Vol. II, p. 20.

[584] „... the United States in Congress assembled, shall have the sole and exclusive right and power ... of establishing rules for deciding in all cases, what captures on land shall be legal, ... appointing courts for the trial of piracies and felonies on the high seas and establishing courts for receiving and determining finally appeals in all cases of captures ...“ (zitiert nach U. S. v. Flores, ibid.).

[585] State v. Hallock, 44 A. 2 d 326 (Vermont 1945); vgl. auch 1 Am. Jurisprudence, Admiralty, § 8; 14 Anm. Jurisprudence, Criminal Law, § 222.

für die Abgrenzung der Admiralitätsjurisdiktion in Strafsachen entwickelten Rechtsgrundsätze wurden aber weitgehend beibehalten und von den späteren Bundesgesetzen konsolidiert und nur in einem beschränkten Umfang modifiziert.

Die maßgeblichen Bestimmungen der Verfassung, auf denen die Zuständigkeit des Bundes zur Gesetzgebung in Strafsachen der früheren Admiralität beruht, sind Artikel I, sec. 8, cl. 10[586] und Artikel III, sec. 2[587]. Während sich die zuerst genannte Vorschrift nur auf das Recht „to define and punish piracies and felonies" bezieht, wird durch Artikel III, sec. 2 die „judicial power" des Bundes[588] „to all cases of admiralty and maritime jurisdiction" ausgedehnt. Der darin liegende scheinbare Widerspruch erklärt sich aus der Entstehung der Verfassung. Durch Artikel I, sec. 8, cl. 10 ist die bereits kraft Artikel IX der „Articles of Confederation" der Konföderation zugestandene Kompetenz für den Bund bestätigt worden, dagegen beruht der in seinen rechtlichen Folgen wesentlich bedeutsamere Artikel III, sec. 2 auf einem unabhängig davon entwickelten Vorschlag der verfassunggebenden Versammlung, die Admiralitätsjurisdiktion insgesamt auf den Bund zu übertragen[589].

Auf dieser verfassungsrechtlichen Ermächtigung beruht die geltende, in F.C.A. 18 § 7 enthaltene Legaldefinition des Bereichs, über den sich die ausschließlich von den Bundesgerichten ausgeübte „special maritime jurisdiction" der USA erstreckt:

(1) The high seas, any waters within the admiralty and maritime jurisdiction of the United States and out of the jurisdiction of any particular state, and any vessel belonging in whole or in part to the United States or any citizen thereof, or to any corporation created by or under the laws of the United States, or of any State, Territory, District or possession thereof, when such vessel is within the admiralty and maritime jurisdiction of the United States, and out of the jurisdiction of any particular State.

(2) Any vessel registered, lincensed, or enrolled under the laws of the United States, and being on a voyage upon the waters of any of the

---

[586] The judicial power shall extend to all Cases, in Law and Equity, arising under this Constitution, the Laws of the United States, and Treaties made or which shall be made, under their Authority; ... to all cases of admiralty and maritime Jurisdiction; ..."

[587] „To define and punish Piracies and Felonies committed on the high Seas and offenses against the Law of Nations; ..."

[588] Obwohl eine ausdrückliche Ermächtigung zur Gesetzgebung insoweit fehlt, wurde das Recht dazu als eine notwendige Folge der Übertragung der maritime jurisdiction auf den Bund nie in Frage gestellt: GRANT, The Nature and Scope of Concurrent Power, in: Selected Essays on Constitutional Law, Vol. III, p. 794 (806).

[589] Vgl. die umfangr. Zitate aus den entspr. Materialien z. Bundesverf. i. d. Anmerkungen zu United States v. Flores, 53 S. Ct. 580.

Great Lakes, or any of the waters connecting them, or upon the Saint Lawrence River where the same constitutes the International Boundary Line.

Daraus folgt eindeutig, daß auf strafrechtlich erhebliche Handlungen und Unterlassungen an Bord amerikanischer Schiffe auf hoher See die Straftatbestände des Federal Criminal Code zur Anwendung kommen, die für die „special territorial and maritime jurisdiction" der USA gelten[590]. Zur hohen See im Sinne dieser Bestimmungen werden auch die großen Binnenseen innerhalb des nordamerikanischen Kontinents gerechnet[591]. Diese Ausdehnung der amerikanischen Bundesjurisdiktion, als qualifizierte Form des Territorialitätsprinzips oder auch als ausnahmsweise anerkannte Extraterritorialität der inländischen Strafgesetze bezeichnet[592], wird regelmäßig mit der Fiktion begründet, daß Seeschiffe wie ein „floating part of the territory" zu behandeln seien[593]. In der neueren Rechtsprechung wird aber eingeräumt, daß sich die Geltung des Rechts des Flaggenstaates auch allein auf der „pragmatic basis" rechtfertige, daß an Bord eines Schiffes eine Rechtsordnung gelten müsse und dafür am besten die des Flaggenstaates geeignet sei[594].

Diese Geltung der speziell auf den Bereich der „maritime jurisdiction" der Vereinigten Staaten bezogenen Tatbestände des amerikanischen Bundesstrafrechts besteht auch dann, wenn sich amerikanische Schiffe in fremden Hoheitsgewässern befinden, z. B. in einem ausländischen Hafen[595], Binnengewässern[596] oder in der Dreimeilenzone eines fremden Staates. In einigen älteren Entscheidungen ist diese Konsequenz nur scheinbar abgelehnt worden. In United States v. M'Gill[597] wurde zwar grundsätzlich anerkannt, daß die amerikanische Jurisdiktion auch für die auf einem amerikanischen Schiff begangenen Straftaten besteht, wenn sich dieses Schiff in einem fremden Hafen befindet. Das den Gegenstand der Anklage bildende Tötungsdelikt wurde aber nicht als an Bord des Schiffes im Hafen von Cape François begangen

[590] U. S. v. Schouweiler, 19 F. 2 d 387 (1927); U. S. v. Rodgers, 14 S. Ct. 109 (1893).

[591] Hoopengarner v. U. S., 270 F. 2 d (1959); U. S. v. Rodgers, 14 S. Ct. 109.

[592] United States v. Flores, 53 S. Ct. 580.

[593] United States v. Flores, ibid.; People v. Tyler, 74 Am. Dec. 703 (Michigan 1859); Schooner Exchange v. McFaddon, 7 Cranch 114 (Supr. Court 1812); Clark-Marshall, § 3.01; Dangel, § 162.

[594] Lauritzen v. Larsen, 73 S. Ct. 921 (1953).

[595] U. S. v. Bowman, 43 S. Ct. 39 (1922); Clark-Marshall, § 3.01; Dangel, § 162; 22 C. J. S. § 138 d.

[596] U. S. v. Flores, ibid.: murder an Bord eines U. S. Schiffes auf dem Kongo; U. S. v. Beyer, 31 F. 35 (1887): assault an Bord eines U. S. Schiffes auf dem La Plata.

[597] 4 Dall. 426 (U. S. Supr. Court 1806).

angesehen, weil dort zwar der tödliche Schlag geführt worden, das Opfer aber erst später an Land gestorben war. In der Entscheidung U. S. v. Wiltberger[598] mußte dagegen die amerikanische Jurisdiktion für manslaughter verneint werden, der auf einem amerikanischen Schiff auf dem Tigris in China verübt worden war, weil der allein in Betracht kommende Straftatbestand[599] ausschließlich für die auf dem offenen Meer begangenen Taten galt.

Mit der Erstreckung des Geltungsbereichs des amerikanischen Bundesstrafrechts auf amerikanische Schiffe in fremden Territorialgewässern ist die Möglichkeit einer Konkurrenz mit fremden Rechtsordnungen ausdrücklich anerkannt worden[600]. Für die Lösung von Konkurrenzfällen dieser Art wurden allerdings von der amerikanischen Rechtsprechung noch keine festen Grundsätze entwickelt. Lediglich im Wildenhus-Fall[601] hat der Supreme Court die Auffassung vertreten, daß jedenfalls bei Kapitalverbrechen, die an Bord eines ausländischen Schiffes in einem amerikanischen Hafen begangen werden und zugleich den Rechtsfrieden im Hafen verletzen (affecting the peace and tranquillity of the port), der Jurisdiktion des Hafenstaates gegenüber der des Flaggenstaates Vorrang zukomme.

Während demnach das Bundesstrafrecht auf amerikanischen Schiffen auch in ausländischen Hoheitsgewässern gilt, ist seine Anwendbarkeit ausdrücklich ausgeschlossen, wenn sich ein Schiff im Zeitpunkt der Begehung der Straftat im Jurisdiktionsbereich eines amerikanischen Bundesstaates[602] befindet. Als Staat im Sinne von F.C.A. 18 § 7 (1) gelten nur die amerikanischen Einzelstaaten (out of the jurisdiction of any particular state), deren Rechtsordnung maßgeblich ist für die Aburteilung von Straftaten, die auf amerikanischen oder ausländischen Schiffen[603] in Häfen von amerikanischen Bundesstaaten begangen

---

598 5 Wheat. 76 (U. S. Supr. Court 1820).

599 „Manslaughter" galt nach dem Act of April 30, 1790, c. 9, s. 12 nur dann als innerhalb der Jurisdiktion des Bundes begangen, „when committed upon the high seas". Der Zusatz „or in any river, haven, bay ..." fehlte für diesen Tatbestand.

600 U. S. v. Flores, ibid. WHARTON, Confl. Vol. II, § 817.

601 7 S. Ct. 385 (1886): Homicide, begangen auf einem belgischen Schiff in den Territorialgewässern von New Jersey. Der Täter befand sich in N. J. in Untersuchungshaft. Dagegen beanspruchte der belgische Konsul, seine Konsularjurisdiktion in diesem Fall ausüben zu können.

602 Es muß sich um einen Bundesstaat im Sinne der Verfassung handeln. Deshalb wurde in einer Entscheidung des U. S. Supreme Court — John Wynne v. U. S., 30 S. Ct. 447 — die Jurisdiktion des Bundes über einen an Bord eines U. S. Schiffes im Hafen v. Honolulu (Hawaii) begangenen Mord bejaht, weil Hawaii kein Staat war.

603 Für d. ausl. Schiffe wird allerdings in d. meisten Fällen konkurrierend d. Strafrecht d. Flaggenstaats gelten.

werden, oder in Buchten, Flüssen usw., die zum Gebiet des Staates gehören[604]. So wurde z.B. in der Entscheidung People v. Schurmann[604a] für einen auf einem amerikanischen Truppentransportschiff verübten Einbruch, während das Schiff im Hafen von New York lag, allein die Anwendung des Strafrechts von New York durch die Gerichte dieses Staates für rechtmäßig angesehen. Das Bundesstrafrecht wurde nach Auffassung der New Yorker Gerichte von dieser Tat gar nicht berührt.

Bei den bisher erörterten Kategorien von Straftaten, deren Begehungsort an Bord eines amerikanischen oder auch ausländischen Schiffes liegt, ist eine klare Unterscheidung von ausschließlicher Geltung des Bundesstrafrechts einerseits und des Staatenstrafrechts andererseits möglich. Eine solche Möglichkeit besteht aber nicht für die innerhalb der Dreimeilenzone vor der Küste der Vereinigten Staaten begangenen Straftaten. Im Gegensatz zum englischen Recht wird dieser Teil des Küstenmeeres nicht kraft ausdrücklicher gesetzlicher Bestimmung der Strafgewalt des Bundes oder der in Betracht kommenden Einzelstaaten unterworfen, obwohl die nach dem Völkerrecht dazu erforderliche Befugnis auch nach amerikanischer Rechtsauffassung anerkannt ist[605]. Auch diese Territorialgewässer gelten zwar als „high seas" im Sinne von F.C.A. 18 § 7 und Const. art. 1, § 8, cl. 10. Deshalb können die auf Schiffen der Vereinigten Staaten innerhalb der Küstenzone begangenen Straftaten von den Bundesgerichten abgeurteilt werden, sofern sie einen für die „special maritime jurisdiction" geltenden Tatbestand erfüllen[606]. Daraus ergibt sich aber nicht die generelle Verbindlichkeit[607] des Bundesstrafrechts für fremde Schiffe innerhalb der Dreimeilenzone.

Unabhängig davon können die an der Küste gelegenen Bundesstaaten ihre Strafgewalt auf die Territorialgewässer ausdehnen[608]. Ob es dazu eines besonderen Gesetzes bedarf, oder ob die in den verschiedenen Staatenverfassungen enthaltene Umschreibung des Staatsgebietes,

---

604 So bereits d. U. S. Supr. C. 1818 hinsichtl. eines Mordes auf einem US-Kriegsschiff i. Hafen v. Boston: U. S. v. Bevans, 3 Wheat. 336. Da die Tat nicht vor einem „navy court-material" abgeurteilt werden konnte, lag d. Jurisdiktion bei den Gerichten des Staates Massachusetts, die der Bundesgerichte war dagegen ausgeschlossen.

604a 98 N. Y. S. 2 d 357 (1950).

605 Cunard S. S. Co. v. Mellon, 43 S. Ct. 504 (1922); Ross v. McIntyre, 11 S. Ct. 897 (1890); Yenkichi Ito v. U. S., 64 F. 2 d 73 (1933); Fenwick, Intern. Law, pp. 376—377; Hyde, Intern. Law, Vol. I, pp. 518—519.

606 Murray v. Hildreth, 61 F. 2 d 483 (1932).

607 Als Beispiel für eine Ausnahme im Einzelfall kann auf die inzwischen nicht mehr geltende Prohibitionsgesetzgebung des Bundes verwiesen werden; vgl. dazu Cook v. U. S., 53 S. Ct. 305 (1932); Cunard S. S. Co. v. Mellon, 43 S. Ct. 504 (1922).

608 Manchester v. Massachusetts, 11 S. Ct. 559 (1890).

welche die Dreimeilenzone ausdrücklich erwähnt[609] genügt, erscheint zweifehaft. Die beiden dieses Problem behandelnden Entscheidungen People v. Stralla[610] und Manchester v. Massachusetts[611] beantworten die Frage nicht eindeutig. Im Fall Stralla war die Straftat in einer Bucht begangen worden, die vom Gericht als „bay“ im Sinne der Verfassung angesehen wurde, im Fall Manchester ging es um die Anwendung eines die Fischerei regelnden Gesetzes mit Strafbestimmungen, das speziell für eine bestimmte Bucht galt.

Mit an Sicherheit grenzender Wahrscheinlichkeit muß aber angenommen werden, daß dieser Strafjurisdiktion der Einzelstaaten nicht solche Straftaten unterworfen sind, die an Bord ausländischer Schiffe innerhalb der Dreimeilenzone begangen werden[612]. Das vor dem Erlaß der „Territorial Waters Jurisdiction Act“ in England insoweit allein maßgebliche Common Law, wie es in der Entscheidung Reg. v. Keyn festgestellt wurde, scheint in den Vereinigten Staaten in diesem Zusammenhang noch verbindlich zu sein[613]. Offensichtlich kommt die herrschende Auffassung zum Ausdruck in Art. 15 des Entwurfs der Harvard Law School[614]:

„A state may not exercise jurisdiction in respect of an act committed in violation of its criminal law on board a vessel of another state in the course of innocent passage through its marginal seas, unless the act has consequences outside the vessel and tends to disturb the peace, order and tranquillity of the state“.

III. Straftaten an Bord von Flugzeugen

Die konsequente Beachtung des Territorialitätsprinzips im Strafanwendungsrecht der Vereinigten Staaten einerseits und die unabhängige Stellung der Bundesstaaten auf dem Gebiet der Strafgesetzgebung und Strafrechtspflege andererseits haben zur Folge, daß sich die Jurisdiktion der Bundesstaaten auch auf den Luftraum über ihrem

---

609 So z. B. California, Constitution, Art. XXI, sec. 1; Hawaii, Const., Art. XIII, sec. 1, amendm. 1959; Florida, Const. art. 1.

610 96 P. 2 d 941 (Calif. 1939).

611 11 S. Ct. 559 (1890).

612 Abweichend allerdings BRIGGS, Law of Nations, pp. 350—351, der das Bestehen der Jurisdiktion für diese Fälle behauptet, aber auf die amerikanische Praxis verweist, die Jurisdiktion nicht auszuüben.

613 Entscheidungen zu diesem Problem sind nicht feststellbar. Sofern Lehrbücher darauf eingehen, wird die Entscheidung Reg. v. Keyn, 13 Cox's C. C. 403, ausführlich dargestellt ohne Hinweis auf ein Abweichen des amerikanischen Rechts, vgl. z. B. CLARK-MARSHALL, p. 124; FENWICK, Intern. Law, pp. 376—377.

614 Harvard Law School, Research in International Law, The Law of Territorial Waters, Draft Concention: 23 Am. Journ. Intern. Law (1929), Supplement, p. 243.

Territorium erstreckt. Deshalb gilt das Strafrecht eines bestimmten Staates auch an Bord von Flugzeugen, ohne Rücksicht auf die von ihnen geführte nationale Kennzeichnung, solange diese sich über dem Territorium des Staates befinden. In vielen Fällen ist diese Ausdehnung des Geltungsbereichs durch ein Statut ausdrücklich geregelt, z. B. in sec. 305.050 der Revised Statutes von Missouri:

„All crimes, torts and other wrongs committed by or against an aeronaut or passenger while in flight over this state shall be governed by the laws of this state; and the question whether damage occasioned by or to an aircraft while in flight over this state constitutes a tort, crime or other wrong by or against the owner of such aircraft shall be determined by the laws of this state"[615].

Dagegen bestand bis 1952 keine Möglichkeit, das Bundesstrafrecht der Vereinigten Staaten auf Taten anzuwenden, die an Bord von amerikanischen Flugzeugen außerhalb des Hoheitsgebietes der Vereinigten Staaten begangen wurden. In der Entscheidung U. S. v. Cordova[616] mußten zwei Portorikaner freigesprochen werden, die in einem amerikanischen Verkehrsflugzeug während des Fluges über dem Atlantik nördlich der Bahamas eine Schlägerei begonnen und den um eine Schlichtung bemühten Flugzeugführer angegriffen und verletzt hatten. Durch den Vorfall war das Flugzeug schwanzlastig geworden und in Absturzgefahr geraten. Das Bundesgericht verneinte seine Jurisdiktion über die nicht innerhalb der „territorial or maritime jurisdiction" der USA begangene Tat (assault), weil ein Flugzeug nicht als ein „vessel" im Sinne von F.C.A. 18 § 7 angesehen werden könne.

Diese offensichtliche Lücke im internationalen Strafrecht der Vereinigten Staaten wurde durch ein Bundesgesetz aus dem Jahre 1952[617] ausgefüllt, das F.C.A. 18 § 7 ergänzt und die amerikanischen Flugzeuge hinsichtlich der Geltung des Bundesstrafrechts den unter US-Flagge fahrenden Schiffen gleichstellt.

3. KAPITEL

Die Bedeutung des Erfolges für die Lokalisierung internationaler Distanztaten

Das Problem der Lokalisierung internationaler Distanzdelikte hat für das internationale Strafrecht der Vereinigten Staaten eine wesentlich größere Bedeutung als für das Rechtsanwendungsrecht Englands.

[615] Ganz ähnlich z. B. California Penal Code, § 783; Florida (Adkins Florida Criminal Law), sec. 749; New York, Code of Criminal Procedure, § 137. Zur Anwendung des entsprechenden Statuts für den Staat Colorado vgl. Graham v. People, 302 P. 2 d 737 (Colorado 1956).

[616] U. S. v. Cordova et al., 89 F. Supp. 298 (1950).

[617] Vgl. Federal Criminal Code Annotated, 1962 Cumulative Pocket Supplement.

Die einzelnen Bundesländer nehmen hinsichtlich des räumlichen Geltungsbereichs ihres Strafrechts und der Jurisdiktion ihrer Gerichte die Stellung von souveränen Staaten ein[618], obwohl sie nur Gliedstaaten der Union sind. Mit der Entwicklung der modernen Verkehrs- und Kommunikationsmittel ist daher der Kreis der Distanzverbrechen, deren Tatbestandsmerkmale in zwei oder mehr Jurisdiktionsbereichen verwirklicht werden, erheblich gewachsen. Das Rechtsanwendungsrecht der Vereinigten Staaten bezieht sich deshalb nicht nur auf solche strafbaren Handlungen, die zum Teil außerhalb der USA, zum Teil innerhalb eines Bundesstaates oder des räumlichen Geltungsbereiches des Bundesstrafrechts begangen werden[619], sondern auch auf die Straftaten, welche allein die Rechtsordnung mehrerer Bundesstaaten berühren[620].

Die für die Begründung der Jurisdiktion der Bundesgerichte oder der Gerichte eines bestimmten Einzelstaates maßgeblichen Rechtsnormen stammen zum Teil aus dem Common Law, zum Teil beruhen sie auf Gesetzen. Während die aus England rezipierten, in den Vereinigten Staaten fortentwickelten Grundsätze des Common Law im wesentlichen als in allen Bundesstaaten der USA geltendes Recht angesehen werden können, sind die das Common Law ergänzenden Gesetze der einzelnen Bundesstaaten sehr unterschiedlichen Inhalts. Deshalb erscheint es zweckmäßig, die für die Lokalisierung von Distanztaten am Erfolgsort geltenden Rechtssätze des Common Law einheitlich festzustellen und daran anschließend die verschiedenen gesetzlichen Regelungen nach systematischen Gesichtspunkten geordnet zu berücksichtigen.

I. Der Erfolgsort im Common Law

Entsprechend der englischen Tradition gewährt auch das in den USA geltende Common Law bestimmte begrenzte Möglichkeiten, außerhalb des räumlichen Geltungsbereichs einer Rechtsordnung begangene Handlungen, die eine tatbestandsmäßige Rechtsverletzung innerhalb dieses Bereichs zur Folge haben, im Inland zu lokalisieren, um auf diese Weise den Schutz innerstaatlicher Rechtsgüter gegen tatbestandsmäßige rechtswidrige Angriffe von außen zu gewährleisten[621].

---

618 DANGEL, § 159 (p. 310): „Generally, a state possesses jurisdiction and *sovereignty* coextensive with its boundaries." Vgl. auch CLARK-MARSHALL, § 3.00 (p. 119).

619 Commonwealth v. Macloon, 100 Am. Dec. 89 (Mass. 1869); People v. Werblow, 148 N. E. 786 (New York 1925); People v. Buffum, 256 P. 2 d 317 (Calif. 1953); United States v. Steinberg, 62 F. 2 d 77 (1932).

620 Vgl. z. B. People v. National Radio Distributors Corp., 168 N. Y. S. 2 d 886 (New York 1957); State v. Justus, 334 P. 2 d 1104 (New Mexico, 1959); U. S. v. Guiteau, 47 Am. Rep. 247 (U. S. 1882).

621 LEVITT, Jurisdiction over Crimes, 16 J. Crim. L. 338, bezeichnet diese

Charakteristisch für die zu diesem Zweck entwickelten Rechtsgrundsätze ist die ihnen zu Grunde liegende, mit bildhaften fiktiven Vorstellungen unmittelbar verbundene Betrachtungsweise. Das erweist sich beispielhaft an dem bereits aus Rex v. Coombes und Reg. v. Keyn[622] bekannten Institut der „constructive presence", dem im Rechtsanwendungsrecht der Vereinigten Staaten eine hervorragende Bedeutung zukommt.

Auf dem Prinzip der konstruierten Anwesenheit des Täters beruht die Lokalisierung von Tötungsdistanzdelikten in den beiden Fällen State v. Hall[623] und Simpson v. State[624], die als „leading cases" angesehen werden. Die zuerst genannte Entscheidung bezieht sich auf einen Mord, der in der Weise begangen wurde, daß der Täter aus dem Staate North Carolina über die Grenze nach Tennessee schoß und dort sein Opfer tödlich traf. Im Falle Simpson v. State schoß der Angeklagte vom Ufer des Savanna-Flusses im Staate South Carolina auf einen Mann in einem Boot, das sich bereits in Georgia befand. Der Supreme Court von Georgia sah die versuchte Tötung als in Georgia begangen an, obwohl der Täter dort im Zeitpunkt der Begehung der Straftat nicht in Person anwesend war:

„Of course, the presence of the accused within this state is essential to make this act one which is done in this state; but the presence need not be actual. It may be constructive. The well-established theory of the law is that, where one puts in force an agency, for the commission of crime, he, in legal contemplation, accompanies the same to the point where it becomes effectual ... So, if a man in the state of South Carolina criminally fires a ball into the state of Georgia, the law regards him. as accompanying the ball, and as being represented by it, up to the point where it strikes."[625]

Auf den gleichen Erwägungen beruht in der Entscheidung State v. Hall die Begründung des Deliktortes in Tennessee[626].

In diesen Fällen wird eine Lokalisierung der Straftat am Erfolgsort mit der Vorstellung gerechtfertigt, daß der Täter „constructively" dort zugegen sei, wo das von ihm in Bewegung gesetzte und gesteuerte Angriffsmittel auf das Objekt des Angriffs trifft. Die Distanzdelikte, auf welche diese Betrachtungsweise anwendbar ist, sind allerdings verhältnismäßig selten[627]. Von wesentlich größerer Bedeutung ist die Einbeziehung der Rechtsfigur des „innocent agent" in den Bereich der

---

besondere Funktion als „Territorial Security Theory", DANGEL, Cr. Law, § 147 (p. 284) als „Injured Sovereign Theory".

[622] Vgl. Hauptteil III, Kap. 4.

[623] 19 S. E. 602 (North Carolina 1894).

[624] 17 S. E. 984 (Georgia 1893).

[625] Simpson v. State, ibid.

[626] Vgl. dazu die Einzelheiten im folgenden Kapitel.

[627] Z. B. auch State v. Chapin, 65 Am. Dec. 452.

auf den Begehungsort bezogenen Rechtsgrundsätze, die es ermöglicht, das Handeln des Werkzeuges auch in strafrechtlicher Hinsicht dem wirklichen Täter voll zuzurechnen. Das Prinzip „qui facit per alium facit per se“[628] hat zur Folge, daß die Anwesenheit des „agent“ am Ort der Tat auch die Anwesenheit des Täters im Rechtssinne bewirkt. Aus einer so begründeten „constructive presence“ wurde z. B. im Falle People v. Adams[629] die Jurisdiktion der Gerichte des Staates New York für ein „obtaining goods by false pretenses“ gefolgert, obwohl der Angeklagte seine deliktische Tätigkeit ausschließlich innerhalb von Ohio entfaltet hatte. Auf seine von dort erteilten Weisungen hatten mehrere Personen in Unkenntnis der wirklichen Zusammenhänge unwahre Erklärungen abgegeben und auf diese Weise Geld für ihn erhalten. Das Gericht sah in dem Aufenthalt des Täters in Ohio im Zeitpunkt der Begehung keinen Hinderungsgrund, den Betrug in New York zu lokalisieren:

> „The immediate actors in effecting the fraud were entirely guiltless; they were but instruments in the hand of the defendant, and wholly unconscious of the part they were made to perform in his guilty plot ... In such cases the offender is an immediate actor, although not personally present at the place where the law adjudges it to be committed.“[630]

Dabei ist bemerkenswert, daß im Common Law der Vereinigten Staaten das für den Begehungsort des Betruges maßgebliche Tatbestandsmerkmal im „obtaining“ gesehen wird, weniger deshalb, weil darin, wie nach englischer Rechtsauffassung das „gist“ oder „kernel“ des Deliktes liegt, sondern weil das „obtaining“ der tatbestandsmäßige Erfolg und die Vollendung der Straftat (consummation) ist[631].

Die Möglichkeit der Fiktion einer Anwesenheit des Täters in einem bestimmten Jurisdiktionsbereich ist beträchtlich erweitert worden durch die Einbeziehung der Post, der Telegraphengesellschaften und ähnlicher öffentlicher oder privater Dienstleistungsbetriebe in den Kreis der als „agents“ in Betracht kommenden Personen und Einrichtungen[632]. So

---

[628] HARNO, Cases and Materials, p. 635.

[629] 45 Am. Dec. 468 (New York 1846).

[630] Im gleichen Sinne die Entscheidungen Richards v. State, 145 S. W. 2 d 773 (Tennessee 1940) und State v. Faunce, 102 A. 147 (New Jersey 1917).

[631] People v. Adams, ibid.: „Crime is deemed to be committed and punishable in this State when a person though situate in another state and there originating and concocting the crime, consummates it in this state, by innocent agents here employed and acting under his anthority.“ Vgl. auch Updike v. People, 18 P. 2 d 472 (Col. 1933).

[632] Verschiedene Versuche einer Begründung dafür sind zusammengestellt bei HARNO, Cases and Materials, a. a. O.

wurde z. B. in State v. Morrow[633] eine Abtreibung als in South Carolina begangen angesehen, obwohl der Täter die dazu benutzten Drogen aus Washington, D. C., an die Schwangere in South Carolina geschickt hatte. Die Beförderung durch die Post an das Opfer wurde der unmittelbaren Verabreichung des Giftes gleichwertig erachtet.

Wesentlich schwieriger ist die Anwendung jenes Denkmodells, das die Post als Werkzeug des Täters einer strafbaren Handlung erachtet, auf die Fälle des „obtaining by false pretenses", wenn das obtaining in einem anderen Staat stattfindet, als die durch Äußerung von „false pretenses" begangene Täuschungshandlung. Zwar fällt es nicht schwer, die Anwesenheit des Betrügers bei der Täuschung zu fingieren, wenn diese durch einen Brief verübt und beim Betrogenen auf diese Weise ein Irrtum erregt wird. Nach dem Common Law liegt aber die für die Lokalisierung entscheidende Vollendung im Empfang der Vermögensobjekte durch den Täter. Schickt daher der Geschädigte Geld oder andere bewegliche Sachen mit der Post an den Betrüger, so hängt die Bestimmung des Begehungsortes dieser strafbaren Handlung davon ab, wo das „obtaining" stattgefunden hat. Die Mehrheit der amerikanischen Gerichte betrachtet auch in diesen Fällen die Post als einen „agent" des Täters, so daß mit der Auslieferung des Briefes oder der sonst zu befördernden Güter durch den Absender an die Post bereits ein Erwerb seitens des Täters eintritt. Daraus folgt die Jurisdiktion der Gerichte des Staates, in dem der Geschädigte die Sachen an das Beförderungsmittel übergibt:

> „Where induced by false pretenses, one transmits by mail to defendant money, drafts or other writings, such mailing is a delivery to the postmaster as the agent of the defendant, to be forwarded to him, and the offense is committed where the letter is mailed, and is indictable at such place."[634]

Diese Auffassung ist allerdings nicht unbestritten. Im Falle State v. Devot[635] hatte der Supreme Court von Utah sogar eine Telegrafengesellschaft als „agent" des Täters angesehen, an die der Geschädigte, getäuscht durch eine unter falschem Namen telegraphierte Geldanforderung aus Kalifornien, einen bestimmten Geldbetrag übergeben hatte, der in Kalifornien ausgezahlt werden sollte. Das „obtaining" und mithin der Betrug waren deshalb in Utah lokalisiert worden. Dagegen wird eingewendet[636], daß die Telegraphengesellschaft aus

[633] 18 S. E. 853 (South Carol. 1893).

[634] Updike v. People, 18 P. 2 d 472 (Colorado 1933). Vgl. auch U. S. v. Steinberg, 62 F. 2 d 77 (1932); Mortensen v. State, 217 S. W. 2 d 325 (Arkansas 1949); Cousins v. State, 151 S. W. 2 d 658 (Arkansas 1941).

[635] 242 P. 395 (Utah 1925).

[636] Dissenting opinion von Richter Straup in State v. Devot, ibid., und die Anmerkung zu dieser Entscheidung in 39 H. L. R. 897.

zwei Gründen nicht als „agent" des Empfängers angesehen werden könne. Einmal sei sie eine öffentliche Institution (governmentally conducted institution), die nicht „agent" ihrer Benutzer sei, sondern eine „public institution to serve all who employ it". Daneben ziele eine telegraphische Überweisung nicht auf die Auszahlung des in specie vom Geschädigten gegebenen Geldes, vielmehr werde die Gesellschaft nur Schuldner des Adressaten, so daß ein „obtaining" erst mit der Zahlung durch die Gesellschaft an diesen stattfinde[638].

Mit Hilfe des Instituts der konstruierten Anwesenheit des Täters können demnach Distanztaten regelmäßig am Ort ihres tatbestandsmäßigen Erfolges lokalisiert werden, wenn sich die Willensbetätigung des Delinquenten in einer Handlung oder Unterlassung außerhalb des Jurisdiktionsbereichs erschöpft. Daher gelten nach dem Common Law strafbare Handlungen grundsätzlich als im Inland begangen, wenn dort die unmittelbare Rechtsgutverletzung eingetreten ist[639]. Daraus ergeben sich die folgenden Konsequenzen:

Tötungs- und Körperverletzungsdelikte (homicide, assault and battery) können, sofern die tatbestandsmäßige Handlung und der Erfolg nicht an einem einheitlichen Ort lokalisierbar sind, dort angeklagt werden, wo die erste unmittelbare Einwirkung des benutzten Angriffsmittels auf das Opfer stattgefunden hat[640]. Das gleiche gilt für die durch Verschaffen von Gift etc. bewirkten Abtreibungen[641].

Der Begehungsort der in Briefen, Schriftstücken oder Druckerzeugnissen geäußerten Beleidigung, üblen Nachrede oder Verleumdung (libel) liegt in jedem Jurisdiktionsbereich, in dem die verleumderische Schrift veröffentlicht (published) oder verbreitet (circulated) wird[642].

---

[637] Diese Bedenken bestehen auch für andere Fälle bargeldloser Überweisung durch die Post oder Bankinstitute.

[638] Vgl. in diesem Zusammenhang auch Barton v. U. S., 25 S. Ct. 243 (1904); State v. Roy, 99 So. 205 (Louis. 1924, Venue-Case); People v. Ballas, 204 P. 401 (Calif. 1921); Comm. v. Schmunk 56 A. 1088.

[639] Strassheim v. Daily, 31 S. Ct. 558 (1911); Medley v. Warden of the Maryland House of Corrections, 123 A. 2 d 595 (Maryland 1956); U. S. ex rel. Hatfield v. Guay, 11 F. Supp. 806 (1935); U. S. v. Steinberg, 62 F. 2 d 77 (1932); Grayson v. U. S., 272 F. 553 (1921); Beale, Confl. of Law, Vol. 2, p. 1357; Dangel, Crim. Law, § 147 (p. 284), § 158 (p. 307); Wharton, Confl. of Law, Vol. II, § 825 a; Wharton-Anderson, Crim. Law, § 1507; 22 C. J. S. § 134. Vgl. auch d. Anm. in 39 Harv. L. Rev. 492.

[640] Simpson v. State, 17 S. E. 984 (Georgia 1893); State v. Hall, 19 S. E. 602 (North Carolina 1894).

[641] State v. Morrow, 18 S. E. 853 (South Carol. 1893).

[642] Sachs v. Government, 176 F. 2 d 292 (1949); State v. Piver, 132 P. 858 (Washington 1913). Einem „fliegenden Gerichtsstand" der Presse innerhalb der einzelnen Staaten ist vielfach durch Statut vorgebeugt worden; vgl. Foreman v. Mississippi Publ. Corp.; 14 So. 2 d 344 (Miss. 1943).

Die in zahlreichen Staaten durch Statut mit Strafe bedrohte Unterhaltsverletzung wird überwiegend[643] in dem Staat lokalisiert, in dem der Wohnsitz des Unterhaltsberechtigten liegt, auch wenn der zur Zahlung verpflichtete Täter seinen Wohnsitz und dauernden Aufenthalt außerhalb dieses Staates hat. Die Begründung dafür wird in manchen Entscheidungen unmittelbar aus dem Institut der „constructive presence" gewonnen[644].

Für die Lokalisierung von „obtaining by false pretenses" ist der Ort maßgeblich, an dem das obtaining stattfand. Im Falle einer durch Täuschung bewirkten Übermittlung von Geld, Anweisungen, Schecks oder beliebiger beweglicher Sachen durch die Post wird diese als ein „agent" des Täters angesehen, so daß der Vermögenserwerb schon mit der Einlieferung bei der Post vollzogen ist.

Der Begehungsort von „embezzlement" liegt in dem Staat, in dem sich der Täter die Sachen zueignet, auch wenn er den Gewahrsam in einem fremden Jurisdiktionsbereich erlangt hat[645].

Während der Tatbestand der Urkundenfälschung (forgery) mit der Fälschungshandlung verwirklicht ist, und insoweit keine Schwierigkeiten für die Bestimmung des Begehungsortes bestehen[646], ist es nicht unbestritten, wie das „uttering" der gefälschten Urkunden unter dem Gesichtspunkt der territorialen Jurisdiktion zu beurteilen ist. Nach der wohl herrschenden Auffassung[647] ist es erforderlich, daß die Urkunde einer Person zugeht, die mehr als nur ein „agent" des Täters ist. Durch diesen Zugang wird der Begehungsort der strafbaren Handlung fixiert. Bei einer Übermittlung durch die Post kommt es daher auf den Ort der Zustellung und nicht der Einlieferung an[648].

Nicht eindeutig geklärt ist die Frage der Lokalisierung bestimmter Gefährdungsdelikte vor allem dann, wenn diese nicht vorsätzlich begangen werden. Die Vorstellung der „konstruierten Anwesenheit" oder einer „verlängerten Hand" des Täters versagt, wenn dieser außerhalb des Staates durch sein Handeln oder Unterlassen eine von ihm nicht gewollte und nicht vorgesehene Gefahrensituation verursacht, die sich insgesamt oder mindestens auch im Inland auswirkt. Trotzdem ver-

[643] State v. Wellman, 170 P. 1052 (Kansas 1918); Osborn v. Harris, 203 P. 2 d 917 (Utah 1949).

[644] State v. Tickle, 77 S. E. 2 d 632 (North Carol. 1933).

[645] State v. Serkau, 20 A. 2 d 725 (Connecticut 1941); Bowen v. State, 111 A. 2 d 844 (Md. 1955); State v. Mispagel, 106 S. W. 513 (Mo. 1907); Ex parte Palmer, 25 P. 130 (Calif. 1896; Venue-Fall).

[646] Cohen v. People, 3 P. 385 (Col. 1884).

[647] State v. Hudson, 32 P. 413 (Mont. 1893); 22 C. J. S. Criminal Law, § 136 l; CLARK-MARSHALL, § 3.02 (p. 148).

[648] State v. Phares, 243 P. 266 (Kans. 1926); State v. Douglas, 150 N. E. 733 (Ohio 1926).

urteilte ein New Yorker Gericht den Angestellten eines pharmazeutischen Unternehmens, der auf einem zum Bundesterritorium gehörenden Teil des Strandes Behälter mit Giftresten verbrannt hatte. Sturm und Wellen hatten einige Reste dieses Materials auf das Gebiet des Staates New York getragen. Die Jurisdiktion für eine Verurteilung nach dem Sanitary Code von New York[649] wurde allein damit begründet, daß „the act ... created conditions which were dangerous to life in New York[650]. Dagegen wurde die Absonderung von giftigen Abgasen aus einer Fabrik auf dem Territorium von New Jersey in den Luftraum von New York nicht als im Gebiet des Staates New York begangen angesehen, obwohl dort die Gesundheit einer größeren Anzahl von Bewohnern gefährdet wurde[651].

Nach den im Rahmen des Common Law entwickelten Rechtsgrundsätzen ist demnach in fast allen Fällen der Erfolgsort zugleich auch der für die Jurisdiktion maßgebliche Begehungsort. Das bedeutet aber keine lückenlose Anerkennung des Erfolgsprinzips. Als Erfolg in diesem Sinne gilt vielmehr nur die erste, unmittelbare Verletzung durch das benutzte Angriffsmittel ohne Rücksicht auf die dadurch verursachten weiteren Folgen, auch wenn deren Eintritt ein Merkmal des materiellrechtlichen Tatbestandes ist[652]. Deshalb sind Tötungsdelikte nach Common Law nur in dem Staat lokalisierbar, in dem die tödliche Verletzung des Opfers bewirkt wurde. Stirbt dieses später in einem anderen Staat an den Folgen der Verletzung, wird dadurch nicht die Jurisdiktion der Gerichte dieses Staates begründet, obwohl erst mit dem Eintritt des Todes der Tatbestand des Mordes oder Totschlags erfüllt ist[653]. Aus dem für das Common Law typischen Bestreben, auch Distanztaten an einem einzigen Ort zu lokalisieren, folgt die Begründung, daß nur das Recht des Staates verletzt wurde, in dem durch die Angriffshandlung der erste unmittelbare Erfolg bewirkt worden sei. Die Parallele zu der auch im deutschen Recht entwickelten und lange vertretenen Theorie der Zwischenwirkung wird dadurch offenkundig[654].

---

[649] „No person shall knowingly or carelessly or negligently do or contribute to the doing of any act dangerous to life or detrimental to the health of any human being."

[650] People on Complaint of Styler v. Commonwealth Sanitation Co., 107 N. Y. S. 2 d 982 (1951).

[651] People v. International Nickel Co., 112 N. E. 1068 (New York 1916); Clark-Marshall, § 3.02 (p. 149).

[652] Dangel, § 158 (p. 307).

[653] State v. Justus, 334 P. 2 d 1104 (New Mexico, 1959); Commonwealth v. Apkins, 146 S. W. 43 (Kentucky 1912); Moran v. Territory, 78 P. 111 (Oklahoma 1904); Stout v. State, 25 A. 299 (Md. 1892); State v. Kelly, 49 Am. Rep. 620 (Maine 1884); U. S. v. Guiteau, 47 Am. Rep. 247 (U. S. 1882).

[654] Vgl. Hauptteil 2, Kap. 2, II.

II. Der Erfolgsort im Gesetzesrecht

Tötungsdelikte gelten nach dem Common Law als dort begangen, wo das Opfer durch eine tatbestandsmäßige Handlung tödlich verletzt worden ist. Verschiedene Bundesstaaten haben diesen Rechtsgrundsatz in ihr Gesetzesrecht übernommen[655]. Ein solches Statut hat aber, da es lediglich das geltende Common Law bestätigt, nur deklaratorischen Charakter[656].

Dagegen sind die schon nach dem Common Law bestehenden Möglichkeiten zur Begründung der Jurisdiktion in Fällen von „homicide" wesentlich erweitert worden durch die in verschiedenen Einzelstaaten erlassenen Gesetze, die eine Lokalisierung von Mord oder Totschlag auch am Ort des Todeseintritts zulassen. Ein Beispiel dafür kann Massachusetts Ann. Laws (1956), c. 277, § 71 entnommen werden:

> „If a mortal wound is given, or if other violence or injury is inflicted, or if poison is administered, on the high seas or on the land either within or without the commonwealth by means, whereof death ensues in any county thereof, the homicide may be prosecuted and punished in the county where the death happens."

Allein auf diesem Gesetz beruhte in dem Fall Commonwealth v. Macloon[657] die Jurisdiktion der Gerichte des Staates Massachusetts zur Aburteilung eines von einem Engländer und zwei Amerikanern verübten Totschlags. Die Täter hatten einen Matrosen an Bord eines britischen Schiffes während der Fahrt auf hoher See so schwer verletzt, daß dieser bald darauf in Massachusetts starb. Der Supreme Judicial Court von Massachusetts stellte ausdrücklich fest, daß nicht die geringsten Zweifel an der Befugnis des Gesetzgebers, die Jurisdiktion in dieser Art zu erweitern, bestünden, weil „whenever, at common law, murder escaped punishment at the place of the death, it was not from a want of authority in the government, but from a defect in the laws regulating the mode of prosecution and trial"[658]. Gleiche oder ganz ähnliche Vorschriften gelten z. B. auch in Louisiana, Rev. Statutes 1950, § 15:16; Maine, Rev. Statutes (1954), c. 145, § 7; Michigan, Comp. Laws (1948), § 762.6; Minnesota, Statutes 1957, sec. 627.09; Missouri, Rev. Statutes 1959, sec. 541.100; Ohio, Rev. Code 1953, sec. 2931.20;

---

[655] Z. B. Arkansas Stat. 1947, Annot., sec. 43—1419; Idaho Code (1947), sec. 19—312; Minnesota, Stat. 1957, sec. 627.10; Rhode Island, Gen. Laws 1956, sec. 12-3-6.

[656] Kelley v. State, 31 A. 2 d 614 (Maryland 1943); Stout v. State, 25 A. 299 (Maryland 1892).

[657] 100 Am. Dec. 89 (1869).

[658] Commonwealth v. Macloon, ibid., p. 95. Im gleichen Sinne die Entscheidungen Caldwell v. State 167 So. 779 (Mississippi 1936); State v. Lang, 154 A. 864 (New Jersey 1931); State v. Caldwell, 20 S. E. 523 (North Carolina 1894). Ex parte McNeely, 14 S. E. 436 (West Virginia 1892).

New Jersey, Rev. Statutes 1937, sec. 2: 184-3. Rhode Island, General Laws 1956, sec. 12-3-6.

Von diesen in ihrer Anwendbarkeit auf eine bestimmte Gruppe von Delikten beschränkten Rechtsnormen, welche die Jurisdiktion auch am Ort des endgültigen tatbestandsmäßigen Erfolges konstituieren, sind die Vorschriften zu unterscheiden, die generell den Ort für maßgeblich erklären, an dem eine Straftat vollendet wurde. Für die außerhalb des Staatsgebietes vollendeten Straftaten bestimmt z. B. der California Penal Code, § 778:

„When the commission of a public offense, commenced without the state, is consummated within its boundaries by a defendant, himself outside the State, through the intervention of an innocent or guilty agent or any other means proceeding directly from said defendant, he is liable to punishment therefore in this State in any competent court within the jurisdictional territory of which the offense is consummated."

Inhaltlich gleich oder ganz ähnlich sind z. B. Arizona, Rev. Stat. 1956, § 13-1502; Idaho Code (1947), sec. 19-302; Illinois, Rev. Stat. 1957, c. 38, § 709; Kansas, General Stat. 1949, sec. 62-402; Nevada, Rev. Stat. (1961), sec. 171.020; New York, Penal Law (1962), § 1930 (5); North Carolina, Jerome's Criminal Code, sec. 2923; North Dakota, Century Code, sec. 12-06-03; Oklahoma, Stat. 1961, Title 22, § 121; South Dakota Code 1960 Supp., sec. 34.0801; Tennessee Code Ann. 1955, sec. 40-102; Washington, Rev. Code (1961), sec. 9.01.050 (5); Hawaii, Rev. Laws (1955), § 247-5, § 247-6.

Dem Wortlaut dieser Gesetze ist deutlich zu entnehmen, daß ihre rechtliche Wirkung[659] im wesentlichen nicht weiter reicht als die bereits kraft Common Law geltenden Grundsätze für die Lokalisierung von Distanztaten am Ort des ersten Erfolges. Die typischen Fiktionen einer „konstruierten Anwesenheit" oder „verlängerten Hand" des Täters sind beibehalten worden und haben im Gesetz ihren Ausdruck gefunden. Deshalb erscheint es auch nicht vertretbar, in diesen Gesetzen eine Anerkennung des reinen Erfolgsprinzips zu sehen, weil die Jurisdiktion für die Aburteilung von Tötungsdelikten am Ort des Todeseintritts wohl kaum aus einem solchen Statut hergeleitet werden kann, sofern die tödliche Verletzung und der endgültige tatbestandsmäßige Erfolg in zwei verschiedenen Jurisdiktionsbereichen eingetreten sind.

---

[659] Die in manchen Gesetzen berücksichtigte Benutzung eines „guilty agent" geht allerdings über das Common Law hinaus. Vgl. unten Kap. 7.

4. KAPITEL

Die Tendenzen zur Entwicklung des Ubiquitätsprinzips

I. Die Rechtslage nach dem Common Law

Während in den meisten Fällen von Distanztaten auch ohne besondere gesetzliche Grundlage eine Lokalisierung am Erfolgsort möglich ist, läßt sich nach Common Law nicht die Annahme eines Begehungsortes in dem Staat begründen, in dem lediglich die tatbestandsmäßige Willensbetätigung stattgefunden hat. Wegen der Rezeption des englischen Common Law in den Vereinigten Staaten sind dafür die gleichen Ursachen maßgeblich, die zu dem für das englische Recht charakteristischen Zustand geführt haben[660]. Diese Gründe sind aber in der amerikanischen Jurisprudenz[661] zum großen Teil von Argumenten verdeckt worden, die aus einer Anwendung des Souveränitätsgedankens unmittelbar auf das Problem des Begehungsortes im Rahmen des internationalen Strafrechts gewonnen wurden. Wenn für ein bestimmtes Distanzverbrechen die auf den Ort des Erfolgseintritts begründete Jurisdiktion bestand, so wurde angenommen, daß eine konkurrierende Jurisdiktion am Ort der Willensbetätigung ausgeschlossen sei, weil sonst die in der Ausübung der Gerichtsgewalt sich äußernde Souveränität des ersten Staates verletzt werde[662]. Aus dieser Anschauung folgte das Bestreben, auch solche Straftaten, deren konstituierende Merkmale in mehr als einem Staat verwirklicht werden, trotzdem an einem einzigen Ort zu lokalisieren[663]. In der Entscheidung State v. Hall[664] kam der Supreme Court von North Carolina zu dem Ergebnis, daß die Tötung in Tennessee begangen worden sei, obwohl der Täter die tödlichen Schüsse auf dem Gebiet des Staates North Carolina abgefeuert hatte. Diese Lokalisierung der Straftat nach dem Prinzip der konstruierten Anwesenheit hatte aber nur den Zweck, nachzuweisen, daß deshalb die Tat nicht in North Carolina begangen sein könne:

> „If this be so, it must follow that unless we have some statute expressly conferring jurisdiction upon the courts of this state, or making the act of shooting under the cirumstances a substantive murder, the offense with which the prisoners are charged can only be tried by the tribunals of Tennessee ...[665]

---

[660] Vgl. Hauptteil III, Kap. 5.

[661] BERGE in 30 Mich. Law Review 241. MOORE, Report on Extraterritorial Crime, Foreign Relations of the United States, 1887, p. 769.

[662] BERGE, a. a. O.

[663] Vgl. Commonwealth v. Apkins, 146 S. W. 431 (Kentucky 1912); People v. International Nickel Co., 112 N. E. 1068 (New York 1916); Moran v. Territory, 78 P. 111 (Oklahoma 1904).

[664] 19 S. E. 602 (North Carol. 1894).

[665] Der Fall wurde in einem anderen Zusammenhang noch einmal vom

Auch nach dem in den Vereinigten Staaten geltenden Common Law besteht mithin keine Möglichkeit, ein deliktisches Handeln innerhalb des States als Inlandstat zu qualifizieren, wenn der nach dem Tatbestand erforderliche Erfolg außerhalb des Staates eingetreten ist.

In einem sehr beschränkten Umfang gilt eine Ausnahme von diesem Grundsatz für den Tatbestand der „conspiracy". In der Judikatur[666] und im Schrifttum wird behauptet, daß conspiracy schon dann als im Inland begangen gelte, falls dort lediglich die verbrecherische Abrede (agreement) getroffen worden sei. An diesem Ergebnis ändere sich nichts, wenn die geplante Straftat im Ausland zur Ausführung kommen soll oder schon gekommen ist. In einer so allgemeinen Form ist diese Feststellung mißverständlich.

Nach Common Law wird conspiracy allein und ausschließlich durch die Verabredung konstituiert[668]. Dagegen muß nach dem Bundesrecht[669] und nach dem Gesetzesrecht einiger Bundesstaaten[670] zu dem „agreement" ein „overt act" [671] treten. Über die systematische Stellung des „overt act" innerhalb des Tatbestandes besteht keine Einigkeit. Er wird zum Teil als echtes Tatbestandsmerkmal[672], zum Teil aber auch nur als eine für den Beweis der Verabredung erforderliche Tatsache angesehen[673].

Bei der Frage nach dem Begehungsort müssen diese beiden unterschiedlichen Erscheinungsformen des Deliktes berücksichtigt werden[674].

Supreme Court von N. C. erörtert, weil Tennessee die Auslieferung des Täters verlangt hatte. Diese wurde abgelehnt, weil Hall nur „constructively" und nicht „actually" in Tennessee gewesen sei und deshalb nicht „fugitive from justice" dieses Staates sein könne: State v. Hall, 20 S. E. 729 (1894).

[666] State v. Pooler, 43 A. 2d 353 (Maine 1945); State v. Davis, 164 S. E. 737 (North Carolina 1932); Dealy v. U. S., 14 S. Ct. 680 (1894).

[667] Beale, Conflict, Vol. 2, p. 1357; Clark-Marshall, § 3.02 (p. 138); 22 C. J. S. Criminal Law § 136 i.

[668] Burdick, Law of Crime, Vol. 3, § 1.000; Perkins, Criminal Law, p. 531; in einigen Bundesstaaten ist das durch Statut ausdrücklich erklärt, z. B. Washington, Rev. Code (1961), sec. 9.22.020.

[669] F. C. A. 18 § 371.

[670] California Penal Code, §§ 182, 184. Oklahoma, Statutes 1961, Title 21 §§ 421, 423.

[671] Ein Tun oder Unterlassen in Verfolgung des durch die Verabredung fixierten, strafrechtlich erheblichen Ziels; vgl. Burdick Vol. 3, § 1.000 mit zahlreichen Beispielen p. 455.

[672] Hyde v. U. S., 32 S. Ct. 793 (1912). Entgegengesetzt aber Justice Holmes in dissenting opinion.

[673] Dealy v. U. S., 14 S. Ct. 680 (1894).

[674] Vgl. Perkins, p. 532: „... but it may be determinative if the special problem involved is one of venue, jurisdiction ..."

Für eine conspiracy nach Common Law ist in der Entscheidung Thompson v. State[675] festgestellt worden, daß sie im Inland angeklagt und bestraft werden könne, wenn dort die Vereinbarung getroffen worden sei, außerhalb des Staates eine Straftat zu begehen. Ausdrücklich hat aber der Supreme Court von Alabama diese Erkenntnis beschränkt auf „conspiracy to commit a felony, malum in se, in a sister state[676]. Die gerade für das internationale Strafrecht entscheidende Frage, ob durch die Bestrafung einer inländischen conspiracy, gerichtet auf eine im Auslande zu begehende Straftat, der durch die Legalordnung garantierte Rechtsgüterschutz auch auf Staaten ausgedehnt werden soll, die nicht zum amerikanischen Bund gehören, konnte insoweit gar nicht gestellt werden[677].

Im Gegensatz dazu wird bei einer conspiracy nach Gesetzesrecht, die neben der Verabredung auch eines „overt act“ bedarf, das Problem stärker auf die Frage der Lokalisierung einer echten Distanztat verlagert, wenn nur das „agreement“ als Anfang der strafbaren Handlung im Inland erfolgte. Während der in diesem Zusammenhang bisweilen[678] zitierte Fall Hyde v. U.S.[679] nicht berücksichtigt werden kann, weil ihm eine ausschließlich innerhalb der USA begangene conspiracy zugrundeliegt[680], wurde in Dealy v. U.S.[681] entschieden, die Jurisdiktion eines Bundesgerichts sei hinreichend begründet, wenn lediglich die Verabredung innerhalb der USA getroffen wurde, obwohl die „overt acts“ in Kanada begangen wurden. Dabei ist aber zu bedenken, daß es sich um eine „conspiracy to defraud the United States“ handelte und die eigentliche Rechtsgutverletzung auf dem Territorium der USA stattfinden sollte.

Trotzdem ist eine gewisse Tendenz erkennbar[682], in dem „agreement“ das für die Begründung der inländischen Jurisdiktion in solchen

---

[675] 17 So. 512 (Alabama 1895).

[676] Diese Auffassung wird auch angedeutet in State v. Pooler, 43 A. 2d 353 (Maine 1945).

[677] Die Frage wurde ohne Begründung bejaht in State v. Davis, 164 S. E. 737 (North Carol. 1932). Der Fall gab zu dieser Feststellung keinen Anlass.

[678] Clark-Marshall, § 3.02 (p. 138); 22 C. J. S. Criminal Law § 136 i.

[679] 32 S. Ct. 793 (1912).

[680] Eine nach Bundesrecht — F. C. A. 18 § 371 — abzuurteilende conspiracy war in der Weise begangen, daß das agreement und der overt act in zwei verschiedenen Staaten der USA stattfanden. Die örtliche Zuständigkeit wurde nach dem für venue geltenden Ubiquitätsprinzip — F. C. A. 18 § 3237 — festgestellt. Vgl. auch Grayson v. U. S. 272 F. 553 (1921).

[681] 14 S. Ct. 680 (1894).

[682] Diese Tendenz kommt besonders deutlich zum Ausdruck in People v. Werblow, 148 N. E. 786 (New York 1925).

Fällen entscheidende Tatbestandsmerkmal zu sehen[683]. Dieser Tendenz widerspricht allerdings die Entscheidung People v. Buffum[684], in der ein Arzt mehrere Frauen, die ihn um einen Eingriff ersucht hatten, zusammen mit einem anderen Mann in seinem Auto von Kalifornien nach Mexiko gebracht und dort die Abtreibung vorgenommen hatte. Die in erster Instanz ausgesprochene Verurteilung wegen einer in Kalifornien begangenen „conspiracy to perform abortions in Mexico" wurde vom Supreme Court aufgehoben, weil der Tatbestand der conspiracy nicht anwendbar sei auf eine im Inland getroffene Vereinbarung zu Begehung einer Straftat im Ausland, wenn das inländische Handeln nicht wenigstens ein Anfang der Ausführung der geplanten Tat sei, der eine Subsumtion unter den Versuchstatbestand rechtfertige.

II. Die Rechtslage nach Gesetzesrecht

Da nach dem Common Law keine Möglichkeit besteht, innerhalb des Staates begonnene, aber im Ausland vollendete Delikte zum Zwecke einer Bestrafung im Inland zu lokalisieren, sind die für die Bestimmung des Begehungsortes maßgeblichen Rechtssätze in vielen Staaten der USA durch Gesetz erweitert worden.

Nur in wenigen Bundesstaaten sind diese Gesetzesvorschriften darauf beschränkt, lediglich für Tötungsdelikte die Jurisdiktion des Staates zu begründen, in dessen Gebiet die tatbestandsmäßige Handlung begangen wurde, die einen Todeserfolg im Ausland bewirkt hat, wie z. B. in Jerome's Criminal Code of North Carolina, § 2922[685]:

„If any person, being in this state, unlawfully and wilfully puts in motion a force from the effect of which any person is injured while in another state, the person so setting such force in motion shall be guilty of the same offense in this state as he would be if the effect had taken place within this state[686].

Wesentlich häufiger sind Bestimmungen, die generell für alle Straftatbestände, welche neben einer bestimmten Handlung auch den Eintritt eines Erfolges voraussetzen, einen Begehungsort im Inland begründen, sofern dort die Ausführung des Verbrechens nur begonnen worden ist. Ein Beispiel dafür bietet Florida, Criminal Law and Proced. Annot., sec. 932.07:

„When the commission of an offense commenced here is consummated without the boundaries of this state, the offender shall be liable to

---

[683] Ausdrücklich in diesem Sinne Am. Law Institute, Model Penal Code, Tentative Draft No. 5, sec. 1.03, Comment Paragraph b (2).

[684] 256 P. 2d 317 (California 1953).

[685] Wahrscheinlich ist diese Vorschrift eine Reaktion des Gesetzgebers auf den Fall State v. Hall, s. o.

[686] Ebenso Ohio, Rev. Code 1953, sec. 2931.21.

punishment therefor, and the jurisdiction in such case shall be in the county in which the offense was commenced[687]."

Diese Vorschriften in Verbindung mit den Normen des Common Law und, soweit vorhanden, auch des Statute Law über die Lokalisierung von Distanztaten am Erfolgsort lassen eine weitgehende Annäherung an das Ubiquitätsprinzip erkennen, das in den Rechtsordnungen verschiedener Bundesstaaten bereits in Geltung ist, die den Handlungs- und Erfolgsgrundsatz in einem einzigen Statut verbunden haben, wie z. B. California Penal Code, § 27:

„The following persons are liable to punishment under the laws of this state:

1. All person who commit, in whole or in part, any crime within the state;

..."

Gleiche oder ganz ähnliche Bestimmungen gelten z. B. auch in Arizona, Rev. St. (1956) § 13-112; Idaho Code (1947), sec. 18-202; Minnesota Stat. 1957, sec. 610.04 (1); New York, Penal Law (1962), § 1930 (1); North Dakota, Century Code Ann., sec. 19.06.02. Oklahoma, Stat. 1961, Title 21, § 151 (1); Washington, Rev. Code (1961) sec. 9.01.050 (1).

Eine der wichtigsten Entscheidungen, in denen die Jurisdiktion nicht mehr aus den Grundsätzen des Common Law abgeleitet werden konnte, sondern unmittelbar auf ein Statut dieses Inhalts gestützt werden mußte, ist People v. Botkin[688]. Die Angeklagte wurde wegen eines in San Francisco (Kalif.) begangenen Mordes in Kalifornien verurteilt. Sie hatte von dort eine Schachtel mit vergiftetem Zuckerwerk durch die Post an ihr Opfer im Staate Delaware befördern lassen. Die Empfängerin war nach dem Verzehren des Geschenkes gestorben. Das Gericht vertrat die Auffassung, daß schon in dem Präparieren und Versenden der Bonbons mit Mordvorsatz ohne Bedenken der Versuch eines Mordes gesehen werden könne; das reiche aus, um die Tat als „zum Teil innerhalb Kaliforniens begangen" zu beurteilen[689].

Die allein durch die verbrecherische Willensbetätigung bestimmte Lokalisierung von Distanztaten hat vor allem für das „obtaining by false pretenses" große Bedeutung erlangt, weil sie es ermöglicht, einen Betrug auch dann als eine innerhalb des Staates begangene Straftat zu

---

[687] Ebenso California Penal Code, § 778a; Nevada, Rev. Stat. (1916), sec. 171.020; Mississippi Code 1942 Annot., sec. 2488, bei WINGO, Mississippi Criminal Law and Procedure, § 245; Tennessee Code Annot. 1945, sec. 40—103.

[688] 64 P. 286 (Calif. 1901)

[689] Vgl. zur Anwendung auf Tötungsdelikte auch People v. Licenziata, 181 N. Y. S. 619 (1921).

qualifizieren, wenn dort lediglich die täuschenden Behauptungen geäußert werden[690].

Wann ein innerstaatliches Handeln, das eine außerstaatliche Rechtsgutverletzung zur Folge hat, bereits als „teilweise Begehung" eines Verbrechens (partly committed within the state) bezeichnet werden kann, ist erst in der Entscheidung People v. Werblow[691] mit der Entwicklung objektiver Kriterien für die Auslegung dieses Abgrenzungsmerkmals festgestellt worden[692]. Der wegen „grand larceny" (obtaining goods by false pretenses) Angeklagte hatte im Zusammenwirken mit seinen beiden Brüdern von der Londoner Filiale einer New Yorker Bank auf betrügerische Weise Geld erlangt. Zur Vorbereitung der Täuschung hatten die Brüder telegrafisch Nachrichten zwischen London, New York und China ausgetauscht. Darin erschöpfte sich die Teilnahme des Angeklagten in New York an der Verwirklichung des Plans. Anschließend hatte sich einer der Brüder nach London begeben und dort unter Vorspiegelung unwahrer Tatsachen einen größeren Geldbetrag erhalten. Der Supreme Court von New York hob die Verurteilung der unteren Instanzen wegen eines auch innerhalb von New York begangenen Betruges auf:

> „We think a crime is not committed either wholly or partly in this state, unless the act within state is so related to the crime that if nothing more had followed, it would amount to an attempt."

Demnach hätte also, um den Betrug als auch in New York begangen auffassen zu können, dort entweder die Äußerung der täuschenden Behauptungen oder eine andere Handlung stattfinden müssen, die, für sich betrachtet, das Stadium des strafbaren Versuchs erreicht. Der Grund für diese restriktive Interpretation des Gesetzes liegt offensichtlich[693] in dem das angloamerikanische Recht beherrschenden Gebot der „strict construction of penal statutes"[694] und der rein praktischen Erwägung, im Interesse der Rechtssicherheit die bereits entwickelten Rechtsgrundsätze über die Abgrenzung von Versuch und Vorbereitungshandlung auch als einen geeigneten Maßstab für die Bestimmung des inländischen Begehungsortes zu verwerten.

---

690 People v. Zayas, 111 N.E. 465 (New York 1916. Täuschung in New York, „obtaining" in Philadelphia); ebenso State v. Sheehan, 196 P. 532 (Idaho 1921); People v. Chapman, 203 P. 126 (California 1921). Neuerdings auch People v. National Radio Distributor Corp., 168 N.Y.S. 2d 886 (1957).

691 148 N.E. 786 (New York 1925).

692 In früheren Entscheidungen, vgl. F. N. 690, war eine solche klare Abgrenzung noch nicht erforderlich, da das tatbestandsmäßige Handeln insgesamt innerhalb des Staates stattfand.

693 Vgl. die Anmerkung zu People v. Werblow in 39 Harv. L. Rev. 499.

694 Z.B. Craies in Statute Law, p. 529.

Entspricht die tatbestandsmäßige Willensbetätigung im Inland diesen Anforderungen, dann gilt die Straftat, sofern der nach dem Tatbestand erforderliche Erfolg außerhalb des Staates eingetreten ist, als im Inland begangen und kann dort selbst dann bestraft werden, wenn die Tat nach dem am Ort des Erfolgseintritts geltenden Recht nicht als strafbare Handlung qualifizierbar ist[695].

Die meisten Entscheidungen, in denen die Anwendbarkeit von gesetzlichen Bestimmungen dieser Art erörtert wird, beziehen sich auf Distanztaten, deren Erfolg außerhalb des Staates eingetreten ist. Die Jurisdiktion muß daher auf das tatbestandsmäßige Handeln innerhalb des Staates gegründet werden. Das bedeutet aber nicht, daß eine Straftat nur dann als „partly within the state" begangen gilt, wenn der Täter dort gehandelt hat. Die wirkliche Bedeutung dieser Kategorie von gesetzlichen Vorschriften liegt vielmehr darin, daß sie grundsätzlich die Jurisdiktion zur Aburteilung von Straftaten begründen, sofern nur ein einziges der Tatbestandsmerkmale (constituent elements) innerhalb des Staates verwirklicht wird[696]. Daher sind sie auch anwendbar auf im Ausland oder in einem anderen Bundesstaat begonnene Straftaten, die zu einer Rechtsgutverletzung im Inland führen. In einer New Yorker Entscheidung aus dem Jahre 1960[697] wurde der Versuch, einen vor ein New Yorker Gericht geladenen Zeugen in einen anderen Staat zu locken, um ihn dort vor der Erstattung seiner Aussage durch Gewalt und Drohung zu beeinflussen, als zum Teil in New York begangen angesehen, obwohl der Täter nur aus Washington mit dem Zeugen in New York telephoniert hatte.

Durch diese Gesetzgebung ist in einigen amerikanischen Bundesstaaten ein Rechtszustand erreicht worden, der für die Lokalisierung der Distanztaten von Haupttätern dem Ubiquitätsprinzip entspricht. Eine besonders deutliche, dem § 3 Abs. 3 StGB sehr ähnliche Formulierung hat dieser Grundsatz im Strafgesetzbuch von Wisconsin[698] erhalten:

> „A person is subject to prosecution and punishment under the laws of this state if: (a) He commits a crime, any of the constituent elements of which takes place in this state; . . ."

---

[695] People v. National Radio Distributors Corp., 168 N. Y. S. 2d 886 (1957); People v. Chapman, 203 P. 126 (Calif. 1921).

[696] Berge in 30 Mich. Law. Rev. 241 (255); Research in International Law under the Ausp. of the Harv. Law School, Part. II: Draft Convention on Jurisdiction with Respect to Crime, American Journal of Intern. Law; Vol. 29, 1935, Supplem. p. 495; zur Interpretation von „committed partly within the state" vgl. auch American Law Institute, Model Penal Code, Tent. Draft No. 5, sec. 1.03.

[697] People v. Leonard, 197 N. Y. S. 2d 209.

[698] Laws of Wisconsin (Statutes 1959), sec. 939.03.

5. KAPITEL

Der Begehungsort der Dauerdelikte

Verschiedene Straftaten erfahren im amerikanischen Recht eine Auslegung als Dauerdelikte. Sie können daher in einem bestimmten, dem deutschen Recht nicht bekannten Sinne als Distanztaten behandelt werden, auch wenn die tatbestandsmäßige Handlung und der Erfolg an einem einzigen Ort vollzogen werden. Für diese Delikte ist charakteristisch, daß sie mit der Verwirklichung der sie konstituierenden Merkmale des Tatbestandes nicht begriffsnotwendig beendet zu sein brauchen. Daraus ergeben sich wesentliche Konsequenzen für die Bestimmung des Begehungsortes.

1. Larceny

Im amerikanischen Common Law ist die in England entwickelte Doktrin rezipiert worden, daß der Besitz des Bestohlenen (legal possession) im Rechtssinne trotz des Diebstahls fortbesteht, und daß deshalb bis zum Zeitpunkt einer Restitution nicht nur der rechtswidrige Zustand andauert, sondern die Wegnahme (caption and asportation) jeden Augenblick erneuert wird. Mithin gilt ein Diebstahl nicht nur als in dem Distrikt begangen, in dem der Täter zum ersten Male eigenen Gewahrsam begründet hat, sondern auch überall dort, wo er sich mit dem Diebesgut aufhält[699]. Dieses Ergebnis ist allgemein anerkannt, sofern die Tat nur auf das Gebiet eines einzigen Staates beschränkt bleibt.

Dagegen ist sehr umstritten, ob ein inländischer Diebstahl auf diese Weise auch dann noch konstruiert werden kann, wenn entweder die in einem anderen Bundesstaat der USA gestohlenen Sachen in den Geltungsbereich des eigenen Strafrechts gebracht werden oder wenn diese sogar im Ausland gestohlen worden sind.

Die Mehrheit der amerikanischen Gerichte hält in dem ersten Falle den Diebstahl für im Inland begangen[700]. Dabei wird es einem „carrying into the state" durch den Täter als gleichwertig erachtet, wenn dieser selbst außerhalb des Staates bleibt und die Beute durch einen

---

[699] Schultz v. Lainson, 13 N. W. 2d 326 (Iowa 1944); Powell v. State. 9 N.W. 17 (Wiscons. 1881); State v. Somerville, 38 Am. Dec. 248, (Maine 1842); State v. Douglas, 35 Am. Dec. 248 (Maine 1840).

[700] Schultz v. Lainson, 13 N. W. 2d 326 (Iowa 1944); Worthington v. State, 42 Am. Rep. 338 (Maryl. 1882); Commonw. v. White, 25 Am. Rep. 116 (Mass. 1877); State v. Cummings, 89 Am. Dec. 208 (Conn. 1866); State v. Ellis, 8 Am. Dec. 175 (Conn. 1819); neuerdings noch einmal ausdrücklich State v. Rutledge, 101 S. E. 2d 289 (South Carol. 1957).

„innocent agent" schickt[701]. Die damit eröffnete Möglichkeit, daß ein Täter eventuell in zwei Staaten bestraft wird, obwohl er nur eine Tat im natürlichen Sinne begangen hat, ist anerkannt worden und wird bewußt[702] in Kauf genommen:

> „If a person offends against the laws of two states, whether it be by stealing in each sovereignty, or by feloniously taking goods in one state and couninuing the possession of them in another, there exists no hardship in the infliction of as many punishments as there have been crimes committed."[703]

Gegenstand der Bestrafung ist daher nach dieser Doktrin nicht die erste Wegnahme mit Diebstahlsvorsatz in einem anderen Bundesstaat, sondern das Einführen des Diebesguts in das Inland, in dem eine Wiederholung des ersten Diebstahls gesehen wird. Trotz dieser Fiktion muß aber die außerhalb des Staates begangene erste Tat nach inländischem Strafrecht bewertet werden. Sofern der ursprüngliche Diebstahl überhaupt innerhalb der Vereinigten Staaten verübt worden war, ist die Zulässigkeit einer solchen Erstreckung des innerstaatlichen Strafrechts über die Grenzen des Staates hinaus als Bewertungsnorm kaum ernsthaft in Zweifel gezogen worden[704], wohl vor allem deshalb, weil larceny ein in dem in allen Staaten einheitlich geltenden Common Law begründetes Delikt ist.

Dagegen wird die Möglichkeit der Bewertung einer außerhalb der USA verübten Wegnahme nach dem Common Law überwiegend abgelehnt[705]. Das hat zur Folge, daß das Einbringen von Diebesgut aus dem Ausland in einen Bundesstaat der Vereinigten Staaten ganz überwiegend nicht als eine erneute Begehung des zuerst im Ausland bewirkten Diebstahls aufgefaßt wird. Nur in wenigen Staaten wird auch unter diesen Voraussetzungen ein im Inland begangener Diebstahl konstruiert[706], indem man unterstellt, daß das am ersten Tatort geltende Recht inhaltlich den inländischen Straftatbeständen entspricht, die deshalb für eine Beurteilung der Auslandstat ausreichen. Diebstahl soll demnach wie Mord zu den „flagrant violations of the fundamental

---

[701] Commonw. v. White, 25 Am. Rep. 116 (Mass. 1877).

[702] Anders allerdings Van Buren v. State, 91 N.W. 201 (Nebraska 1902); Lee v. State, 37 Am. Rep. 67 (Georgia 1879). People v. Loughridge, 93 Am. Dec. 325 (Nebr. 1867).

[703] State v. Ellis, 8 Am. Dec. 175 (Conn. 1819).

[704] Vgl. State v. Cummings, 89 Am. Dec. 208 (Conn. 1866).

[705] Stanley v. State, 15 Am. Rep. 604 (Ohio 1873); Commonw. v. Uprichard, 63 Am. Dec. 762 (Mass. 1855); vgl. CLARK-MARSHALL § 3.02 (pp. 139—143).

[706] State v. Morrill, 33 A. 1070 (Verm. 1896); State v. Underwood, 77 Am. Dec. 254 (Maine 1858).

principles of moral obligations" gehören, die von allen christlichen Völkern als Verbrechen angesehen werden[707].

Die Unterschiede in der Behandlung von Distanztaten dieser Art sind zum Teil bedeutungslos geworden durch die neuere Gesetzgebung, die in zahlreichen Staaten die Bewertung von Taten entweder generell außerhalb des Staates oder nur in einem anderen Bundesstaat nach dem inländischen Diebstahlstatbestand ausdrücklich zuläßt und das Einführen der so erlangten Beute durch den Täter zu einer Wiederholung der ursprünglichen Straftat erklärt[708]. Ein Beispiel dafür ist California Penal Code, § 27:

> „The following persons are liable to punishment under the laws of this state;
>
> 2. All who commit any offense wihout the state which, if comitted within this state, would be larceny, robbery or embezzlement under the laws of this state, and bring the property stolen or embezzled, or any part of it, or are found with it, or any part of it, within this state."[709]

Inhaltlich gleich oder ganz ähnlich sind z. B. Arkansas, Stat. 1947, sec. 43–1422; Idaho Code, sec. 19–311; Mich. Comp. Laws 1948, § 767.64; Missouri Rev. Stat. 1959, sec. 541.040; New Jersey, Crim. Laws, § 1629; New York Penal Law 1962, §§ 1301, 1930 (2); Ohio, Rev. Code 1960, sec. 2931.22; Oklahoma Stat. 1961, Title 22, § 133; Tennessee Code Annot., sec. 40–107; Wisconsin Stat. 1959, sec. 939.03 (a).

Da diese Vorschriften nicht den in einem anderen Bundesstaat oder im Ausland vollzogenen Diebstahl, sondern das Einführen der Diebesbeute zur strafbaren Handlung erklären, bestehen keine Zweifel an ihrer Verfassungsmäßigkeit[710].

2. *Receiving Stolen Property*

Der Tatbestand der Hehlerei kann nur in dem Staat erfüllt werden, wo der Täter die Diebesbeute erhält. Seine körperliche Anwesenheit an diesem Begehungsort ist allerdings nicht erforderlich. Werden z. B. die mittels einer strafbaren Handlung erlangten Sachen an eine vom Hehler benannte und für diesen tätige Transportperson ausgeliefert, dann ist schon mit der Übergabe an diesen „agent" das receiving voll-

---

[707] State v. Morrill, ibid.

[708] In einigen Gesetzen werden neben einem im Ausland begangenen Diebstahl auch robbery und embezzlement genannt.

[709] Zur Anwendung von Gesetzen dieser Art vgl. die Entscheidungen State v. Salle, 208 P. 2d 872 (Wash. 1949); People v. McGowan, 14 P. 2d 1036 (Calif. 1932); People v. Berger, 245 N. Y. S. 136 (1931); Rainwater v. State, 124 So. 801 (Miss. 1929).

[710] Schultz v. Lainson, N. W. 2d 326 (Iowa 1944); Howell v. Commonw., 46 S. E. 2d 37 (Va 1948); State v. Goldfarb, 117 A. 689 (New Jers. 1922); vgl. auch Wharton, Confl., Vol. II, § 826 (p. 1640).

zogen[711] und bestimmt den Deliktsort. Allein darin kommt lediglich ein allgemeines Prinzip zum Ausdruck, das für die Lokalisierung insbesondere der Vermögensstraftaten eine überragende Bedeutung hat.

Obschon die Hehlerei demnach nicht wie larceny zu den Fortsetzungs- oder Dauerdelikten gehört[712], kann deren rechtliche Behandlung für die Strafbarkeit des „receiving stolen goods" aber bestimmend sein. Die inländische Bestrafung des Erwerbs von außerhalb des Staates gestohlenen Sachen im Inland setzt voraus, daß diese als Diebesgut (stolen property) qualifiziert werden können. Dem staatlichen Strafrecht müßte daher die Bewertung extraterritorialer Handlungen unterliegen. Auf diese Weise entstehen, wenn auch in einem anderen Zusammenhang, die gleichen Fragen wie bei larceny durch „bringing stolen goods into the state". Daher wird auch regelmäßig in den Staaten, die das Einführen der in einem anderen Bundesstaat der USA gestohlenen Sachen nach Common Law oder Gesetzesrecht als larceny bestrafen, derjenige als Hehler beurteilt, der die aus einer solchen strafbaren Handlung stammende Beute mit Hehlervorsatz an sich bringt[713]. Entsprechend kann in den Rechtsordnungen, die „taking in one state and carrying into another" nicht als larceny bestrafen, auch eine Hehlerei an den in einem anderen Bundesstaat gestohlenen Sachen nicht begangen werden[714]. Das wird ebenfalls anzunehmen sein für die Hehlerei von Sachen, die im Ausland gestohlen sind, sofern nicht kraft Common Law oder ausdrücklicher Gesetzesvorschrift das Einführen von Diebesgut aus dem Ausland einen neuen Diebstahl konstituiert.

In den Gesetzen mancher Bundesstaaten wird ausdrücklich die Hehlerei von Sachen mit Strafe bedroht, die außerhalb des Staates gestohlen worden sind[715] .Vereinzelt gelten auch Vorschriften, die das Einführen der außerhalb des Staates gehehlten Güter in das Inland zu einer der inländischen Jurisdiktion unterliegenden Hehlerei erklären[716]. Unter der Voraussetzung, daß eine solche gesetzliche Regelung besteht, kann auch die Hehlerei als Dauerdelikt aufgefaßt werden.

---

711 Vgl. State v. Habib, 30 A. 462 (Rhode Isl. 1894).

712 Ohne nähere Begründung wird die Hehlerei allerdings in State v. Pambianchi, 95 A. 2d 695 (Conn. 1953) als Dauerdelikt bezeichnet. Das widerspricht offensichtlich der herrschenden Auffassung, vgl. Beale, Confl. Vol. II, § 428, 2 (p. 1354); Clark-Marshall, § 3.02 (pp. 146—147).

713 State v. Rutledge, 101 S. E. 2d 289 (South Carol. 1957); Thompson v. State, 182 S. W. 2d 386 (Arkansas 1944); Ex parte Sullivan, 121 N. W. 456 (Nebraska 1909).

714 Golden v. State, 58 S. E. 557 (Georgia 1907).

715 Z. B. New York Penal Law, § 1308 (1a).

716 Idaho Code, sec. 18-4613; vgl. auch Zweig v. State, 171 S. W. 747 (Texas 1914).

3. Conspiracy

Die Fiktion einer Wiederholung oder Fortsetzung der Straftat zu dem Zweck, die Jurisdiktion unter formeller Wahrung des Territorialitätsprinzips zu begründen, ist auch auf den Tatbestand der „conspiracy" angewandt worden. Kommt es außerhalb des räumlichen Geltungsbereichs des staatlichen Strafrechts zu der Verabredung, im Inland eine bestimmte Straftat zu begehen, und wird in Verfolgung dieses Plans von wenigstens einem der Beteiligten ein „overt act" innerhalb des Staates bewirkt, dann gilt die conspiracy insgesamt als Inlandstat. Die dogmatische Begründung dieses einheitlich anerkannten Ergebnisses[717] hängt davon ab, welche systematische Stellung dem „overt act" innerhalb des Tatbestandes eingeräumt wird.

Nach Common Law erschöpft sich die conspiracy in dem „agreement", während der „overt act" lediglich als Beweistatsache für die schon vorher zustandegekommene Verabredung angesehen wird[718]. Mithin ist dieser kein Merkmal des Tatbestandes, so daß dieser auch nicht zum Teil im Inland verwirklicht wird, weil dort ein „overt act" verübt wurde. Eine Ableitung der Jurisdiktion aus dem „objective principle" ist also nicht möglich. Um trotzdem im Ergebnis zu einer Anwendbarkeit des inländischen Strafrechts zu gelangen, ist in der Rechtsprechung der Grundsatz entwickelt worden, daß die im Ausland getroffene conspiracy als im Inland begangen gilt, sofern es dort zu einem „overt act" durch einen der Täter gekommen ist, weil allein durch dieses an sich nicht tatbestandsmäßige innerstaatliche Handeln das ursprüngliche „agreement" erneuert und fortgesetzt werde. In State v. Hicks[719] erklärte der Supreme Court von North Carolina:

> „In legal contemplation, a criminal conspiracy is continued and renewed as to all its members wherever and whenever any member of the conspiracy acts in furtherance of the common design."

Demnach genügt also das inländische Handeln nur eines der an der conspiracy Beteiligten, um die strafbare Handlung für alle Verschwörer zu einer Inlandstat werden zu lassen[720].

---

[717] Ramey v. U. S., 230 F. 2d 171 (1956); State v. Hicks, 64 S. E. 2d 871 (North Carol. 1951); Enrique Rivera v. U. S., 57 F. 2d 816 (1932); State v. Davis, 164 S. E. 737 (North Carol. 1932); State v. McAdams, 166 S. E. 405 (South Carol. 1932); U. S. v. Downing, 51 F. 2d 1030 (1931); Chapman v. U. S., 10 F. 2d 125 (1926); Grayson v. U. S., 272 F. 553 (1921).

[718] Vgl. dazu oben Hauptteil IV, Kap. 4.

[719] 64 S. E. 2d 87 (North Carolina 1951).

[720] Vgl. auch State v. Davis, 164 S. E. 737 (North Carol. 1932); State v. McAdams, 166 S. E. 405 (South Carol. 1932); U. S. v. Downing, 51 F. 2d 1030 (1931). CLARK-MARSHALL, § 3.02 (pp. 138—139).

Wird dagegen kraft gesetzlicher Regelung ein der Verabredung folgender „overt act" zum Tatbestandsmerkmal der conspiracy, dann bedarf es nicht der Konstruktion einer inländischen Erneuerung oder Fortsetzung der Straftat. Vielmehr reichen dann die für die Lokalisierung von teilweise im Inland begangenen Distanztaten[721] entwickelten allgemeinen Grundsätze aus, um einen Begehungsort innerhalb des Staates zu begründen:

„The overt acts ... were acts within the jurisdiction of the United States, and the conspiracy charged, although some of the conspirators were corporally on the high seas, had for its object crime in the United States and was carried on partly in and partly out of this country, and so was within its jurisdiction under the principles above settled."[722]

6. KAPITEL

Die Ausdehnung der territorialen Jurisdiktion durch besondere Straftatbestände

Unter formeller Wahrung des Territorialitätsprinzips wird in manchen Bundesstaaten die Geltung des Strafrechts auf Taten ausgedehnt, die in Wirklichkeit außerhalb des Staates begangen werden, indem ein bestimmtes, der eigentlichen strafbaren Handlung vorangehendes oder nachfolgendes Verhalten des Täters tatbestandlich typisiert und mit einer Strafdrohung versehen wird. Ein besonders deutliches Beispiel dafür ist die Ausgestaltung der Vorschriften über die Bestrafung der Bigamie.

Nach Common Law gilt die Bigamie nur dann als im Inland begangen, wenn dort die zweite Ehe gschlossen worden ist[723]. Ist daher der Täter trotz Bestehens einer gültigen Ehe in einem anderen Bundesstaat oder im Ausland eine neue Ehe eingegangen, dann besteht keine Möglichkeit, ihn strafrechtlich zu verfolgen, auch wenn er später im Inland seinen Wohnsitz begründet und mit der zweiten Frau zusammenlebt. Da der Versuch, den Tatbestand der Bigamie auf eine innerhalb des Staates oder „elsewhere" geschlossene zweite Ehe durch Gesetz zu erweitern, für verfassungswidrig erklärt worden ist[724], sind

---

[721] Der „overt act" wird unter diesen Voraussetzungen wie eine inländische „consummation" der Straftat behandelt.

[722] Ford v. U. S., 47 S. Ct. 531 (1927); vgl. auch Hyde v. U. S., 32 S. Ct. 793 (1912); U. S. v. Central Supply Association, 40 F. Supp. 964 (1941); Grayson v. U. S., 272 F. 553 (1921).

[723] State v. Schreckengost, 170 N. E. 2d 307 (Ohio 1960); State v. Brem, 178 P. 2d 582 (New Mexico 1947); Farewell v. Commonw., 189 S. E. 321 (Virginia 1937); State v. Stephens, 107 A. 296 (Maine 1919); State v. Cutshall, 15 S. E. 261 (North Carol. 1892).

[724] State v. Ray, 66 S. E. 204 (North Carol. 1909).

in verschiedenen Staaten Gesetze geschaffen worden, die ein Zusammenleben (cohabiting) innerhalb des Staates nach Eingehung einer Doppelehe außerhalb des Staates wie Bigamie bestrafen. So bestimmt z. B. Missouri Rev. Stat. 1959, sec. 563.190:

„Every person, having a husband or wife living, who shall marry another person, without this state in any case where such marriage would be punishable if contracted or solemnized within this state, and shall afterward cohabit with such other person within this state, shall be adjudged guilty of bigamy and punished in the same manner as if such second marriage had taken place within this state."

Inhaltlich im wesentlichen gleiche Gesetze gelten in Kalifornien: Penal Code, § 1106[725]; Florida: Stat. 1953, § 799.01; Kansas: Gen. Stat. 1949, sec. 21–901; North Carolina: Jerome's Criminal Code, § 213. Tennessee: Code Ann, sec. 39–701. Washington: Rev. Code, sec. 9.15.010.

Auf diese Weise kann im Ergebnis eine außerhalb des Staates begangene Bigamie im Inland bestraft werden[726]. Trotzdem wird in der Judikatur aber hervorgehoben[727], daß durch diese Gesetze ein neues Delikt geschaffen worden ist, dessen inländische Begehung die Jurisdiktion begründet.

Ähnlich verhält es sich mit vereinzelten Vorschriften, die sich auf den Begehungsort der Entführung (abduction) beziehen. Dieser durch Gesetzesrecht geschaffene Tatbestand[728] wird regelmäßig in dem Staat lokalisiert werden, wo der Täter Gewalt über sein Opfer erlangt hat[729]. Kraft ausdrücklicher Bestimmung[730] kann die Entführung aber in manchen Staaten als Inlandstat verfolgt und bestraft werden, wenn sie vom Täter zwar im Ausland verübt worden ist, die entführte Person aber später in das Inland gebracht oder geschickt wird.

Sowohl für die Bigamie als auch für die Entführung ist charakteristisch, daß ein typisches Verhalten, das der eigentlichen Begehung dieser Straftaten zeitlich folgt, selbständig unter Strafdrohung gestellt wird. Umgekehrt verhält es sich mit einer Reihe von Straftatbeständen, die bestimmte inländische Vorbereitungshandlungen einer eigenen strafrechtlichen Bewertung unterwerfen, sofern die spätere Rechtsgutverletzung selbst außerhalb des Staates begangen wird. Als Vorbereitungs-

---

[725] People v. Jacobs, 52 P. 2d 945 (Calif. 1935); People v. Ellis, 266 P. 518 (Calif. 1928).

[726] State v. Lewis, 282 P. 2d 297 (Washington 1955); Clark v. State, 270 S. W. 2d 361 (Tenness. 1954); Wills v. State, 63 So. 2d 184 (Flor. 1953); Jones v. State, 184 S. W. 2d 167 (Tenness. 1944).

[727] State v. Jones, 40 S. E. 2d 700 (N. Carol. 1946).

[728] Vgl. im einzelnen Burdick, Law of Crime, Vol. II, §§ 355—372; Perkins, Cr. L., pp. 96—99.

[729] State v. McGee, 83 S. W. 2d 98 (Missouri 1935).

[730] Vgl. z. B. Minnesota Stat. 1957, sec. 610.04 (4); New York, Penal Law, § 1930 (4); Oklahoma Stat. 1961, Title 22, § 126.

handlung in diesem Sinne gilt z. B. die Verabredung, einen Zweikampf außerhalb des Staates auszutragen[731]. Wird bei diesem Zweikampf der Gegner getötet, kann der Täter wegen „murder in the second degree" im Staate New York verfolgt werden. Ähnliche Regelungen bestehen in manchen Staaten für „prizefighting"[732]. Ihre wohl schärfste Ausprägung hat diese Methode der auf Fiktionen beruhenden Ausweitung des Begehungsortes in § 195 des Strafgesetzbuches von New York gefunden. Nach dieser Vorschrift kann eine Tierquälerei wie eine Inlandstat verfolgt werden, wenn der Täter den Staat New York in der Absicht verläßt, außerhalb des Staates Handlungen zu begehen, die nach dem Recht von New York als „cruelty to animals" zu qualifizieren sind[733]. Das gleiche gilt für die Teilnahme an Versammlungen maskierter Personen[734] oder strafbare Anarchie[735].

7. KAPITEL

Der Begehungsort der Teilnahmedelikte

Die im englischen Common Law entwickelten verschiedenen Formen der strafrechtlich bedeutsamen Beteiligung an der Verwirklichung eines Straftatbestandes[736] und die für ihre Abgrenzung maßgeblichen Merkmale sind Bestandteil des Rechts der Vereinigten Staaten geworden. Dieses Recht hat durch Gesetze der einzelnen Bundesstaaten und des Bundes Änderungen unterschiedlichen Umfangs erfahren. So ist z. B. für das Strafrecht des Bundes durch F.C.A. 18 § 2 auch hinsichtlich der „felonies" die Unterscheidung zwischen „principals" und „accessories before the fact" einerseits[737] und zwischen „principals in the first degree" und „principals in the second degree" andererseits[738] beseitigt worden. Ähnliches gilt für die meisten Einzelstaaten[739], so daß häufig

---

731 New York Penal Law, § 1047. Vgl. auch California Penal Code, § 779; Idaho Code (1947), sec. 19—303; Oklahoma Stat. 1961, Title 21, § 1669; Rhode Island, General Laws 1956, sec. 11-12-3. Die meisten Staaten beschränken die Anwendung dieses Statuts allerdings auf Personen, die „inhabitant or resident of this state" sind.

732 Missouri Rev. Stat. 1959, § 562.130.

733 New York Penal Law, § 195.

734 ibid., § 712.

735 ibid., § 165.

736 Vgl. oben Hauptteil III, Kap. 7.

737 U. S. v. Leggett, 269 F. 2d 35 (1959). U. S. v. Watkins Company, 127 F. Supp. 97 (1954); Colosacco v. U. S., 196 F. 2d 165 (1952); Tarkington

737 U. S. v. Leggett, 269 F. 2d 35 (1959). U. S. v. Watkins Company, 127

738 Reamer v. U. S., 228 F. 2d 906 (1955); Lambert v. U. S., 226 F. 2d 602 (1955).

739 Vgl. z. B. California Penal Code, §§ 30—33; Michigan Comp. L.

bei den an einer Straftat beteiligten Personen nur noch zwischen den „principals“ und den „accessories after the fact“ differenziert wird. Diese Modifizierungen des ursprünglich für die Teilnahme ausschließlich geltenden Common Law sind bei der Feststellung der für den Begehungsort der Teilnahmedelikte maßgeblichen Rechtssäaze zu berücksichtigen.

I. Ausländische Teilnahme an inländischer Haupttat.

Handelt der Anstifter oder Gehilfe (accessory before the fact) einer im Inland begangenen Straftat außerhalb des Staates in der Weise, daß sein Tatbeitrag auch nicht nach den Grundsätzen der konstruierten Anwesenheit als im Inland begangen fingiert werden kann[740], besteht nach dem Common Law regelmäßig keine Möglichkeit, die inländische Jurisdiktion für die Aburteilung des Teilnehmers zu begründen. Im Falle State v. Wyckoff[741] hatte der Angeklagte, der in New York wohnte, dort jemand angestiftet, nach New Jersey zu fahren und einen Diebstahl zu begehen. Darin erschöpfte sich sein Tatbeitrag. Das mit der Sache befaßte Gericht in New Jersey kam zu dem Ergebnis, daß die Anstiftung nicht innerhalb des räumlichen Geltungsbereichs des Strafrechts von New Jersey begangen worden sei:

„His offense consists in the enticement to commit the crime; and that enticement, and all parts of it, took place in a foreign jurisdiction. As the instrumentality employed was a conscious guilty agent, with free will to act or to refrain from acting, there is no room for the doctrine of a constructive presence in the procurer. Applying to the facts of this case the general and recognized principles of law, it would seem to be clear that the offense of which the defendant has been guilty is not such as the laws of this state can take cognizance of.“[742]

Die Anwendung der Rechtsfigur des „agent“ auf einen Delinquenten, dem selbst Täterqualität zukommt, wird mithin eindeutig abgelehnt, auch wenn der unmittelbar Handelnde unter Umständen die Straftat nur für einen anderen begehen will. Ebenso ist in Johns v. State[743] die Geltung eines Statuts, das die inländische Verurteilung eines außerhalb des Staates handelnden Täters zuläßt, sofern dieser im Inland einen tatbestandsmäßigen Erfolg durch ein von ihm benutztes und

1948, § 767.39 und dazu GILLESPIE, Mich. Crim. Law and Proced., Vol. I, § 49; Missouri Rev. State 1959, § 556.180 u. dazu State v. Tripp, 303 S. W. 2d 627 (1957); New York Penal L., § 2; Tennessee Code Ann., sec. 39.109.

[740] Vgl. State v. Sigh, 192 A. 682 (Del. 1937).

[741] 31 N. J. L. 65. Ausführlich dargestellt mit wörtlichen Auszügen in 10 Am. and English Ann. Cases 878, Annotation.

[742] Im Ergebnis ebenso: State v. Chapin, 65 Am. Dec. 453 (Arkans. 1856); State v. Moore, 59 Am. Dec. 354 (N. Hampsh. 1853).

[743] 81 Am. Dec. 408 (Indiana 1862).

dirigiertes Werkzeug bewirkt[744], für den außerhalb des Staates Anstiftung oder Beihilfe leistenden Teilnehmer abgelehnt worden. Ein solches Gesetz beziehe sich nur auf die principals und nicht auch auf accessories.

Diese vom Common Law bestimmte Rechtslage hat in manchen Staaten der USA eine Änderung erfahren durch die Gesetze, welche die Unterschiede in der rechtlichen Beurteilung von „principals“ und „accessories before the fact“ auch hinsichtlich der felonies beseitigt haben. Aus ihnen wurde nicht nur die Möglichkeit abgeleitet, einen Anstifter oder Gehilfen wie einen Haupttäter zu behandeln, sondern ihn auch als der inländischen Juisdiktion unterworfen anzusehen, wenn er seinen Beitrag zu der Inlandstat außerhalb des Staates geleistet hatte[745]. Für misdemeanors war das schon vorher anerkannt[746].

Eine dogmatische Begründung für dieses Ergebnis kann der Entscheidung Latham v. U.S.[747] entnommen werden, obwohl der ihr zugrunde liegende Fall in Wirklichkeit keine außerhalb des räumlichen Geltungsbereichts des Bundesstrafrechts verübte Teilnahme betrifft. Einige Besatzungsmitglieder eines Schiffes, das vor der amerikanischen Küste kreuzte, hatten an Abnehmer in kleinen Booten größere Mengen Trinkalkohol verkauft, der im Einverständnis aller Beteiligten an die amerikanische Küste gebracht werden sollte. Dabei waren die Angeklagten, anscheinend gegen ihren Willen, in die Territorialgewässer der Vereinigten Staaten geraten. Schon dadurch war die Jurisdiktion der Bundesgerichte für eine Verurteilung nach den Prohibitionsgesetzen begründet. Trotzdem betonte der Richter, daß es ohne Einfluß auf dieses Ergebnis gewesen wäre, wenn das Schiff seinen Kurs außerhalb der Dreimeilenzone gehalten hätte. Die Täter seien, auch wenn sie nur Anstifttung oder Beihilfe zum Inport von Trinkalkohol geleistet hätten, kraft ausdrücklicher Gesetzesbestimmung wie principals zu behandeln. Deshalb müsse ihnen das Handeln der Abnehmer innerhalb der Jurisdiktionsbereich der Vereinigten Staaten wie ein eigener Tatbeitrag zugerechnet werden. Die für „conspiracy“ von den Bundesgerichten entwickelten Grundsätze[748], nach denen im Falle des durch einen Verschwörer im Inland bewirkten „overt act“ alle Beteiligten als Täter innerhalb des Staatsgebietes zu qualifizieren sind, seien entsprechend anwendbar.

In dieser Begründung liegt mithin das auch im deutschen Recht anerkannte Prinzip, daß es für die Beurteilung einer von mehreren

---

744 Vgl. oben 3. Kap. unter II.

745 Newton v. People, 41 P. 2d 300 (Colorad. 1935); Latham v. U. S., 2 F. 2d 208 (1924).

746 Duckett v. State, 21 S. E. 73 (Georg. 1894).

747 2 F. 2d 208 (1924).

748 Vgl. oben 5. Kap. unter 3.

Personen als Mittäter begangenen strafbaren Handlung als Inlandstat genügt, wenn auch nur einer der Mittäter seinen Tatbeitrag im Inland leistet. Eine solche Lösung des Problems setzt allerdings voraus, daß auch ein Teilnehmer als Mittäter eingestuft werden kann, wenn er bei der eigentlichen Begehung der Haupttat nicht zugegen ist. Das war nach dem Common Law regelmäßig nicht möglich[749].

Eine direkte Erstreckung des inländischen Strafrechts auf die außerhalb des Staates geleistete Anstiftung oder Beihilfe zu einer Inlandstat ist in zahlreichen Staaten unmittelbar durch Gesetzesrecht bewirkt worden. So bestimmt z. B. New York Penal Law § 1930 (3):

> „The following persons are liable to punishment within the state:
> . . ."
>
> 3. A person who, being without the state, causes, procures, aids or abets another commit a crime within the state."

Inhaltlich gleich oder ähnlich sind[750] unter anderen California Penal Code, §§ 27 (3), 778 b; Florida Comp. G.L., sec. 932.12; Idaho Code, sec. 18—202 (3); North-Carolina, Jerome's Crim. Code, § 12; Oklahoma Stat. 1961, Title 21, sec. 151 (4); Tennessee Code Ann., sec. 39—110; Wisconsin Stat. 1959, sec. 939.03 (b).

II. Inländische Teilnahme an ausländischer Haupttat

Ebenso wie im englischen Common Law besteht auch nach dem Recht der Vereinigten Staaten keine Jurisdiktion über die im Inland geleistete Anstiftung oder Beihilfe zu einer außerhalb des Staates begangenen srtafbaren Handlung[751]. In der Entscheidung State v. Gruber[752] erklärte der Oberste Gerichtshof von Minnesota:

> „But when the act that is claimed to constitute the crime is done in another state, and particularly where it is not a crime in the state where it is done, persons in this state who counsel, aid or abet the doing of the act are no less innocent of any violation of our laws than is the nonresident who actually does the act."

---

[749] State v. Sigh, 192 A. 682 (Del. 1937). In dieser Entscheidung wird noch die Aburteilung einer in Maryl. geleisteten Anstiftung zu einem Diebstahl in Delaware abgelehnt, weil das Statut, nach dem ein „accessory before the fact" wie ein „principal" zu bestrafen ist, anders ausgelegt wird: „Our conclusion is that the Statute did not make, nor was it intended to make, the accessory a principal ... No case has been found where the accessory was construed to be a principal under a Statute which merely provided the same punishment for an accessory or accomplice which had been provided for the principal."

[750] In verschiedenen Gesetzen wird der im Inland handelnde Haupttäter als „guilty agent" bezeichnet. Vgl. dazu Elliott v. State, 82 So. 139 (Flor. 1919).

[751] Edge v. State, 10. Am. and English Annot. Cases 876 (Tennessee 1906).

[752] 133 N. W. 571 (Minnes. 1911).

Dennoch wird im Schrifttum bisweilen die Auffassung vertreten, daß der Begehungsort einer solchen Teilnahme auch im Inland liegt und die inländische Jurisdiktion zur Folge habe[753]. Zur Begründung wird in diesem Zusammenhang regelmäßig auf einige ältere Entscheidungen verwiesen[754], in denen gerade für den umgekehrten Fall der ausländischen Teilnahme an einer innerhalb des Staates begangenen Haupttat die Möglichkeit einer strafrechtlichen Verfolgung des Teilnehmers am Ort der Haupttat nach dem Common Law geleugnet wurde. Dabei wurde lediglich in den dicta beiläufig bemerkt, die Jurisdiktion über die Tat des Teilnehmers könne nur der Staat ausüben, in dem jener tatsächlich seinen Tatbeitrag geleistet habe. Es ist selbstverständlich, daß Feststellungen dieser Art ohne Begründung keine Bindungswirkung für einen anderen Staat zu erzeugen vermögen. Vor allem aber sind keine Präzedenzfälle feststellbar, in denen jemals ein „accessory" im Inland bestraft worden ist, obwohl der „principal" seine Straftat außerhalb des Staates verübt hat.

Eine einzige Ausnahme ist scheinbar die Entscheidung Cruthers v. State[755], die ein „aiding or abetting" innerhalb des Staates zu einem Verbrechen in einem Nachbarstaat als eine im Inland begangene strafbare Handlung bezeichnet, sofern die Haupttat nach dem an ihrem Begehungsort geltenden Recht eine mit Strafe bedrohte Handlung ist. Diese Feststellung beruht aber auf einem Gesetz, nach dem eine innerhalb von Indiana geleistete Anstiftung oder Beihilfe zu einer Auslandstat, die nach dem Recht von Indiana als felony zu bewerten ist, als eine im Inland verfolgbare Anstiftung oder Beihilfe gilt[756].

Das Statut von Indiana muß als eine Ausnahme von dem sonst in den Vereinigten Staaten geltenden Gesetzesrecht verstanden werden, das sich grundsätzlich darauf beschränkt, ausländische Teilnahme an Inlandstaten der inländischen Jurisdiktion zu unterwerfen. Auch den neueren Strafgesetzbüchern kann, im Gegensatz zu dem für die Haupttäter maßgeblichen Recht, hinsichtlich der Teilnahme keine Tendenz zur Ausbildung des Ubiquitätsprinzips entnommen werden.

---

[753] 14 Am. Jurisprud., Crim. Law § 105; Research in Intern. Law, Part II: Draft Convention on Jurisdiction with Respect to Crime, ibid., p. 504; 10 Am. and Engl. Ann. Cases 878, Annotation; 44 Am. State Reports 82, Annotation.

[754] State v. Wyckoff, 31 N. J. L. in 10 Am. and Engl. Ann. Cases 878, Annotation; State v. Moore, 59 Am. Dec. 354 (N. Hampsh. 1853) State v. Chapin, 65 Am. Dec. 453 (Arkansas 1856); Johns v. Sate, 81 Am. Dec. 408 (Indiana 1862).

[755] 67 N. E. 930 (Indiana 1903).

[756] Vgl. dazu auch Johns v. State, ibid.

FSC
www.fsc.org
MIX
Papier | Fördert
gute Waldnutzung
FSC® C083411

Kolibri 360 GmbH
Ferdinand-Jühlke-Straße 7
99095 Erfurt, Deutschland
produktsicherheit@kolibri360.de